汇添富基金·世界资本经典译丛

财富之轮
——从为人不齿到受人尊敬的投机史

查尔斯·R. 盖斯特　著
(Charles R. Geisst)

吕彦儒　崔世春　李成军　译

上海财经大学出版社

图书在版编目(CIP)数据

财富之轮:从为人不齿到受人尊敬的投机史/(美)盖斯特(Geisst, C.R.)著;吕彦儒,崔世春,李成军译. 一上海:上海财经大学出版社, 2016.4

(汇添富基金·世界资本经典译丛)

书名原文:Wheels of Fortune:The History of Speculation from Scandal to Respectability

ISBN 978-7-5642-2321-2/F · 2321

Ⅰ.财⋯ Ⅱ.①盖⋯ ②吕⋯ ③崔⋯ ④李⋯ Ⅲ.①期货交易-研究-美国 Ⅳ.F737.124

中国版本图书馆CIP数据核字(2016)第009743号

□ 责任编辑 温 涌
□ 封面设计 张克瑶

CAIFU ZHILUN
财 富 之 轮
——从为人不齿到受人尊敬的投机史

查尔斯·R. 盖斯特 著
(Charles R. Geisst)
吕彦儒 崔世春 李成军 译

上海财经大学出版社出版发行
(上海市武东路321号乙 邮编200434)
网 址:http://www.sufep.com
电子邮箱:webmaster @ sufep.com
全国新华书店经销
上海华业装潢印刷厂印刷装订
2016年4月第1版 2016年4月第1次印刷

787mm×1092mm 1/16 17.5印张(插页:7) 285千字
印数:0 001—4 000 定价:55.00元

拨动琴弦

唱一首经典

资本脉络

在伦巴第和华尔街坚冷的墙体间，仍然

依稀可见

千百年后

人们依然会穿过泛黄的书架

取下

这些书简

就像我们今天，怀念

秦关汉月

大漠孤烟

……

图字:09-2005-097 号

Wheels of Fortune: The History of Speculation from Scandal to Respectability
Charles R. Geisst

Copyright © 2002 by Charles R. Geisst.
Published by John Wiley & Sons, Inc., Hoboken, New Jersey.

No part of this publication may be reproduced, stored in a retrieval system, or transmitted in any form or by any means, electronic, mechanical, photocopying, recording, scanning, or otherwise, except as permitted under Section 107 or 108 of the 1976 United States Copyright Act, without the prior written permission of the Publisher.

All Rights Reserved. Authorized translation from the English language edition published by John Wiley & Sons, Inc. This translation published under license. CHINESE SIMPLIFIED language edition published by SHANGHAI UNIVERSITY OF FINANCE AND ECONOMICS PRESS, Copyright © 2016.

2016 年中文版专有出版权属上海财经大学出版社
版权所有 翻版必究

总 序

"世有非常之功,必待非常之人"。中国正在经历一个前所未有的投资大时代,无数投资人渴望着有机会感悟和学习顶尖投资大师的智慧。

有史以来最伟大的投资家、素有"股神"之称的巴菲特有句名言:成功的捷径是与成功者为伍!(It's simple to be a winner, work with winners.)

向成功者学习是成功的捷径,向投资大师学习则是投资成功的捷径。

巴菲特原来做了十年股票,当初的他也曾经到处打听消息,进行技术分析,买进卖出做短线,可结果却业绩平平。后来他学习了格雷厄姆的价值投资策略,投资业绩很快有了明显改善,他由衷地感叹道:"在大师门下学习几个小时的效果远远胜过我自己过去十年里自以为是的天真思考。"

巴菲特不但学习了格雷厄姆的投资策略,还进一步吸收了费雪的投资策略,将二者完美地融合在一起。他称自己是"85%的格雷厄姆和15%的费雪",他认为这正是自己成功的原因:"如果我只学习格雷厄姆一个人的思想,就不会像今天这么富有。"

可见,要想投资成功很简单,那就是:向成功的投资人学投资,而且要向尽可能多的杰出投资专家学投资。

源于这个想法,汇添富基金管理股份有限公司携手上海财经大学出版社,共同推出这套"汇添富基金·世界资本经典译丛"。开卷有益,本套丛书上及1873年的伦巴第街,下至20世纪华尔街顶级基金经理人和当代"股神"巴菲特,时间跨度长达百余年，汇添富基金希望能够借此套丛书，向您展示投资专家的大师风采，让您领略投资世界中的卓绝风景。

在本套丛书的第一到第十二辑里，我们先后为您奉献了《伦巴第街》《攻守兼备》《价值平均策略》《浮华时代》《忠告》《尖峰时刻》《战胜标准普尔》《伟大的事业》《投资存亡战》《黄金简史》《华尔街的扑克牌》《标准普尔选股策略》《华尔街50年》《先知先觉》《共同基金必胜法则》《华尔街传奇》《大熊市》《证券分析》《股票估值实用指南》《货币简史》《货币与投资》《黄金岁月》《英美中央银行史》《大牛市(1982～2004)》《从平凡人到百万富翁》《像欧奈尔信徒一样交易》《美国国债市场的诞生》《安东尼·波顿教你选股》《恐惧与贪婪》等71本讲述国外金融市场历史风云与投资大师深邃睿智的经典之作。而在此次推出的第十三辑中，我们将继续一如既往地向您推荐六本具有同样震撼阅读效应的经典投资著作。

塞万提斯在《堂·吉诃德》中提到，历史孕育了真理；它能和时间抗衡，把遗闻旧事保藏下来；它是往古的迹象、当代的鉴戒、后世的教训。《1907年金融大恐慌》就是这样一本能够让人警醒的书。这本书对1907年危机以及伟大的私人银行家J.P.摩根的危机管理做了透彻的、专家视角的、具有高度可读性的叙述。美国国会汲取了1907年的教训，于1913年启动了避免银行业恐慌、增进金融稳定的联邦储备系统。然而，往事并不如烟，在此之后发生的多次经济危机表明，危机和恐慌无论在过去还是在将来都是我们生活中的重要部分，从中汲取的教训及其与当今所发生的危机和恐慌的比照具有重要意义。

《财富之轮——从为人不齿到受人尊敬的投机史》一书全面描述了美国期货市场不断获利的过程中丰富多彩且又充满丑闻的历史。知名的商业历史学家和畅销书作者查尔斯·R.盖斯特详细地阐释了从美国南北战争开始前直到整个20世纪这一时间历程里，美国期货市场的产生、发展的全过程。包括在19世纪，那些雄心勃勃的商人们是如何在利益的驱使下，为了垄断黄金、白银和粮食市场而创立现代标准期货合约的；期货市场又是如何在人们的谩骂声中，艰难起步的；而到了20世纪，为何会有大量的公司、个人，甚至外国政府迅速进入这一领域。也许我们只有在还原历史的同时，才能在没有虚饰与矫情的空间中，解读智慧真实的内涵。本书在展示期货市场100多年来风雨历程的同时，还在人性层面对投机事件做了精彩解读。

投资是一门充满神奇诱惑的艺术,顶级投资家的选股故事总是会引发我们的无限感慨和好奇探究。《至高无上(二)——汲取史上最伟大交易者投资策略的经验和教训》是第一本集中展现历史上顶级交易者策略的书籍。在这本书中,优秀的投资作家和投资历史学家约翰·波伊克向我们揭示了伯纳德·巴鲁克、杰西·利维摩尔、杰拉德·勒布、理查德·威科夫、吉姆·罗贝尔、欧奈尔等传奇交易者如何驾驭股票市场"这只野兽",在繁荣与萧条期间获取财富,以及投资者如何才能获得财富。

成功品牌的创业史总是引发人们的无尽遐想。1989 年创立的培恩烈酒公司(Patrón Spirits Company)正是这样一个成功的品牌。《培恩之路》详细记述了初创品牌建设的非传统模式,培恩创始人之一马丁·克劳利和他的人生伴侣伊拉娜·埃德尔斯坦用非凡的创造力和独创的营销策略改变了烈酒行业,培恩成为龙舌兰酒品牌中销售额最大的商家,产品销售到全球 140 多个国家和地区。《培恩之路》完美融合了商业经验、创业灵感和扣人心弦的人生悲喜剧,向我们讲述了世界优质龙舌兰酒巨头的真实故事。

人们期盼已久的《海龟交易心经》一书是《海龟交易法则》的姊妹篇,是柯蒂斯·费思关于风险应对策略的又一力作。费思从对风险的本质的全面探索出发,勾勒出了用以抓住风险本性的一些被证明为行之有效的方法。正是这些策略使"海龟"成为投资界里令人钦羡的对象。费思在书中向我们描述了伟大的交易商们用来管理风险和不确定性的 7 大规则:(1)克服恐惧;(2)保持灵活;(3)承担合理的风险;(4)为错误做好准备;(5)主动寻求真相;(6)迅速回应变化;(7)聚焦决策而非结果。这些规则可以应用到你的职业和个人生活的任何领域。

美国的基金会诞生于 19 世纪末 20 世纪初,历经时光飞逝、通货膨胀以及每年的固定支出,这些资金如何保值增值并得以维持的呢?《基金会和捐赠基金投资》将为我们给出答案。本书重点突出地阐述了在基金会和捐赠基金日趋复杂的投资世界中,投资总监日益显见的重要性。通过检视各类投资总监的职业路径、投资哲学、面临的挑战和所获得的成功,为这一行业的其他投资者提供了可操作的建议。任何一位有志于投资管理的读者,都将会发现其异乎寻常的价值。

投资者也许会问:我们向投资大师、投资历史学习投资真知后,如何在中国股市实践应用大师们的价值投资理念?

事实永远胜于雄辩。中国基金行业从创立至今始终坚持和实践价值投资与有效风险控制策略,相信我们十多年来的追求探索已经在一定程度上回答了这个问题:

首先,中国基金行业成立以来的投资业绩充分表明,在中国股市运用长期价值投资策略同样是非常有效的,同样能够显著地战胜市场。公司成立以来我们旗下基金的优秀业绩,就是最好的证明之一。价值投资最基本的安全边际原则是永恒不变的,坚守基于深入基本面分析的长期价值投资,必定会有良好的长期回报。

其次,我们的经历还表明,在中国股市运用价值投资策略,必须结合中国股市以及中国上市公司的实际情况,做到理论与实践相结合,勇于创新。事实上,作为价值型基金经理人典范,彼得·林奇也是在总结和反思传统价值投资分析方法的基础上,推陈出新,取得了前无古人的共同基金业绩。

最后,需要强调的是,我们比巴菲特、彼得·林奇等人更加幸运,中国有持续快速稳定发展的经济环境,有一个经过改革后基本面发生巨大变化的证券市场,有一批快速成长的优秀上市公司,这一切将使我们拥有更多、更好的投资机会。

我们有理由坚信,只要坚持深入基本面分析的价值投资理念,不断积累经验和总结教训,不断完善和提高自己,中国基金行业必将能为投资者创造长期稳定的较好投资回报。

"他山之石,可以攻玉。"二十年前,当我在上海财经大学读书的时候,也曾经阅读过大量海外经典投资书籍,获益匪浅。今天,我们和上海财大出版社一起,精挑细选了上述这些书籍,力求使投资人能够对一个多世纪的西方资本市场发展窥斑见豹,有所感悟;而其中的正反两方面的经验与教训,亦可为我们所鉴,或成为成功投资的指南,或成为风险教育的反面教材。

"辉煌源于价值,艰巨在于漫长",对于投资者来说,注重投资内在价值,精心挑选稳健的投资品种,进行长期投资,将会比你花心思去预测市场走向、揣测指数高低更为务实和有意义得多。当今中国正处在一个稳健发展和经济转型相结合的黄金时期,站在东方大国崛起的高度,不妨看淡指数,让你的心态从容超越股市指数的短期涨跌,让我们一起从容分享中国资本市场的美好未来。在此,汇添富基金期待着与广大投资者一起,伴随着中国证券市场和中国基金业的不断发展,迎来更加辉煌灿烂的明天!

张 晖

汇添富基金管理股份有限公司总经理

2016 年 1 月

致　谢

我要感谢约翰·威利出版集团(John Wiley & Sons)的珍妮·格拉瑟(Jeanne Glasser),她从头到尾审阅了本书。我同样特别感谢英格拉姆·平(Ingram Pinn),他设计了英文版权页反面的插图,该图描绘了理查德·尼克松(Richard Nixon)和哈罗德·威尔逊(Harold Wilson)痛斥苏黎世的那帮声名狼藉的银行家们在货币市场上投机的情形。如果没有这些银行家们,金融期货市场将有一段大不相同的历史。

前 言

19世纪晚期芝加哥的一个漆黑的夜晚,几个蓄意抢劫的流氓正走上前同一位老人搭讪。当他们发现这位老人不是别人而正是老哈奇(Old Hutch),即芝加哥期货交易所(Chicago Board of Trade,CBOT)的一个传奇池内交易商(pit trader)时,他们撒腿就逃,为老人留下了他的钱和吹牛的永远权利。这就是19世纪商品交易商的威力。他们和他们在其中辛勤地从事交易的期货交易所,是传奇和厌恶产生的源泉。

几乎从一开始,期货市场就被冠以所有可以想象到的名称,从"赌窝"到"重要的商业中心"。它们一度被贬低,甚至被认为毫无经济价值,直至今天被赞誉为颇有价值的市场机制。150年后,它们在金融市场中的地位是至关重要的,但又是争议犹存的。商品期货市场招致了林林总总引人注目的解释——从"撒旦自己的家园"到"商业救世主的大教堂",可谓"仁者见仁,智者见智"。当然,对期货市场的看法从来也没有缺少过。

这些简单的期货市场是如何唤起如此强烈的情感的?这就构成了期货市场诞生伊始的历史。而自从美国南北战争前期货交易在圣路易斯和芝加哥开展以来就存在的挥之不去的持续混乱,是其历史的重要组成部分。依赖于公开叫价的交易制度的任何一个市场[在这种市场上,交易商们在交易区域(trading area)即交易池(pit)[1]内通过声音和手势信号彼此交流],注定要受到人们的批评。就其所要执行的重要的经济功能而言,它看来好像是个靠不住的场所。批评家

---

[1] 交易池是期货交易所交易大厅中的交易区域,不同的交易池用于不同的期货和期权合约的交易。——译者注

们声称,池内交易(pit trading)是为那些暗中做手脚以使自己有可能成功获利的赌徒们而准备的。无论是买进还是卖出,他们都不按照交易的基本法则进行,却利用相互勾结和操纵市场来谋生。19世纪和20世纪的美国农场主们(farmers)[1]成功地利用了这种看法,却从未成功地说服立法者们改变或者废除期货交易(尽管他们曾经几乎成功说服立法者们)。

在期货市场刚开始发展时,人们要求进行交易的强烈欲望就迅速将其建立的良好意图一扫而空。起初的商品合约仅仅是到货时交割合约(when-arrive contract)[2],这意味着,交易商要为远期交割(future delivery)的货物,向别的交易商支付一笔当前确定的明确的价格。合约一旦建立,人们就不打算进行合约的交易。然而不久,投机因素就占据了主导地位,因为事态变得明朗起来,有活力的投机市场要比不活跃的期货市场更加令人感兴趣,并且更加有利可图。几年之内,人们就开始在期货的基础上进行合约的交易了。几乎紧接着就听到了大声咒骂的声音,这些咒骂声大多来自那些农场主们,他们认识到,他们的现货价格(cash price)[3]正因此变得摇摆不定。更多的工商业界保守分子们同样谴责公开叫价的期货交易,他们认为,商品市场正变得与南北战争之前就因空头袭击(bear raids)[4]和囤积居奇(corners)[5]而出名的股票市场同样低劣。

期货市场和衍生品市场(derivatives market)的历史充斥着误解和错误的臆断。虽然期货市场的基本法则是非常简单的,而且事实上它们是建立在商品的使用者和供给者都能够很好地理解那些概念的基础上的,但是直到今天,怀疑犹存。无论如何,简单可能是一件既有好处也有坏处的事情;机理可能是简单明了的,但应用却可能是极其复杂的,甚至像噩梦一样。19世纪的农场主们显露出的对期货市场的无知并不奇怪;而金融专家们在20世纪90年代早期,当他们试图理清出现在美国加利福尼亚州南部盛产柑橘的奥伦奇县(Orange County, California)的衍生品投资组合中的混乱时,被奥伦奇县当时遭遇的疑难问题搞糊

---

[1] "farmer"一词又译"农民",其本意为"在农场工作或经营农场的人",在本书中多指"经营农场的人",即"农场主",因而与通常所说的"农民"有所区别,故在本书中一律译为"农场主"。——译者注
[2] 即远期交割合约。——译者注
[3] 又译"现金价格"。——译者注
[4] 又译"卖空浪潮""空头猛跌",是一种通过大量抛空造成恐慌而使价格下跌,之后在低位买进以图牟利的市场操纵行为。——译者注
[5] 又译"市场垄断",是一种通过囤积现货或者买断证券而控制商品或证券的供给,并抬高其价格以图牟利的市场操纵行为。——译者注

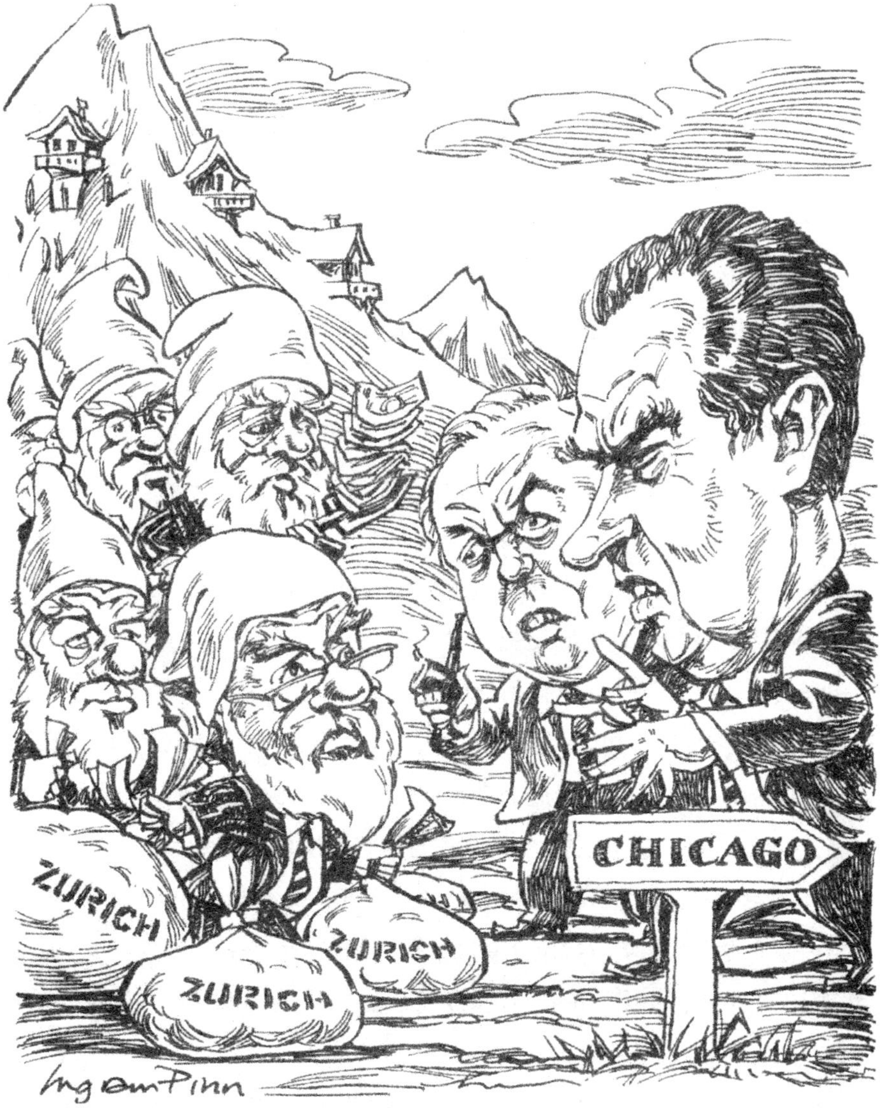
CHICAGO
ZURICH
ZURICH
ZURICH
Ingram Pinn

涂则更不奇怪。

期货合约是在明确的时段内按照特定价格购买或者出售特定数量商品的一种合约。合约在一个月之内的某个标准日(standard date)到期之后就变得没有价值,因此,对于交易者来说,合约具有一个有效却有限的期间。在有效期内,期货价格(futures price)将会出现波动,这取决于商品本身价格的涨落。预期将要收割的农场主们会按照一个预先确定的价格卖空合约,并在上市准备完毕时交付他们的农作物。同样,商品加工者们将通过买入合约和接受交货来锁定(lock in)价格。在这一过程中,价格不确定性被消除了。交易之后,不管价格发生什么变化都不重要了,因为交易会按照特定的价格完成。

这种简单的卖出(做空,going short)和买入(做多,going long)表明,买卖双方都参与了套期保值,这是期货市场得以建立的最基本的原因。然而,在合约有效期内,标的商品(underlying commodity)[1]的价格(现货价格)将继续波动。早期的交易商们在这种价格波动中看到了机会。如果他们可以再次买进或者卖出合约,而不是接受交割,那么他们不用为商品本身的最终实物交割(physical delivery)费心,就可以获取利润。为了获利而买入或者卖出小麦期货,肯定要比不得不接受小麦交割,然后再在现货市场(cash market)[2]上卖掉它更好。因此,期货交易几乎马上就流行开来。

当人们要求进行交易的强烈欲望在期货市场上被激发出来时,一个完全崭新的、充满市场技巧和诡计的世界就诞生了。交易商们不久就发现,现货价格与期货价格一前一后地快速变动,并且可以加以操纵从而牟取个人利益。然而,这些诡计并不容易实施。最早发动的市场投机(market operation)之一被称为"囤积居奇"。交易商试图垄断现货商品(cash commodity)的现有供给,然后迫使期货合约的卖方按照交易商的价格结算(settle),履行卖方义务。买进超过现货小麦(actual wheat)供给的小麦合约,小麦的现货价格和期货价格就会急剧上涨,往往会彻底摧毁那些卖出合约的人。当卖方发现不可能找到任何可供交货的小麦时,他们就只能受那些在财务上进行报复的多头们摆布了。商品将被囤积,而空头们则被击溃。

---

[1] 又译"基础商品""合约商品"。——译者注
[2] 现货市场是指股票或金融商品于交易后极短的时间内,通常为1~2个营业日内,履行交割义务的市场。——译者注

芝加哥的本杰明·哈钦森(Benjamin Hutchinson)或称"老哈奇"便是最早精通这种欺骗和囤积诡计的人之一。在其池内交易生涯中,他使许多场内交易商(floor trader)破产,也不止一次地给自己造成了损失。他的名声变得如此令人恐惧,以致连关于他死亡的草率的报道都会使小麦价格上下波动。尽管哈钦森与同行交易的手段很苛刻,但是他一直认为,囤积小麦是不可能做到的。他一再坚称,中西部有着太多的金黄色谷浪,以至于很难设想还能有什么人居然可以垄断小麦市场。当然,那通常是囤积居奇正在发出的信号,由此其他的交易商就会急忙加入囤积居奇的交易或者赶快补进(cover)。

期货交易成为牛仔资本主义(cowboy capitalism)的鲜明特征。各种事情都有可能发生,没有任何限制,而游戏规则似乎只是在交易进行的过程中才被制定出来。多头们和空头们面对面站着进行各种各样的"枪战",更强壮、更敏捷的幸存下来。农场主们反对期货交易所(futures exchange),因为这些神话和大量的金钱据说是在囤积居奇和空头袭击这两个恰恰截然相反的交易过程中被制造出来的。当特别机灵的池内交易商把囤积居奇和空头袭击在同一交易中结合起来的时候,要准确地说出正在发生什么事情就变得非常困难了。在通常情况下,交易商们会一前一后地利用现货市场和期货市场来发动囤积居奇。不知所措的农场主们做出反应,要求州议员们关闭期货交易所。

奇怪的是,要求关闭期货市场的最初努力是农场主们实现那个目标的最好且唯一的机会。到了20世纪初期,期货市场已经完全建立起来,因而尽管主张应当废止期货市场的建议不时被提出来,但是这些建议从未被认真考虑。联邦层面对期货市场的管制仍然进展缓慢。随着针对谷物交易的法律的出台,对期货市场进行管制的最早尝试在20世纪20年代出现了。1936年,在《商品交易法》(Commodity Exchange Act)——一部与1934年的《证券交易法》(Securities Exchange Act)相对等的期货市场法律——中,这种尝试扩展到所有的期货交易。可是,期货交易所几乎没把这当一回事;这么多年来,它们已经习惯了为所欲为,以至于它们几乎没有注意到这部法律,而强制实施这部法律的努力也收效甚微。如果没有装有子弹的枪,牛仔资本主义根本就不会理睬州长。

期货史上的中心议题之一是,确定州长是否有权控制期货市场。20世纪70年代早期,当普通股期权随同金融期货一起被引进时,期货史上一个重要的转折点出现了。依附于金融工具(financial instrument)的合约使得市场比以往任何时候更加开放,参与者更多,并为他们的成功提供了保证。对于《商品交易法》而言,不幸的是,在这部法律中没有任何关于非农产品期货的内容,而新兴市场在没有任何得力管制者的情况下迅速成长,直至1974年商品期货交易委员会(Commodity Futures Trading Commission,CFTC)创立。

在期货交易所引进金融期货之后,期货市场开始获得几十年来一直缺乏的受人尊重的地位。现在,它们能够提供依附于债券、货币市场工具(money market instrument)和股指期货这三者的期货合约,以及同样是在20世纪70年代早期发展起来的普通股期权。其中具有讽刺意味的是,这些合约是依附于在纽约而不是在芝加哥交易的标的证券(underlying instrument)的合约。现货市场即为证券本身的交易而设立的市场,在别处也可以看到,奇怪的是,它赋予了衍生品市场更多的合法性。衍生品的定价完全基于现货证券和投资者需求。当期货市场仅仅交易农产品合约时,价格实际上不那么可信,因为现货价格是在同一交易所被确定的。在同一场所确定期货价格和现货价格,常常引发囤积居奇和空头袭击。把两者分开,则赋予了期货市场更高的可信度。

只有在获得极大的信任时,期货市场的真正功能才得以实现。如果期货市场所有的功能可以用一个术语来概括,那么这个术语就是"价格发现"(price discovery)。假定现货价格综合体现了影响期货价格的各种因素,那么任何商品的实际价格(true price)就是现货价格。如果装饰品的现货价格是1美元,而6个月之后的交割价格是97美分,那么期货价格就会反映市场因素和条件以及在期货合约期限内储存该商品的成本。只有通过比较现货价格与期货价格,我们才能确定,在某一时点上现货价格是对真实价值(true value)的反映还是偏离了真实价值。

在20世纪80~90年代,随着掉期市场(the swaps market)出现的金融创新使得传统的期货市场陷入了困境。当银行开始为掉期利率(swapping interest rate)、货币和商品造市(make market)时,衍生产品市场就变得更加复杂和专业化。市场风险也开始从交易所相关产品(exchange-related products)转移到这些新的合约上,这些合约被指定为场外交易(over-the-counter,简称OTC)[1]的银行与公司客户之间的合约。在丑闻爆发[首先在伦敦自治市镇哈姆斯密

---

[1] 即买卖双方不通过交易所而直接进行的交易。——译者注

(Hammersmith)和富勒姆(Fulham),然后在加利福尼亚州奥伦奇县,接着在康涅狄格州(Connecticut)的一家被称为"长期资本管理公司"(Long-Term Capital Management)的对冲基金]前,公众从未听说过这些新合约。在公众和新闻界了解了这些丑闻后,金融系统早已在牛仔交易商们强加的压力之下呻吟了,这些牛仔交易商们把审慎而明智的风险管理抛到了九霄云外。

在衍生品市场的整个历史中,人们常常把它们与赌博联系在一起。19世纪,公众对芝加哥期货市场的怨恨大部分是由于芝加哥期货交易所池内交易商们的活动所导致的,人们把这些活动比作把大量赌注押在小麦和玉米这类主要食品上的价格赌博。期货市场最初是作为农产品的市场机制发展起来的,但是不久后,它们就呈现出大型赌场的气氛,在这种赌场中,赌台管理员首先给他们自己发牌。这种特色已经保持了多年,尽管期货市场的最好意图是展现一种有声有色的经济景象,但那些术语和手法依然好像永远延续了类似赌博的特色。一种为人们所熟悉的、用于估算不同经济情境下债券风险的现代工具被称为"蒙特卡罗模拟"(Monte Carlo simulation)。这个术语不经意间给人们留下了这样一种印象,那就是,金融市场只不过是赌博游乐场。

如果这种类推的任何部分都是正确的,那么期货市场就最有责任告知这一点。到了20世纪80年代中期至晚期,期货市场还热衷于留给人们这样一种印象,即它们终于成熟了,并且与证券市场一样成熟。随后,美国联邦调查局针对场内交易商执业情况所做的一项调查报告在芝加哥被泄露,让期货市场尝到了10年一次的丑闻和反责的苦头。期货市场遭遇的这场惨败揭示了其多年来已经为人们所知的一面:它们对公众的意见似乎已经习惯了,并且声称它们的功能是有限的而且是局外人很难理解的。在这方面,它们是正确的。多年来,交易池内的交易已迷惑了不止一个旁观者。

在某些情况下,把期货市场和它们的衍生品同胞比作证券市场是不公平的。期货市场的散户(retail investor)[1]不像股票市场的散户在股票市场所做的那样聚集在一起进行期货交易。他们所迷恋的唯一的真正目标就是期权市场(options market),在期权市场中,他们只需以相当于证券价值一个零头的权利金,就可以买入股票看涨期权和股票看跌期权。场外交易衍生品市场纯粹是为机构

---

[1] 又译"小额投资者"。——译者注

设计的，所以它们对普通投资者来说用途有限。它们保留了套期保值市场(hedging market)，机构和公司通过掉期或交易期货来转移风险。与所有市场一样，丑闻也不可避免地发生了，但是，在套期保值市场上，不知何故，丑闻看来总是要比其他任何市场更严重。

与公众有点疏远，并不意味着期货市场不应当按照与证券市场相同的一整套规则运转。20世纪上半叶，对金融市场的管制以相当缓慢的速度推进着，而在商品交易方面的管制则是所有市场中进展速度最慢的。只要交易被限定在农产品上，管制的相对缺乏就还算行得通。然而，当危机出现时，管制者权威的缺乏就变得显而易见了。在20世纪30年代早期出现的巨大的空头袭击期间，由于现存的法律变幻莫测，管制者不能识别或起诉一个很明显地操纵谷物价格的犯罪者。20多年后，当国会事实上禁止洋葱期货交易从而谱写了期货史上极不寻常的一个篇章时，反对所谓的价格操纵的一个强烈反应出现了。不过，在1974年商品期货交易委员会创立以前，对期货市场进行管制的努力在很大程度上都是权宜之计。

即便是与证券交易委员会(Securities and Exchange Commission, SEC)对等的期货市场机构，也经过了一段艰难时期才被人们接受。到商品期货交易委员会创立时，芝加哥期货交易所已经持续交易了125年以上，该交易所对这个新机构持明显的观望态度。问题的一部分是，期货交易所给它们自己设定了野心勃勃的目标，并且它们多年来逐步形成的交易方法总是被设计成能确保它们的生存。作为私营交易所，扩展其业务范围的唯一途径就是吸纳新的会员，或是吸纳能够促进交易大厅(trading floor)活跃性的场内自营交易商(locals)。期货交易所对池内交易的了解肯定比新的管制委员会对池内交易的了解更多，因而它们不打算执行被其看成是外行的那些人强加给它们的、关于交易的严厉的规则。

一般而言，金融服务业是受管制最多的一个行业，但在这个行业中，期货和衍生品市场受到的管制却是最少的。在管制衍生品市场方面的部分问题多源于它独有的特性。合约只不过是约束买方和卖方的交易头寸。大多数交易商从来不占有相关的现货商品，而是在合约到期前平仓(close position)。因此，期货交易通常不涉及占有问题，就像在证券交易中那样。合约有一个很短的有效期，不论它是期权还是期货。虽然衍生品交易中资金的实际金额可能超过证券交易，但大多数职业交易商从交易价格变动形成的价差中获利或亏损。除非他们的交易量巨大,他们持有头寸的时间从来不会长到在该头寸上蒙受严重亏损的地步。而且,如果他们是套期保值者,那么只要套期保值可以保护资产,盈利或亏损的问题就变成了纯粹理论意义上的问题,从而没有实际意义。

衍生品交易的这种短期性质赋予整个行业一种赌博娱乐场的环境。在19世纪,农场主们严厉谴责会影响他们收成的剧烈波动的价格。如果农场主们不是久经世故的,那么套期保值将是不可能的,他们也将任由交易商们定出的价格摆布。一个世纪之后,机构客户们抱怨说,从芝加哥交易所收到了令人怀疑的价格。通过一种被称为"扒头交易"(front running)[1]的惯例,交易商们在为客户交易之前例行公事地为他们自己交易。结果,不管给客户执行的是什么价格,他们都将盈利。

多年来,期货和衍生品市场分担了过多的丑闻。多次惨败赋予期货市场牛仔特性。总的来说,期货市场中的丑闻并不比其他市场中的丑闻多,但似乎总是要比其他市场的更离奇。期货市场保持了相对简单和几分小集团似的特点,所以当交易丑闻爆发时,这种丑闻看起来总是使期货市场的批评家们能采取有力的措施予以抨击,这些批评家中的许多人对刚刚过去的丑闻都还记忆犹新。然而,在丑闻期间——特别是在发生于20世纪80~90年代的那种丑闻期间,不止一位观察家大惑不解,相对简单的市场怎么就能够制造出如此巨大的混乱呢?

尽管多年后期货市场已经变得非常成熟,但是它们的一些惯例似乎从未有过本质上的改变。衍生品市场是独一无二的,因为它们提供了简单却影响深远的套期保值和投机功能,抵制局外人和管制者们试图揭示它们秘密的努力。它们依然是美国市场资本主义——社会达尔文主义(Social Darwinist)——环境的最好典范,并且坦然宣称它们有能力提供公平、公正的市场,直到下一次丑闻爆发。

---

[1] 又译"抢手交易""插队交易""坐轿子"等。——译者注

目 录

总序/1

致谢/1

前言/1

第一章　交易池的故事/1
 年轻善良的食人族/4
 口哨吹奏《迪克西》/9
 路边与走廊/15
 交易池之战/19
 投机商号数量减少/28
 立法与投机/34

第二章　期货与"野驴"/46
 "最大的投机商号"/52
 早期的管制/58
 大地之子/62
 形势正在好转/74
 漠视贫困？/77
 灾难的先兆/81

第三章　猎杀大空头/88

"斯大林"在卖空/90

厉行节约/95

重返交易池/102

最后的驴叫声/108

洗冤/110

下半旗/112

第四章　增加交易品种/120

洋葱盛宴/124

色拉圣徒/130

鸡蛋类物品和熏肉/137

一体化/141

黄金组合/146

第五章　金属和货币/150

看涨期权和看跌期权/154

苏联人和国际银行家/159

走进商品期货交易委员会/162

芝加哥的国际银行家/167

享有特权/170

冲啊,白银!/174

结果/182

第六章　芝加哥的闹剧/185

掉期交易/188

期货期权/190

在钉头上/193

掉期商店/196

哪个亨特?/200

哪里有烟雾/206

交易所里的福尔摩斯/209

萨利·拉塞尔坐牢/214

不要再发生/218

第七章　商业欺诈者众生相/222

彻底垮台？/226

了解你的客户/232

有毒废物/235

博得满堂彩/242

成熟期/248

狼狈不堪/252

崩溃/256

后记/263

参考文献/265

第一章　交易池的故事

南北战争是对美国人的生活态度、自由观和追逐财富观的一场严峻考验。剧烈的冲突撕裂了美国人生活的每一根神经纤维，引起了积聚财富观念的迅速转变。战争以前，储蓄和节俭被视为美国人的传统美德而受到交口称誉，这段时期在事后看来就好像一段太平时期。战争期间，每天的报纸上都充斥着血腥战斗的消息，同时，一波普遍的黄金和股票投机浪潮席卷了全国。

奇怪的是，在投机出现的同时，美国人也正在制订明智的财务计划。战前，只有大约500万美元的人寿保险未偿付；到了1865年，保险余额已经跃升为大约7亿美元。显然，战争风险和城市化程度日益提高的趋势，引发了人们不依赖于遗留土地所有权的传统方法而寻求采用新的方法把财富传给下一代的需要。美国人一向喜欢投机，但是在战前，他们的投机只限于乐透彩票和房地产交易。然而，战争却带来了一股前所未有的商品和黄金的投机狂潮。投机商号（bucket shops）在全国各地如雨后春笋般涌现，更是给这股狂潮火上浇油。这些赌场式的商号给普通市民留下了这样的印象，使得他或她误以为自己可以像专业人士一样从事股票和商品投机。在期货交易所里赚大钱、撞大运的故事让大街小巷里的平民百姓大受刺激，而受到更宏伟的梦想激励的职业交易商们则坚信，如果他们具有坚强的意志和足够的投机勇气，那么他们实际上就可以垄断谷物和黄金的全部供给。显而易见，在态度和娱乐方面，美国正处于一场大革命的边缘。

战后,彩票业迅速增长,尤其是在美国南部,各州立法机关极度需要资金。几乎从一开始,彩票的反对者们就游说议员,要求废止彩票业,认为它们是不道德的并且可能使普通市民堕落。另一方面,期货市场正处在一个比以往略高的水平上。19世纪期间,期货市场在华尔街阴影笼罩下的发展,是一件好坏参半的事情。这些新的市场具有与操纵和贪婪的传统相同的令人怀疑的特征,华尔街已经因这种传统而著名。南北战争前,人们不认为股票交易和其他无形资产交易是令人尊敬的职业;交易商们被看成处在正常社会边缘的一群人。在期货市场发展时,公众自然对他们以及从事期货交易的人侧目而视。然而,公众也知道,如果这些新的市场能够获得成功,那么它们在美国经济生活中的地位在未来好几代人心中都将是稳固的。

尽管期货市场确实获得了成功,但是它们的发展常常受到机缘的影响。就像小麦或玉米的价格常常受到需求的影响,而需求又受到人们不能控制的诸多因素,譬如气候变动和虫害侵袭的影响一样,期货市场也常常受到公众怀疑、内部分歧以及各种外部因素的影响,而所有这些都是期货市场本身难以控制的因素。与股票市场不同,期货市场从来没有获得纽约证券交易所(New York Stock Exchange, NYSE)多年来勉强赢得的那种普遍的尊敬。对东部人而言,期货市场是这样一种地方,在那里,"乡巴佬们"进行着日常生活所需的基本农副产品的交易。即便是在它们自己的后院,期货市场也被认为是令人怀疑的地方,掠夺成性的、投机的、"世故的城里人"在那里利用那些没有足够好地组织起来因而难以还击的农场主们获取私利。19世纪期间,的确有人做过这样的尝试,打算在联邦和州两个层面宣布期货交易不合法。期货市场遭受了已获通过的反对它们的立法的重创,但它们依然设法生存了下来。

19世纪40年代晚期,芝加哥期货市场的引入的确见证了金融生活的成败与兴衰。从一开始,人们从未当真怀疑过期货的经济价值,但对那些从事期货交易的人们以及他们的动机却一直心存疑虑。19世纪,公众隐隐约约地了解了证券交易所里发生的事情,但对那些妄自尊大的人士,即交易所中最知名的多头和空头,却很少有兴趣。对大多数观察者来说,买卖铁路公司股票是合法的行为,但是当雅各布·利特尔(Jacob Little)或者丹尼尔·德鲁(Daniel Drew)这样的交易商通过买进所有可供给的股票囤积居奇使股价大涨,或者通过卖空股票使股价大跌(迫使股票价格下跌,使"多头"或买进者破产)时,期货市场公然投机的本性就浮出水面了。雪上加霜的是,囤积居奇者和不顾一切打压股价的投机家的财务状况似乎良好,而普通投资者在这种游戏中好像从未胜出过。期货市场看来好像受到了非法操纵,有利于职业交易商。

无论纽约证券交易所早期的声誉多么徒有其名,芝加哥期货交易所都要遭到更严厉的指责。它要忍受法律的挑战和充满敌意的州议会,这使得证券交易所的问题与之相比要逊色得多。期货市场还有另一个出人意料的敌人,而大多数坐落在东部地区的证券交易所却没有受其困扰。在中西部,由于那个地区存在强烈的、根深蒂固的加尔文主义(Calvinistic)职业道德,在期货市场上进行交易的行为甚至遭到期货市场的信徒们的普遍冷嘲热讽。通过交易无形资产获得的利润被认为是不道德的。人们认为,只有真正的汗水和劳动才应当得到报酬。当一个人只不过是在交易所里叫喊着委托买进和卖出小麦的指令时,他怎么能够声称他是在工作呢?应当得到酬劳的人是那些用汗水和辛劳把小麦带到市场上的农场主。在合约交易中,而不是在实物商品(real commodity)本身的交易中,存在着某种固有的不道德的东西。多年以来,中西部地区那种强烈的道德始终困扰着期货市场。

源源不断的向西部扩张的力量常常把期货市场推到令公众瞩目的位置。随着国土的不断扩大,农场和城市开始向密西西比河以西发展。芝加哥成为通往这一辽阔地区的门户,这一地区几乎全部被用于农业生产。铁路的修建使芝加哥成为一个中心枢纽,到南北战争爆发时,这个城市是联邦军队主要的食品供给基地,并且与圣路易斯一起,成为主要的铁路终点城市。农业生产快速发展,包括农场主、磨坊主、农产品加工者、仓库业者和销售商等团体迅速涌现。期货市场正是从这个最后的团体发展而来的。期货交易所中的谷物期货交易被看作把谷物送到消费者手中的营销过程中的一步。像他们的东部地区证券交易所对手一样,期货交易商们声称,他们的交易发挥了有效的经济功能。如果没有这种交易,留给农场主们的就会是卖不出去的谷物。甚至更糟糕的是,如果价格在收获季节期间突然变化,就可能引发潜在的经济崩溃。

经验证明不是这么回事,至少就农场主们而言是这样。他们失去了对谷物价格的控制,因为一小群职业交易商控制了谷物价格,这些交易商在期货市场上为了他们自身的利益操纵着谷物价格。铁路的修建把事情搞得更加糟糕,为了把已经收割的谷物送到市场上,农场主被迫向铁路部门支付高额的费用。利用农场主的孤立和经济上的无知而获取好处的肆无忌惮的中间人,榨干了高尚的耕作职业的生命力。耕作的整个经济过程需要回到其田园起源上来。在投机和剥削方面受过训练的城市人,使农场主们处于一种易受伤害的地位、一种只有法律才能救济的处境。然而,国土正以非常快的速度向西部推进,而争论并没有引起注意。美国仍在不断向西推进,其经济发展离不开期货市场。被亚历克西斯·德·托克维尔(Alexis de Tocqueville)那样深情地回忆起的乡村美国,正迅速被铁路大王和谷物投机家的新美国所代替。但即便是这种进展,也不能阻止围绕着期货交易本性的争论。虽然期货交易问题与反垄断主义运动的刺耳的叫嚣声以及由平民党人(Populists)和格兰奇会员们(Grangers)[1]提议的改革掺和在一起,但它还是被证明是后南北战争时期更容易爆发的问题之一。

年轻善良的食人族

随着芝加哥和其他中西部城市的兴起,它们发展了商会和其他地方组织以满足工商界的需要。当地居民聚集在这些地方就餐、分享情报来源、做生意或者只是参加社会活动。早在1836年,商人交易所(merchants' exchange)就在圣路易斯发展起来了,在那里,沿密西西比河边码头的各式各样的商品交易都被组织起来,形成了一个中心市场。1856年,堪萨斯城(Kansas City)的商人们建立了商品交易所,按照有序的方式买卖商品。在芝加哥,以"芝加哥期货交易所"著称的类似的集会场所在1848年正式开放了,根本没有受到热烈的欢迎。同一年,铁路和电报通到了这个城市,接着堆料场也开张了。工商界中没有多少人对交易所表现出浓厚的兴趣,大多数人十分忙碌地应对着城市爆炸性的发展。

耕作业在其自身革命的阵痛中挣扎着,这场革命正迅速地改变着城市的面貌。19世纪30年代,赛勒斯·麦考密克(Cyrus McCormick)发明了收割机,这是第一个能够用机械而不是用手工收割谷物的装置。到中西部旅行后,麦考密克认识到,与比较陡峭多山的西弗吉尼亚州(Western Virginia,在那里,他一直做着零星生意,出售其新发明的奇妙装置)相比,他的装置更适合有着广阔而平

---

〔1〕 平民党是指19世纪后期美国中西部和南部农业改革者的政治联盟,主张自由铸造金银币、增加通货、实行分级课税制和铁路国有化等;格兰奇(Grange)是指1867年成立的美国农业保护者协会。——译者注

坦的平原、作为谷物主要产地的各州。1848年,他把他的企业迁移到芝加哥,开始生产经过改进的收割机。几年之内,收割一英亩小麦所需要的时间缩减了一半。加上农田的持续扩张,小麦和其他谷物迅速流经芝加哥。

尽管当地的商人们一开始不理睬芝加哥期货交易所,但是南北战争期间增长了的小麦需求开始改变他们对这一组织的看法。芝加哥期货交易所很快就发展成为小麦行业重要的营销部门。因为芝加哥是这个迅速出现的谷物主要产地的中心,所以它似乎是一个适合期货市场的天然场所,而芝加哥期货交易所则仿佛是安置期货市场的一个合乎逻辑的地方。期货交易是安排谷物和其他基本商品(basic commodities)延期交割或者远期交割的一种古老方式。它在日本和英国已经得到运用,并且获得了某种程度上的成功,而纽约市场也已经开展了一些商品期货的交易。最初,这种交易因到货时交易(when-arrived trading)而知名,在这种交易中,买主购买合约,其合约规定,农场主的谷类作物在不远的未来某个日期交货。合约约定价格为某个特定日期的价格,并且合约是有约束力的。如果后来价格下跌了,那么买主仍有义务按照约定价格购买;而如果作物歉收,那么即使农场主不得不到别的地方去购买,他也仍然必须按照约定价格交付谷物。

在这个简单的市场上,供求链是相对稳定的。然而,如果没有期货交易,巨大的价格风险就会出现。买主和卖主将不得不依靠具有变化反复无常和价格风险特征的现金交易市场(即现货市场)。期货市场消除了不确定性。买主将提前知道价格,而卖主则可以更轻松地睡个安稳觉,因为如果没有期货市场,他们将不得不蒙受收获时期和发货时节的市场条件造成的损失。但是,这样一个对农场主及其产品的使用者来说似乎都极好的事物,却一直笼罩在关于期货在美国人日常生活中特有作用的分歧和争论之中。如此合理的经济思想怎么可能会引发如此激烈、完全不同的评价呢?

在1854~1864年间,从中西部运出的小麦总量增加到原来的4倍多,牛肉和其他谷物量也迅速增加,这在对经销商(许多人称他们是大发战争财的奸商)的批评家们当中很快成为争论的源泉。结果,期货交易迅速发展。关于标准合约规模(standard contract size)、相关谷物质量以及交易程序方面的问题很快就得到解决,而可接受的期货合约主要是小麦期货合约,成为谷物营销体系的组成部分。农场主们可以在不远的未来某个标准日(standard date)出售他们的谷物；买主们可以决定他们需要哪些谷物并按照交易所开出的价格——严格意义上讲，是在交易池内即在合约交易的地方开出的价格——进行结算。南北战争后，芝加哥期货交易所建造了它最初的交易池并提供给交易商们，交易池在形状上是八角形的。交易池是芝加哥期货交易所交易大厅里略凹的区域，交易商们聚集在那里，采用可以听到的公开叫价制度进行交易。这种制度很快开始实行。然而，甚至从一开始，人们就没有遵守期货市场的一个标准。如果是真正的期货市场，卖主就必须交付商品，而买主则必须付款并提货。但是，只有一小部分合约曾经履行交割程序。大部分合约在它们期满后、被平仓（close out）前交易活跃，这意味着，已经卖出的合约又被回购，或者已经买进的合约又被卖出。这些场内交易商们并不考虑交割，他们考虑的仅仅是在商品上投机。[1]

新生的期货市场把投机者们吸引到了交易池中，在南北战争前的几年里，交易池的席位可以以相当公道的价格买到。这些交易商们并不想要实物商品，他们感兴趣的仅仅是以高于其合约买入价的价格卖出合约。同样，他们也是贪婪的空头：他们常常卖出合约，随后再以更低的价格把合约买回来，从价格下跌中获利。这些场内交易商们成为芝加哥期货交易所的脊梁，同时也成了芝加哥期货交易所的祸根。芝加哥期货交易所的规则和方针只是为了严肃的套期保值目的而制定的。农场主们出售谷物和农产品；而买主们，通常是食品加工者，购买谷物和农产品。芝加哥期货交易所的章程和体制不允许投机的交易商们在交易池内交易，尽管没有任何方法可以实际上禁止他们的行为。伊利诺伊州的法律承认芝加哥期货交易所是一个"管理委员会"（board），从而赋予芝加哥期货交易所制定其自身的规章和裁定其内部问题的独有能力，这使得它的决定具备与法院裁决同样的分量。显然，芝加哥期货交易所可以驱逐这些交易商，但是这样做又有什么意义呢？用期货术语来说，这些交易商是"场内自营交易商"，他们给交易大厅（exchange floor）增加了其所需要的流动性，但他们的行为却没有得到正式的承认。

如果没有投机者，期货交易所便是一个没有生气的地方。无论如何，交易商给了它活力和成为芝加哥神话不可或缺的组成部分的、有点俗气的名声。当交易商们明显快步如飞的时候，他们不是最严肃的商人；事实上，在传统意义上，人们甚至不把他们看作商人。他们共有的名声包括残忍、共谋，以及具有浓厚的幽默感，这种名声与纽约证券交易所里他们的同行是相配的，他们常常可与这些人相比较。他们显然不是他们职业的代表。1875年,芝加哥期货交易所接待了在芝加哥旅行期间参观其交易大厅的夏威夷国王。当芝加哥市市长领着国王进入交易大厅时,交易商们狂热地向国王欢呼致意,但国王还没来得及开口,他们就叫嚷着演唱当时流行的一首歌曲《食人族国王》(The King of the Cannibals)。接着,市长试图介绍国王,但是,当他开始介绍说"我很荣幸地陪同食人族国王来到你们中间……"时,却把事情搞得一团糟。显然,国王并不欣赏这种幽默,气冲冲地走出了交易所;与此同时,交易商们还在交易大厅里继续表演着"土著"舞蹈。[2] 他们的名声顿时大振。

正当芝加哥期货交易所忍受着它成长的痛苦时,其他交易所也在纽约发展起来。其中一个是1862年开办、为联邦军队的供给提供服务的纽约农产品交易所(New York Produce Exchange)。另一个是纽约棉花交易所(New York Cotton Exchange),1870年开办伊始就夺走与查尔斯顿(Charleston)一同作为棉花传统产地的新奥尔良的生意。结果,几年后,新奥尔良开办了它自己的棉花交易所。纽约的交易所吸引了许多先前在新奥尔良和南部其他城市做棉花生意的南部商人。这些商人中的一些人,包括雷曼兄弟,后来成为著名的华尔街投资银行的创始人。纽约和新奥尔良与英国的利物浦竞争,后者在19世纪30年代早期就已经建立了既提供现货交易又提供期货交易的棉花交易所。该交易所在工业革命期间对英国的发展起到了至关重要的作用,并在制造业和进口贸易方面提供了就业机会。利物浦交易所也被看作年轻的交易商们可以一夜暴富的地方。美国人被吸引到这个交易所,正如《哈珀斯》(Harper's)杂志指明的那样,"每一个人都对他自己特定的商业顾客的需求保持着一种敏锐的眼光"。利物浦交易所尽力向商人灌输伦敦证券交易所(London Stock Exchange)长期奉行的格言:一个人的诺言就是他的保证书。〔1〕"完全来自对他们共同利益的社会判断的荣誉感,将阻止哪怕是个别无赖打着交易所的旗号不履行诺言的行为,"该杂志补充说,"至少在这一点上,他们的意见是一致的。"[3] 按照他们的解释,美国交易所更自由散漫一些。

在期货交易所的整个早期历史中,所有的交易所对它们经济功能的强调都超过了对其投机性的强调。期货交易商们尽力——尽管并不成功——使他们自

---

〔1〕 意即"言出必行"。——译者注

己,与他们所声称的栖息于纽约证券交易所的讨厌的交易商们——声名狼藉的空头们和准备囤积居奇以赢得特别股的大部分现有供给的大买主们(large buyers)——形成有利的对比。这些狡猾的投机商已经成为美国证券市场传奇的组成部分。大部分爱阅读的公众通过报纸以及记载他们行为的应时书籍了解到他们的丑行。他们和其他许多交易商在纽约证券交易所的交易大厅里挽回了他们的名声。时事评论员和其他交易商都对他们既羡慕又厌恶。芝加哥期货交易所没有花费很多时间就培养出了它自己的传奇交易商,如本杰明·P.哈钦森,他在技巧和冷酷方面与所有的空头和大买主都不相上下。

哈钦森,1829年出生于马萨诸塞州,十几岁时就在一家鞋店当学徒,挣得每年20美元的薪水。作为一个有六英尺半高的野心勃勃的年轻人,他讨厌为别人工作的第一次经历,一直等待机会凭自己的力量闯出一条新路。一年之内,他紧挨着以前的雇主,开办了自己的鞋店,生意开始兴隆,不久他就把业务转移到一个更大的、有着更好发展前景的城镇。20岁时,作为当地的一个商人,他看来已经做好了获得很大成功的准备。不久,他结婚了,但在1857年,当他就要成为一个成功的靴子和鞋子制造商和销售商的时候,被称为"西部暴风雪"的金融危机带着强大的威力迎面袭来。危机始于西部的银行,继而袭击了东部;纽约证券交易所损失惨重。紧接而来的经济萧条毁掉了哈钦森的生意,迫使他重新考虑自己的前途。28岁时,他做出了一个重大的决定。他听从传统的贺瑞斯·格里利(Horace Greeley)[1]的建议,带着妻子和财产迁移到中西部。他的移居将改变芝加哥期货交易所的名声,因为他随身带来了某些芝加哥期货交易所的交易商们不具备的技巧。

在他迁入芝加哥市并安顿下来之后,哈钦森自然被芝加哥期货交易所和小麦交易池所吸引。巨大的小麦战时需求确保了交易池的前景。然而,哈钦森没有被吸引到小麦的营销上来,他只对投机感兴趣。与其最初的规章相一致,芝加哥期货交易所本身阻止投机,但是阻止交易池中频繁的买进和卖出对整个市场来说是危险的,因为它的确为真正的套期保值者提供了流动性。因此,投机者们非常活跃。他们不断地买进和卖出合约,努力赚取每蒲式耳几美分的差价。这种交易活动被称为"抢帽子"(scalping),交易所也因此而著名。场内交易商们开

---

[1] 贺瑞斯·格里利(1811—1872年),《纽约论坛报》创办者、著名新闻人。——译者注

始了一整套公众不能理解的循环交易方式。他们好像是在赌博而不是在销售小麦,企图预测短期价格变动,甚至制造价格变动。批评家们未能分清赌博与期货交易,期货合约的买主真正购买的东西是资产——虽然是短期资产,这种资产允许买主占有商品,如果需要的话。赌博仅仅是通过掷骰子来决定可能的支付或损失。通常,买进或卖出的套期保值者代表一项交易中相对的两个终端方;然而,现在不管在什么地方都看不到他们的影子了。交易方式看来正进入"连环"(rings)之中,而不是形成一份终端双方之间签订的单一合约(single contract),终端双方消失得无影无踪。

投机成为早期期货市场的致命伤。关于期货市场怎样才能完全为农产品生产者和加工者服务的基本概念,在中西部农业区的许多人心目中并不完全清楚。对农业利益促进者们(agrarians)[1]来说,除了真正的生产者和使用者之外的任何人都是赌徒。对投机和赌博的谴责对准了正在兴起的大大小小、为数众多的期货交易所[不但在芝加哥,而且在圣路易斯、明尼阿波利斯、新奥尔良、密尔沃基、纽约以及堪萨斯城]。它们不是徒劳无益的叫喊,而是引发了一波反期货的情绪,这种情绪一直持续到19世纪末。《芝加哥论坛报》(Chicago Tribune)哀叹道,芝加哥期货交易所不是在培养具有有益技能的年轻人,"像目前这样进行的交易正在把我们的年轻人培养成赌徒而不是商人"。[4] 大多数时事评论员都希望交易池中出现的投机只是这个城市发展的一个阶段。

口哨吹奏《迪克西》[2]

在芝加哥期货交易所发展的同时,纽约的黄金期货市场成为投机商们优先选择的市场。黄金价格反映了南北战争的命运,黄金期货市场成为19世纪以来

---

〔1〕 "agrarian",作为名词,又译"平均地权论者""重农派""农民党""农民政党(运动)成员"等。综合全书,译为"农业利益促进者",即主张促进农业利益的人。另据《布莱克维尔政治学百科全书》(〔英〕戴维·米勒、韦农·波格丹诺编,中国政法大学出版社1992年版,第588页)解释:19世纪90年代出现的美国农民党是美国西部和南部各州农民迫于经济窘困而发起的一场群众运动,其支持者用"平民主义"一词标榜自己。他们宣称自己的目标是"把共和国政府的权力还给普通人民"。他们愤怒谴责金融商,要求政府采取行动帮助小生产者,其中特别要求允许私铸银币以对付银根紧缩。——译者注

〔2〕 "迪克西"是指美国南部和东部的地区,通常包括那些内战中组成南部同盟的各州。该称呼因滑稽说唱的歌曲《迪克西的土地》而普及,这首歌曲由丹尼尔·D. 艾默特(1815—1904年)于1859年写成。此处的《迪克西》是南部同盟军流行的军歌。"Whistling Dixie"即"口哨吹奏《迪克西》",后引申为俚语"想入非非""不现实的乐观幻想"。——译者注

经历过的投机气氛最浓厚的市场。交易商们的行为令政治家和时事评论员们如此反感,以至于许多人开始怀疑整个市场的爱国精神。这种反应导致了有史以来第一部期货立法获得通过。

1861年12月底,纽约的银行中止了硬币支付,取消了支持新发行美钞的金本位制(the gold standard)。两个星期后的1862年1月,纽约证券交易所建立了黄金交易室(Gold Room)[1]。黄金交易的标准是面值为20美元的双鹰金元(Double Eagle)金币,报价为金币面值的溢价。乍一看,这个市场似乎是一个现货商品市场(true commodity market),因为黄金是唯一的交易商品,并且标出的价格是隔日交割的价格。然而,几乎紧接着,延期交割(delayed delivery)市场就出现了。开出的价格要么是现货价格,要么是特定时段的价格。例如,"买主或卖主3"(buyer or seller three)表示交易商必须交割的天数,即必须在3天内交割。有组织的黄金市场看上去像合法投资者的市场,但是保证金交易(margin trading)和延期交割几乎马上就出现了,就像它们在芝加哥出现那样。如果交易所不能处理特殊订单,可以求助于坐落在威廉大街(William Street)23号的"地下煤库"(Coal Hole)。这是一个非官方的交易所,由那些未加入纽约证券交易所的交易商们组建。恰如其名,它是一个黑暗、邋遢的地下室,交易商们在那里完成圆滑的交易(slick deal),这种交易即使是新交易所也不支持。

南北战争期间,投机猖獗并且迅速蔓延。各种各样的投资者都开始交易黄金,然而并非所有的人都是专业人士。商人(tradespeople)、商店职员、实业家们(businesspeople)都在极度狂热地买进和卖出黄金,通常只是为了如足价(full price)下跌10%那样小的价差。不久,一群投机者加入了黄金的真正使用者的队伍。这种游戏变得与芝加哥正发生的事情完全一样:"多头们"往往注视着价格上涨,然后与不能补进头寸进行交割的空头们结算。数额巨大的现金得以转手;每成交10 000美元,经纪人要收取12.5美元的佣金,仅仅通过经纪订单,经纪人每天就能轻松地挣得几千美元。随着战争的发展,黄金价格持续上涨。

1862年,在黄金交易室开办时,黄金报价在102～133之间(即20美元面值的2%～33%,也就是20.40～26.60美元)。到1864年,黄金价格从大约157盘升至220。黄金价格随着战争前线传来的消息而涨落:联邦(Union)胜利抬升了

---

[1] 或译"黄金屋"。——译者注

价格;而南部同盟(Confederate)胜利则促使价格下跌。但是,仅仅花了大约一个月的时间,纽约证券交易所就认识到,黄金交易室的投机性是如此浓厚,以至于人们可以把它的交易商描述为缺乏爱国精神的人。交易商们声援联邦事业的典型表现是,当联邦军队获得胜利时,他们就以口哨吹奏《约翰·布朗的躯体》(John Brown's Body)[1];而当南部同盟军获胜时,他们吹奏的歌曲就转换成《迪克西》。关于交易商行为的新闻激怒了亚伯拉罕·林肯(Abraham Lincoln),他问一位同僚:"在这样的时候,华尔街的那帮人还在进行黄金赌博,你是怎么看待这些家伙的呢?依我看,我希望他们每个人的恶魔般的脑袋都挨上枪子儿。"5

一个月后的1862年2月,有关方面责成纽约证券交易所驱逐交易商们。被驱逐者在地下煤库重新开始交易,他们在那里待了一年,后来搬到了坐落于威廉大街和交易大厦(Exchange Place)拐角处的吉尔平新闻编辑室(Gilpin's News Room)。他们在外面的人行道上放了一块木板,以便过路人能够看到张贴在上面的黄金价格。只要花25美元,交易商就可以进入交易所的交易大厅,一个同时代的人仁慈地把这个地方描述为极尽喧哗吵闹的地方。黄金价格每天都在涨跌起落,而商品价格则变得更加不稳定。吉尔平新闻编辑室成了新的黄金交易室,而投机则同以前一样猖獗。林肯政府的财政部长萨蒙·蔡斯(Salmon Chase)视察了编辑室,所见所闻是如此激怒了他,以至于他强烈要求国会在1864年通过一项被称为《黄金法案》(The Gold Bill)的新法案。该法案宣布延期交割非法;所有的交易必须在24小时之内结算。该法案一旦成为法律,吉尔平新闻编辑室就被关闭,而市场就转移到交易商们的办公室和街头巷尾。

交易还有一个结算要求的问题。交易一旦完成,所有权凭证就从卖主转移到买主。因为缺乏各种结算所(clearinghouse),交易的细节连同所有权凭证都被放入大帆布袋中,由担任送货员的小伙子们走街串巷随身带来带去。这些送货员在街上常常遭到攻击和抢劫。"奔跑"成为一种更为有效的交货方式,因此,"跑腿者"成为送货员的流行绰号。这些送货员中不止一个有时候带着袋子一起消失,因为任何人都可以变卖这些凭证。这时候,非官方市场的信誉显然是令人怀疑的。

---

[1] 约翰·布朗(1800—1859年),美国废奴主义领袖,组织反奴隶制的武装集团,在袭击弗吉尼亚的哈珀斯渡口军火库战斗中受伤被捕,后在绞架就义。《约翰·布朗的躯体》是美国内战时北方部队的军歌及英雄送葬曲。——译者注

吉尔平新闻编辑室的声誉变得如此糟糕,因此交易商们在1864年10月组建了纽约黄金交易所(New York Gold Exchange)。交易变得更加有序,比旧的交易系统有所改进。在这方面,纽约银行(New York Bank)助其一臂之力,通过创立结算系统(clearinghouse system)贡献了其长期建立的信誉,利用这一系统,买进或卖出黄金将不必进行实物交割。与较古老的且"较畅销的"品种相似,人们接受了黄金凭证,每一份凭证上都加盖了银行的印章。今天,黄金市场显然已经变成了更加有组织的市场,但是它的投机本性还是给它留下了阴影。国会不久就投放了一颗多年来一直在市场上空发出回响的炸弹:它提议对所有的黄金销售征税,把0.5%定为一种销售税标准。这一提议遭到了交易商们的强烈反对,几年后该税就被废止,但是其目的已经达到。对商品交易征税被证明是市场的一剂清醒剂。

1865年夏季,当人们发现在南北战争结束后的几个月里交割的纽约银行的黄金凭证中有许多是伪造的时,纽约银行的黄金凭证陷入了困境。结果,交易所成立了纽约黄金交易所银行(New York Gold Exchange Bank)充当其结算所,取代了原先的凭证系统,赋予市场其原先一直严重缺乏的新的信誉。然而,几年之后,当杰伊·古尔德(Jay Gould)及其合伙人开始操纵黄金价格时,一个无法预料的因素就浮出了水面。随着新市场和结算系统的就绪,大规模投机如今变得更容易了,因为黄金交易和结算相对容易了。有组织的抬高或压低价格的企图变得简单化了。甚至表面上的改革也不能解决交易所疯狂赌博和投机的声誉问题。

然而,在纽约证券交易所的支持下,黄金交易所还是开张了。黄金交易商受到了监管他们活动的黄金委员会的密切注视。委员会的几个成员是著名的交易所会员,具有公认的声望;他们当中有亨利·克卢斯(Henry Clews)、邓宁·杜尔(Dunning Duer),以及为其家族银行的海外客户与年轻的皮尔蓬·摩根(Pierpont Morgan)交易黄金的E. B. 凯彻姆(E. B. Ketchum)。组织上的改变使得黄金交易所与南北战争期间由于自身内部发展而迅速走在前列的芝加哥期货交易所不相上下。

第一章
交易池的故事

约1895年，一位芝加哥期货交易所的"跑腿者"（芝加哥期货交易所友情提供）。

图 1.1

财富之轮

图 1.2 杰伊·古尔德和凯撒1869年淘金热的财团在一起（未知艺术家绘制）。

1869年，由杰伊·古尔德及其同伙发动的黄金囤积成为黄金时代最著名的市场投机活动。在芝加哥，它也成为别人效仿的模式。囤积居奇的交易在证券市场上不是什么新事物，但是企图抬高充当国家货币基础的贵金属——黄金——价格的交易却是有史以来所尝试过的最大胆的交易。当时，古尔德在华尔街的公司——史密斯、古尔德和马丁公司（Smith, Gould & Martin）——开始以不断上涨的价格买进黄金，显然是企图操纵黄金价格。其策略与政府干预的缺乏直接相关。如果财政部向市场投放一些诺克斯堡（Fort Knox）[1]的黄金储备，那么黄金价格马上就会下跌。然而，古尔德似乎确信这种干预不会发生，而黄金价格则上涨到差不多160。他在这场交易中的一个同伙是尤利塞斯·S.格兰特（Ulysses S. Grant）总统的女婿亚伯·科尔宾（Abel Corbin）。大多数知情人都以为，古尔德利用科尔宾去阻止格兰特总统发出干预的命令。最终，总统被说服采取干预措施，一场黄金抛售恐慌很快随之而来。然而，古尔德此时已经在清仓过程中。当烟消云散时，有传闻说他在这场交易中净赚了1 000多万美元。

黄金囤积提高了古尔德早已有之的大胆老练的名声，但是它对格兰特不断扩大的贪财受贿的名声却没有丝毫影响。1870年，国会召集黄金恐慌调查会议，听取所有相关当事人的证词。1871年，查尔斯·弗朗西斯·亚当斯（Charles Francis Adams）和他的兄弟亨利（Henry）以一本名为《伊利的花絮和其他故事》（*Chapters of Erie and Other Essays*）的揭发丑闻的书加入了这场辩论，这本书中详细描述了黄金囤积和古尔德从事的其他交易活动。1879年，在政府批准恢复硬币支付时，黄金交易所关闭了。尽管黄金囤积引起了公众的广泛关注和经济反响，但从其手法上仍然被认为是具有足够胆量和可用资源的任何人都可以加以利用的合法的市场交易活动。芝加哥交易商们证明，他们在这两个方面都已经有了充分的准备。

路边与走廊

几乎从一开始，期货市场对促进商品销售就没有什么实际帮助。实际销售

---

[1] 诺克斯堡是美国政府的黄金库。——译者注

发生在备有机械升运设备的谷仓经营者与仓库管理人之中,他们常常利用市场来确保用于交割的实物商品的稳定供应。期货市场反而成了可以对价格进行套期保值和投机的场所。只有3%或者更少的合约按照规定进行了实际交割。交易的期货合约占现货小麦产量的比例非常高。交易以"风麦"(wind wheat)而出名——合约除了空气之外什么也不代表。几乎所有的合约在到期之前就被平仓,从而终止了买主或卖主的义务。错综复杂的交易商行为造成的"连环",迷惑并激怒了许多对交易池内发生的事情并不十分有把握的局外人。而另一种交易商行为被证明是谚语中所说的"压断驼背的最后一根稻草"。[1]

在明显违背交易所规则的情况下,芝加哥期货交易所的交易商们开始进行期货合约期权(options on futures contracts)交易。他们常常与其他交易商商定期限非常短的期权——短到只有一天,那些交易商允许芝加哥期货交易所的交易商按照他们认为的商品价格变动的方向买进或卖出。这种期权到时候将赋予他们交易期货合约的权利。买入期权(或看涨期权)和卖出期权(或看跌期权)在交易商中很常见,有可能严重影响交易所价格(exchange price)。然而在芝加哥,不像在证券市场上那样把期权称为买入期权或者卖出期权,而是把期权称为"特权"(privileges),交易商们所从事的期权交易也被称为"特权交易"(privilege trading)。仅是这种概念就带有完全垄断和寡头垄断的意味。不幸的是,在一个受到格兰奇(Grange)运动强烈的反垄断情绪严重影响的地区,仅仅是在一家入会条件严格、高度排外的商品交易所中采用"特权"这一术语所暴露的苗头,对那些开始把芝加哥期货交易所作为他们政治纲领的集结点的平民党人来说,就几乎是不能容忍的。

到南北战争结束时,池内交易商们的声誉已经得到了提高。在战争爆发前,哈钦森以每年10美元的价格购买了芝加哥期货交易所的一个席位并开始积极地交易。他注意到,小麦的价格受黄金价格的影响。因此,他研究黄金,并按照他在这一贵金属方面所观察到的趋势进行小麦交易。这两种商品的价格几乎不间断地上涨。哈钦森尽其所能地囤积了他所能买得起的小麦合约,然后在其他交易商们叫嚷着要买进更多的时候,开始悄悄地出售它们。当小麦价格终于达到其顶峰时,哈钦森大胆卖空了更多的合约。当小麦价格下跌时,他补进它们,

---

[1] 谚语"压断驼背的最后一根稻草",意思是"终于使人忍无可忍的最后一件事""导火索""引发一场大祸的最后凑上的一个细小因素"。——译者注

赚了一大笔钱。整个交易已经为人们所熟悉，但是哈钦森依靠外部经济数据进行交易决策的做法却是全新的。当一名场内交易商在芝加哥期货交易所交易大厅里纠缠并恳求他解释，他是怎么知道价格会下跌时，总是沉默寡言的哈钦森只是转过身去厉声说："黄金！还有战争！"

单单那场交易就使哈钦森获得了人们熟悉的绰号——"老哈奇"。他很快成为他那个时代的传奇人物，继承了像杰伊·古尔德或者丹尼尔·德鲁那样神圣的名声。1866年，另一次实物囤积(physical corner)只是提高了他的声望。再一次与一般交易商的意见背道而驰的是，哈钦森买进了芝加哥仓库的所有实物小麦，然后买进其他交易商愿意卖给他的全部买入期权。当合约交割日逼近时，小麦的短缺开始使事情本身变得明朗化，在他与所有做空的交易商结算合约而他自己获得巨额利润时，他们都不得不屈服于他。在这场囤积居奇的交易中，他满意地赚得了100多万美元。但是，哈钦森却以不同的眼光看待他自己。对他来说，他自己只不过是一个在适当的时间出现在适当的场合的成熟的乡下人。

在面对那种认为他在交易池中的行为可能缺乏职业道德的观点时，哈钦森的回答很简单："道德规范这个词儿发出一种奇怪的、使人惊慌的嘎嘎声，它的含义在今天的职业中几乎没有人知道。还没有人控告我违反了任何法律……我所做的事情，任何愿意冒着风险失去其财产的人照样可以去尝试。这个领域对所有人都是开放的。"然后，显然是对着华尔街的股票操纵者开火，他接着说："我没有发行任何具有欺骗性的股权证书(stock certificate)，没有窃取任何铁路公司股票，没有参加任何黄金阴谋集团。为了研究这种类型的道德规范，我愿意恭敬地邀请你们关注华尔街的先生们。"[6]

因小麦价格的上下波动而蒙受损失的农场主们，的确不能如此清楚地看出这种区别。芝加哥期货交易所交易池中的投机与中西部正酝酿着的对期货合约池内交易业务提出挑战的更大问题相一致。东部的投资者也许已经在为糟糕的股票交易导致的金钱损失而着急，但是他们的损失未必对他们那种生活方式提出了挑战。农场主们声称，投机是造成小麦价格不稳定的原因，而这种价格不稳定对他们的生计而言可能意味着毁灭。巨额财富(和损失)正在芝加哥交易池中被制造出来，但是南北战争一结束，公开市场上的小麦价格就开始了持续下跌。自然地，农场主们指责池内交易商们猖獗的投机损害了他们的收入。池内交易商们做出了回答，尽管有些直言不讳，却很中肯。

南北战争后,格兰奇运动开始替整个中西部的农场主讲话。按照农业利益促进者的观点,农场主们经常任由他人——铁路部门、池内交易商、华尔街的银行家以及向农场主索要太多谷物贮存费的肆无忌惮的仓库经营者——摆布。他们的理由很简单。南北战争结束时,小麦价格开始了漫长而持续的下跌。例如,1866年的小麦价格大约为每蒲式耳2.06美元,然而10年之内,它已经跌到了每蒲式耳1.03美元。这种下跌并未停止。到19世纪末,小麦价格维持在每蒲式耳50美分左右。在此期间,在芝加哥交易池中,囤积居奇和空头袭击正使得投机者们净赚数百万美元;与此同时,普通的小麦农场主们正变得穷困潦倒。这还不足以证明,芝加哥期货交易所和其他期货交易所简直就是赌场吗?在那里,不道德的人为了他们获利而玩弄着小麦价格。

谷物运输者和仓库工人的行为更是给农场主们雪上加霜。铁路部门在给予有能力与它们谈判的大企业折扣的同时,却向小农场主们索要高价。粮仓经营者也同样是这样做的,他们通常与铁路部门协同作业。到农场主们出售谷物的时候,他们当年的损失常常已经创下了纪录。耕种土地的高尚职业正蒙受着那些老于世故的城里人的羞辱,这些城里人对农场主的悲惨遭遇漠不关心。

当被问及在交易池中囤积小麦的事情时,哈钦森说,没有人能挡住农作物之路,打个比喻,它就像一阵大风吹入市场。试图挡住它的路是没有任何作用的。小麦是中西部基本的农作物,而它的供给实在是太多了,以至于不可能操纵它的价格。在这方面,哈钦森是完全正确的。自从麦考密克引进收割机以来,收割农作物所必需的劳动时间量已经减少了50%。在1850~1880年,现有的农场数量几乎是原来的4倍,而小麦产量则翻了一番。[7] 产量和效率的加倍可以解释实际价格的下降。种植小麦的农场主的悲惨遭遇正成为整个地区以及国家关注的问题,这不足为怪。南北战争之后的一段时期内,其他许多农产品的价格勉强达到了可以赚取微薄利润的价位,但是主要农作物中没有一种经历过像样的价格上涨。经济形势不利于农场主,但投机者又是怎么设法从下跌的农作物价格中发了大财的呢?

对农业利益促进者来说,投机是罪魁祸首。期货交易在两个层面上受到攻击。第一,有交易所自身的原因,在那里,实际交割的合约占全部合约的比例不到3%。如果交易池达不到它们套期保值的初始目标,那么它们还能有什么合理的理由可以继续利用呢?第二,期权问题,或者特权交易问题,成为一个引起激烈争论的问题,因为它是普遍存在的,并且在交易所规则中找不到任何根据。交易商之间常常会约定期权,通常是一天到一个星期的短期期权。因为除了在交易池中进行的期货合约交易外,交易所规则实际上禁止其他任何形式的交易,所以期权交易通常是在芝加哥期货交易所外面临街的路边或者交易所本身的走廊里达成的。

在期货交易所或证券交易所之外很少有人知道,期权享有美国历史上第一个被贴上"不道德"标签的金融工具的盛名。总的来说,格兰奇运动看不起期货交易行为。在那个时期流行的一首格兰奇歌曲中,歌词很好理解:

到处都有投机者,你们知道,

当他们可以欺诈人们时,

他们必定相互勾结、狼狈为奸,然后各自拿走那么多,

而农场主正是养活他们全体的那个人。[8]

把期权和期货加以区别非常简单。在本质上,期货是可以容忍的,只要按照相关合约完成交割;相反,期权则是无益的赌博工具,因为它们不能用来交付或提取实际商品,只能用来买进或卖出关于实际商品的合约。用今天的话说,这些期权实际上是关于期货合约的期权,而不是关于实际商品本身的期权。交易商喜欢它们,是因为它们提供了在未来某一天或某一周内以事先确定的价格买进或卖出更多合约,或者不买进或不卖出合约的机动性[1]。然而,农场主及其代表们则把它们看作无用的赌博工具。尽管19世纪70~80年代经济快速增长,但当反期货和反期权立法在州议会和华盛顿出现时,农场主们还是赢得了暂时的胜利。

交易池之战

在19世纪60年代晚期哈钦森著名的囤积居奇之后,池内交易商之间的交易活动更加频繁了。虽然种植小麦不是一项特别有利可图的投机事业,但是交易商在一次囤积居奇或者空头猛跌交易(plunging operation)中赚取的钱财比大

---

[1] 期权是在未来一定时期可以买卖的权利,是买方向卖方支付一定数量的金额(即权利金)后拥有的在未来一段时间内或未来某一特定日期以事先规定好的价格(即履约价格)向卖方购买或出售一定数量的特定标的物的权利,但买方不负有必须买进或卖出的义务。期权交易事实上是这种权利的交易。买方有执行的权利,也有不执行的权利,完全可以灵活选择。——译者注

多数农场主一生中所赚得的钱财更多。芝加哥交易池很快开始培养出与纽约证券交易所中一样多的著名的多头和空头。有时候,东部人会冒险到中西部尝试囤积农产品。那些把期货交易池看作简单的、没有管制的、比证券市场规则更少的赌场的证券投机者,也被吸引到交易池中。

随着时间的流逝,期货交易所成为城市引以为豪的象征。1874年,圣路易斯在离码头不远的商业区建立了新的商人交易所(Merchants Exchange)。新大厦很快成为城市中最重要的建筑。开发商很快指出,已发生的成本既不是过高的,也没有获得借入资金。"圣路易斯断然不是一个被抵押的城市,"在该建筑举行开工仪式的时候,当地的报纸宣称,"现在正慢慢地从它的地基上升起的覆盖着整个街区2/3的这个雄伟高大的建筑,不是以一种冒险的或者'依赖运气'的商业方式承建的。在拆除旧大楼的一砖一瓦之前,新大楼建设所需支付的资金就在眼前。"[9] 具有讽刺意味的是,该交易所的支持者们想要指出,虽然在这幢大楼里面发生的交易行为可能是投机性的,但该建筑本身却是基于可靠的融资建造的。芝加哥具有类似的城市观。芝加哥期货交易所里的交易活动被1871年的芝加哥火灾中断,这场火灾烧毁了芝加哥期货交易所在拉萨尔(LaSalle)和华盛顿的总部。它所有的交易记录都丢失了。在临时场所交易了差不多4年之后,1875年,一座新的交易大楼在拉萨尔杰克逊林荫大道(Jackson Boulevard)开始使用。它同样成为这座城市的资本主义道德体系的象征。新的交易大楼鼓舞了交易商们。几个月之内,一些到那时为止市场上所尝试过的最引人注目的囤积居奇将再次得到尝试。

尽管农业产量普遍增长,但是,19世纪70年代芝加哥小麦供给的波动还是给小麦的囤积居奇提供了机会。在1871年和1876年,流经芝加哥的小麦数量实际下降了,而那些非常敏捷地察觉到这一趋势的投机者们赚得了一大笔钱。

哈钦森已经让他们领教了在投机之前分析外部地区经济数据的好处,但即便是他,也没能预见策划中的宏伟计划的广度。1874年,一名名叫威廉·斯特奇斯(William Sturges)的芝加哥期货交易所交易商试图囤积玉米期货;而1878年,菲利普·D. 阿默(Philip D. Armour)尝试了轰动一时的囤积小麦的交易,就像詹姆士·R. 基恩(James R. Keene)这名跑到中西部交易池中碰碰运气的华尔街证券投机者所做的那样。这些人获得的结果有好有坏,但是他们的交易引起了州议会的详细审查,尤其是在伊利诺伊州。

保守情绪促使伊利诺伊州议会在1874年春天通过了一项反囤积和反期权的议案。然而,议会通过的议案与芝加哥期货交易所中制定的规则是完全不同的两码事儿。因为芝加哥期货交易所制定的规则具有法律效力,所以它的会员对交易所外面发生的事情并没有给予太多的注意。

　　1874年夏天开始,"杰克王"(King Jack)威廉·斯特奇斯发动了一场野心勃勃的囤积玉米的交易活动。他迫使玉米价格上涨,然后卖空,显然是企图让其他交易商确信他已经失败了。接着,他再次迫使玉米价格上涨,对他的交易商同事施加典型的挤轧空头(Squeeze),迫使他们认输和结算。

　　其他交易商在一次囤积交易中对斯特奇斯进行报复并逮住了他;但是与他们不同,斯特奇斯不愿意结算。事情颇费周折地闹到了法院,而得到解决差不多是在5年后,在斯特奇斯恢复了他在交易所中的席位之后。然而,他过去的行为使芝加哥期货交易所处境不利。在评价他所进行的其他囤积交易以及哈钦森的囤积交易时,伊利诺伊州议会对期货市场中实际存在的弊端显然已经有了反应。然而,问题远未得到解决。

　　19世纪70年代,另一个也将成为全国最臭名昭著的肉品加工企业主之一的著名投机者,同样活跃在期货交易所中。菲利普·D.[或称"皮迪"(Peedy)]阿默既是哈钦森在交易池中的朋友,也是他的敌人,他们两个经常在精心策划的市场交易中比拼智力和财富。阿默早年的名声是相当大的,尽管他不是像哈钦森那样的主要交易商。

　　1832年,阿默在纽约州的斯托克布里奇(Stockbridge)出生。他在淘金热(Gold Rush)期间与3个朋友一起出发前往加利福尼亚时,仅仅接受过基本的教育。他的3个朋友中有一人后来死在途中。他决定,与其去找黄金,倒不如创办自己的小型建筑公司,他开始挖掘掘金者们在寻找黄金时使用的淘金沟,经过努力,他赚得了大约10 000美元。接着,他返回东部准备回到纽约州他的家乡,但在途中的密尔沃基就停留了下来,在那里他开始做起生猪屠宰加工生意。离开密尔沃基后,他被吸引到芝加哥,创办了阿默公司(Armour & Co.),并把他的兄弟从纽约州接过来帮助经营。

　　据说,1852年,年轻的阿默从纽约州步行到了芝加哥,因为他没有足够的钱购买火车票。尽管这不是真实的,但这样一些故事是那些喜欢用神话般的和英雄式的行为把自己包围起来的交易商们的特征。20岁时,阿默已经在加利福尼亚州挖掘淘金沟了。然而,像哈钦森一样,在成为著名的池内交易商之前,他经历了逆境的磨难。他最伟大的金融壮举出现在1865年,在一次可以与前50年中任何一次相匹敌的市场操纵中。意识到格兰特向里士满[1]的推进将标志着南北战争的结束,而且,随之而来的将是供应品(猪肉)高昂价格的终结,阿默开始在纽约以每桶[2]40美元的价格卖空供应品。当罗伯特·E. 李(Lee)将军投降的确切消息传来时,阿默以18美元的价格补进,赚了200多万美元并由此声名大振。与哈钦森不同,阿默通过创办以他的名字命名的密尔沃基生猪屠宰加工公司,把赚来的钱投投到一项有益的生意经营中。"我喜欢把猪和牛的鬃毛、血、内脏以及皮肉变成收入。"阿默经常这么说。

阿默公司因使肉品加工业最糟糕的弊端具体化而出了名。1906年,当厄普顿·辛克莱(Upton Sinclair)的小说《屠场》(*The Jungle*)[3]出版时,尽管阿默已经过世,但他的名字将永远与芝加哥的肉品加工业连在一起。像今天的许多工业一样,肉品加工业被集中在几家很大程度上支配着整个行业的公司身上,这引发了沃顿商学院(Wharton School)的一位教授评论说,芝加哥和中西部其他地区的5家大肉品加工公司主要由纽约的银行家们控制,这些银行家承认他们在这一行业的垄断地位,并因此寻求建立与肉品加工企业主的金融联盟。垄断是如此坚固,以至于"他们不仅(的确)获得了对美国肉品工业的垄断性控制,而且这种控制是万无一失的,与此相似的是在意图上(即便尚未在程度上)对肉品的主要替代品的控制,比如鸡蛋、奶酪和植物油产品,并迅速把他们的势力扩展到包括鱼类以及几乎每一种食品上"。[10]肉品托拉斯很快就出了名,到1880年,它已经完全控制了肉品加工市场。托拉斯是如此坚固,以至于在芝加哥,只有5家公司的代表费心地参加每日的家畜和肉品拍卖,他们达成一致的价格就是当天唯一的价格。价格通常并不高。"察觉不到任何共谋,"同时代的时事评论员写道,"有的只是无意中达成的意见一致。"[11]

---

[1] 里士满是弗吉尼亚州首府,位于该州的中东部、彼得斯堡以北的詹姆斯河畔。在美国革命及南北战争中具有战略重要性,内战中它是南方联邦的首都。1863年4月3日南联邦军队从里士满的撤退,导致了4月9日罗伯特·E. 李将军向尤利塞斯·S. 格兰特将军的投降。——译者注

[2] 容量单位,一桶的量在美国一般等于31.5加仑。——译者注

[3] 厄普顿·辛克莱(1878—1968年),美国著名小说家,以创作揭露黑幕的小说闻名;主要作品有《屠场》《石油》《龙齿》等。《屠场》,我国学界又译为《丛林》《业林》,描述了芝加哥屠宰场的工人如何进行野蛮操作,以及操作间令人作呕的污秽场面。这本小说引起了美国社会的震惊与愤怒。在公众的重压之下,1906年,美国成立了食品和药物管理局,国会通过了《食品和药品法》和《肉类制品监督法》。——译者注

19 世纪 70～80 年代期间,阿默活跃在期货市场上,周期性地策划大规模的囤积计划。1878 年,他在芝加哥和密尔沃基囤积高等级小麦,促使每蒲式耳价格飞涨了 10 多美分。接着,他又转到玉米和其他谷物,之后,他再次转变,这一次是家畜。19 世纪 80 年代,他囤积猪肉期货,在 2 个月内把价格抬高了 50% 以上,4 个月之后卖出,据说赚了 400 万美元的利润。

这种市场行为对农场主们造成的影响是令人吃惊的。最糟糕的结果出现在那样一些农场主身上,在投机者发动池内交易时,他们正在交付其农作物。1872 年的一次燕麦期货交易与仓库里的操纵结合在一起,引起了《芝加哥论坛报》的注意,它这样描述当时的情形:"在囤积居奇开始前,一个伊利诺伊人在芝加哥市场上以每蒲式耳 38 美分 6 月交货的价格,出售了 15 000 蒲式耳他自己种植的燕麦。铁路和仓库设备的阻塞使他不可能实际交货,因而他被迫从操纵者手里以 43 美分的价格买进燕麦以结清他的合约。在囤积结束后,当他的燕麦运抵市场时,它们只能以每蒲式耳 31 美分的价格卖出去。这样看来,他在自己种植的燕麦上每蒲式耳损失了 12 美分。"[12]这次事件后,该报纸建议芝加哥期货交易所为一座即将开放且作为抑制赌博之用的新大楼举行落成仪式。

那种交易不仅在强化农场主们对市场的恐怖方面起到了推波助澜的作用,而且继续吸引着投机者们,他们中并非所有的人都是当地人。詹姆士·R.基恩,一位著名的纽约投机者,带着羡慕的表情注视着芝加哥,认定自己可以在这个遥远的交易所赚到大笔的钱,与他在纽约证券交易所通过管理旨在操纵的共同基金(manipulative pools)所做过的几乎一样。基恩是一位公认的证券市场共同基金的投机者和组织者,在听说了哈钦森的名声后,他决定要成为"小麦交易池之王"。基恩出生在英国,但在加利福尼亚州长大,在那里,当他还是个少年时,他就尝试了西部所有的传统职业。在他买下旧金山矿产品交易所(San Francisco Mining Exchange)的一个席位并在那里涉猎黄金交易之前,他当过拖拉机手、牧童和报纸编辑。他的目标是以杰伊·古尔德在 1869 年已经尝试过的囤积黄金的方式囤积小麦。1878 年秋天,他开始利用从纽约投资者的一个共同基金筹集到的资金进行小麦交易。利用 500 万美元的筹措资金,基恩开始囤积小麦并在几个月之内就差不多垄断了市场。然后,他还没能对他的池内交易商对手运用最后的挤轧空头,他的经纪人们就突然收到了卖出指令的电报,并卖出了他的许多头寸。在基恩进行干预、声称卖出指令不是他发出的之前,经纪人们已经倾销了300万蒲式耳。茫然不知所措的经纪人们根据基恩的指令回购了卖出的头寸，并继续买进另外的1 100万蒲式耳。于是，情况变得非常明显，哈钦森一直在向基恩出售他需要的所有小麦，因为在这个地区实际上有剩余的小麦。然而，卖出指令的来龙去脉仍然是一个谜。

基恩尤其怀疑是哈钦森发了那份电报，但是，考虑最有可能的几个地方，电报被发现是从纽约发出的。基恩过去的一个主要对手就是令人敬畏的杰伊·古尔德，他是美国主要的投机者，或许也是最可恨的人，因为他卷入黄金囤积，导致了1873年的经济衰退。古尔德已经从投资铁路公司股票——在那里，他博得了不值得羡慕的名声——转向多样化投资，如今他是西部联盟（Western Union）的主要投资者，这家公司是不久前他在一次引人注目的空头袭击中夺取的。古尔德的一名同事告诉他，基恩在芝加哥小麦市场上过分扩张，摧毁基恩的时机已经成熟。古尔德处于发送匿名电报的有利位置，不久，芝加哥的抛售浪潮令基恩的债权人和银行家们感到惴惴不安。到基恩的债权人已经与基恩断绝关系时，马修·约瑟夫森（Matthew Josephson）对基恩的评价是："完全像一只羔羊，被抢去了700万美元，漂泊无依，成了一个破产者。这是一个令人痛心的教训。"[13]毫不气馁的基恩再次把注意力转向纽约，在那里，他全神贯注于纽约证券交易所的股票，随后应J. P.摩根（J. P. Morgan）的邀请成为美国钢铁公司（U. S. Steel）的主要做市商（market maker）。即使在晚年，他狡猾诡诈的名声依然紧随着他。伯纳德·巴鲁克（Bernard Baruch）[1]在20世纪30年代说道："按照证券交易委员会的规章制度，基恩在做市中使用的方法不再被允许。"

像哈钦森一样，古尔德看出了黄金价格与商品价格之间的关联。在其著名的黄金囤积事件发生一年后，他被传唤到调查囤积事件及其对黄金价格的影响的国会听证会上作证，古尔德用小麦交易商们完全理解的话回答说："我参与了以推动金价上涨为目的的交易。在那个时候，事实是既成的，那就是我们获得了巨大的收益，从而将有大量过剩的面包原料[2]，要么腐烂，要么出口……我发现，黄金价格在（100票面价值以上）40或45时，美国人便会向英国市场供给面包原料；但是这就要求黄金维持在那个价格水平以补偿我们高价的劳动……如

---

[1] 伯纳德·巴鲁克（1870—1965年），美国财政家和政府官员，曾担任从伍德罗·威尔逊到约翰·F.肯尼迪的总统顾问。——译者注

[2] 指用于烤制面包的面粉、粗磨粉或谷物等。——译者注

果黄金价格低于40,我们就不能出口;但是如果黄金价格高于45,我们就会赢得贸易。"[14]古尔德争辩说,他正在促进出口。这未必能使国会相信其动机是爱国的,但它的确说明,古尔德像哈钦森一样发觉了造成商品价格和贵金属价格一前一后变动的因素。

基恩回到纽约,不久便在那里重新开始投机股票——因为与古尔德和哈钦森打过交道而变得更加明智。他被称为华尔街的"银狐狸"(Silver Fox),后来参与了许多由 J. P. 摩根组建的支撑这位传奇银行家[1]享有股权的公司股票价格的共同基金。然而,他对芝加哥期货的兴趣展示了期货市场在其存在的最初30年间的名声和弱点。期货市场只会造成价格剧烈波动的名声,使得格兰奇会员和其他批评家对其有用性表示怀疑。此外,期货市场不是改革运动瞄准的唯一的罪犯。

芝加哥成为美国谷物主要产地的中心,几乎全部的小麦和玉米在其上市途中都要经过这个城市。仓库老板们不管实际上是否提供了谷物储存服务,都要收取每蒲式耳几美分的仓储费,通过这一途径他们也迅速赚取了一大笔钱。这足以使价格上涨,尽管留给农场主们的是账单,并且减少了他们早已微薄的边际利润(profit margins)。这种掠夺的态度丝毫无助于谷物营销体制的改进。对受尽折磨的农场主们进行赔偿的问题交给了法院。一个名为芒恩(Munn)的伊利诺伊州仓库老板因为未经许可经营仓库而被指控违反了州法律。有待裁决的是超额收费问题,外加"储存"在其仓库中的大量小麦来自州外并且还在运输途中的事实。格兰奇运动坚持认为,铁路部门和投机商们正扰乱着州际商业。它们坚决主张,伊利诺伊州在缺乏任何管制州际商业的有针对性的联邦法律的情况下,有权对芒恩进行罚款。伊利诺伊州法院赞成这种看法,对芒恩做出了有罪判决。芒恩不服,上诉到最高法院(Supreme Court)。1877年,最高法院在著名的"芒恩诉伊利诺伊州"(Munn v. Illinois)案例中做出了对芒恩不利的判决。这一判决是多年来由法院做出的第一个关于州际商业的有针对性的判决。当《芝加哥论坛报》报道说"一个芝加哥仓库老板的名字已经成为农业区里的'海盗'的同义词,关于这一点已经有了足够的理由"[15]时,它摆正了仓库老板的位置。

---

〔1〕指 J. P. 摩根。——译者注

约1890年的纽约谷物交易所。

图 1.3

约1890年的纽约咖啡交易所。

图 1.4

在随后的几年里，格兰奇运动大概没有什么可以感到乐滋滋的。1886年，对芒恩的判决实际上被另一个最高法院案例推倒重来，这个案例是"瓦伯什铁路公司诉伊利诺伊州"（Wabash Railway Co. v. Illinois），它陈述说，各州不能对那些仅仅是通过它们的管辖区域的铁路公司进行管制。这一判决引发的骚动促使国会在随后一年通过了《州际商业法》（Interstate Commerce Act），成立了州际商业委员会（Interstate Commerce Commission），充当铁路公司的管制者。随着时间的慢慢流逝，反对铁路公司和仓库老板的斗争从个别的但同样引人注目的反对期货交易所的案例中分离了出来。然而，以农场主们的观点看，他们正被几条阵线上的敌人——经营铁路、仓库以及交易所交易池的东部投机者——扣为人质。结果是，剧烈波动的价格和额外费用相结合，加深了他们的不幸。州议会是农场主们唯一可以利用的求助对象，所以反对交易所的斗争在州首府继续开展，最终闹到华盛顿。

投机商号数量减少

19世纪声名狼藉的投机商号加深了期货交易所的不幸。在纽约证券市场和黄金市场已经众所周知的是，投机商号的经营者喜爱拉萨尔街就像他们喜欢华尔街一样。投机商号最初出现在19世纪70年代中叶的芝加哥。只要花上几美元，小投资者就能像基恩和哈钦森那样投机。投机商号只不过是个赌店（betting parlor），在那儿，一般人只要花上几美元就可以取得证券或期货的"头寸"。

投机商号向它们的投资者收取的费用，只相当于股票或期货合约价格的很少一部分。交易商建仓时，期货市场本身要求其存入的现金保证金也只相当于合约价值的很少一部分。自然，交易商要对以后发生的全部的获利或亏损数额负责，但是少量的保证金提供的巨大的杠杆效应是非常吸引人的。投机商号的客户以为投机商号也给他们提供了同类的杠杆效应，可是实际上，他们只不过是在对市场行情的变动方向打赌。投机商号经营者既不是交易所的会员，也不是有资格的经纪人，他们只不过是在经营赌店，他们收取客户的钱，有了利润后他们（有时候）也会归还。

投机商号经营者就如令人烦恼的害人虫。他们在打赌前常常在芝加哥期货交易所交易大厅里逛来逛去，仔细观察价格动态。芝加哥期货交易所最后不得

图 1.5 约1990年的一家投机商商号。

不禁止他们进入交易大厅。因为只有池内交易商才被允许待在交易大厅里,所以芝加哥期货交易所认为,允许投机商号经营者进入将会玷污它的名声。与拉萨尔毗邻的街道布满了投机商号,并且有很多散布到全国各地。奇怪的是,它们构成了最初的经纪人零售机构,虽然它们是独立经营的并且可能表现出各种形式和程度不一的老奸巨猾。尽管如此,它们全是假冒的,据人们所知,已经有不止一家在打赌,当形势变得对它们不利时,就销声匿迹。按净额返还客户资金不是它们"服务"的一部分。在缺乏今天所谓的零售经纪人的情况下,投机商号经营者们生意兴隆,尽管他们面临着风险,形象也不光彩。

到19世纪后期,芝加哥期货交易所与投机商号经营者们处于敌对状态。许多经营者目睹了池内交易商的成功并决定步其后尘,沿途稍许抄抄近路。其中最臭名昭著的便是威廉·罗德曼·汉尼格(William Rodman Hennig),一个投机商号经营者,他在1894年从不知名的地方出现在芝加哥,口袋里揣着几千美元。抵达后不到一年,他就以"公平产品与证券交易所"(The Equitable Produce and Stock Exchange)这样一个冠冕堂皇的名称开办了一家投机商号,该商号坐落在太平洋大酒店(Grand Pacific Hotel)的地下室里。他租用了私人电话和电报线路,开始经营一家具备交易所全套装饰、看上去就像是一个微型交易所的投机商号。他的生意不久就变得兴隆起来,接着他又把他的交易所搬到了更开阔的街区,把名称改成"芝加哥联合产品与期货交易所"(Consolidated Produce and Stock Exchange of Chicago)。

建立总部后,汉尼格接着就制作了看上去很官方的印刷品以宣传他的企业。宣布新公司宗旨的广告也出现了。"联合产品与期货交易所,"它这样开头,"是如此组建的,股票、各种证券、谷物和供应品都可以在其交易大楼内的交易大厅里通过会员和在会员之间,按照规则、制度以及大多数人赞成的章程进行交易和经销。"新扩展的业务在1896年5月底开张。然而,广告语的最后一部分引起了人们的注意,因为早在几个月前,汉尼格和他的合伙人,还有他们的雇员,已经因为开办投机商号和违反赌博法律而被芝加哥大陪审团起诉了。

法律上的困惑丝毫没有使投机商号经营者们感到烦恼。汉尼格雇用了十几个年轻人充当交易商,在其交易大厅里,在他们自己之间大声叫喊着发布指令。这给到他办公室参观的人留下了这样的印象,即他们仿佛置身于一个合法的经纪人商行中,尽管事实上,整个交易完全是一场精心设计的骗局。可是,汉尼格并不缺乏客户,无论是在他被起诉前还是被起诉后。"压断驼背的最后一根稻草"是他在1896年7月寄给芝加哥期货交易所一位官员的一封信,他在信中以1 000美元为芝加哥期货交易所的投机商号基金作担保,以便芝加哥期货交易所这个合法的交易所在努力"驱散这个城市中的投机商号成分以及查禁非法的期权交易"[16]方面取得成功。汉尼格这封信所寄给的那个芝加哥期货交易所官员,正是几个月以前代表芝加哥期货交易所控告汉尼格的同一个官员,他就是约翰·希尔(John Hill)。

那名极为愤怒的约翰·希尔官员再次展开攻势,终于看到汉尼格和他的同谋者被起诉,并于1898年在警方为收集证据而几次突然搜查之后被成功法办。投机商号经营者受到过去做出的法官意见不一致的判决鼓舞,经常公然违抗芝加哥期货交易所,直至他们受到挑战。由于汉尼格被法办,投机商号的数量开始减少,在步入20世纪之后减少得更多。但是,它们对没受过教育的小投机者们所造成的损害是相当大的。芝加哥的一份报纸简明地概括了投机商号投资者们所处的困境,它说:"投机商号受害者是怀着希望的不幸的人。他以鸦片吸食者所具有的那种对其毒品的虔诚,追求着他那不切实际的目标。但是,他很少达到目标。他不时地从投机商号挣得一小笔钱,而商号经营者总是知道他还会带着这一小笔钱回到投机商号来。当他从投机商号赚得一大笔钱时,商号经营者就会逃避结算……从长远来看,说实话,赚钱是不可能的,因为商号经营者将不允许这种情况发生。"该报纸得出结论说,投机商号经营者们是"最没有良心、最贪婪而残酷地掠夺被蛊惑的穷人的鸟身女怪[1]"。[17]

交易所要摆脱它们,而搜集并揭发丑闻的人则大声责骂着它们,但投机商号不知怎么竟设法于19世纪在平民党人与工商业界之间开展的奇怪的意识形态斗争中找到了位置。平民党人是一群善于辞令和诉诸感情的人。其政策主张通常不是建立在事实基础上的,并且常常迎合那种有意识地设法使南方和中西部的农业利益与东部利益对立起来的非常原始的地区本能。共谋常常是他们争论的中心。S. E. V. 埃默里[S. (Sarah)E. V. Emery]所著的《奴役美国人民的七大金融阴谋》(*Seven Financial Conspiracies That Have Enslaved the American People*)是在19世纪80年代晚期广泛流传于中西部的一本极其畅销的书。书

---

〔1〕 鸟身女怪是希腊神话中有着女人的头和躯干以及鸟的尾巴、翅膀和爪子的,可厌的,贪婪的魔怪。——译者注

中对阴谋的阐述有许多是以东部银行家们对黄金价格的操纵为根据的,该书试图揭示普通的农场主是如何任凭那些只关心金钱而不关心产品的华尔街一伙人摆布的。这本书的副标题听上去特别逼真,让人感到就是在批判期货市场;但对平民党人的花言巧语却普遍采取克制的态度,它的副标题是《非生产者如何通过邪恶的立法剥夺了生产者》(*How the Producers Have Been Robbed by the Non-Producers Through Evil Legislation*)。事实和数据在这些攻击面前毫无用处。该书暗示,东部人是问题的本质所在,这种暗示在美国的核心地带产生了很大的影响。[18]

投机商号得益于这种普遍的公共关系,因为它们被看作对商品配销体系中的期货市场垄断的一种挑战。它们只不过是赌场的事实似乎无关紧要;在平民党人看来,投机商号提供了对掠夺成性的池内交易商的替代,并给小人物提供了挣钱的机会。更糟糕的是,一些芝加哥期货交易所的会员常常从代表投机商号的个人那里接受指令,从事第二职业,额外赚几个美元。在一般人看来,投机商号看上去是合法的,而且有时候小赌博者实际上赢了钱。投机商号在它们橱窗里的黑板上张贴证券和商品的价格,展示的通常是虚构交易的价格。更老于世故的商号居然使用了自动报价机纸带和电报机,或者说至少引导它们的客户相信它们那样做了。关于电报服务问题,成为投机商号与芝加哥期货交易所就试图重申自己对期货市场的权威地位进行争论的焦点。

芝加哥期货交易所声明,应当禁止在其交易大厅拥有席位的任何电报公司向投机商号经营者提供信息。这个任务完成起来不容易,因为投机商号经营者经常潜入交易所的交易大厅内,打探秘密消息和价格。投机商号通过打官司做出回应。不幸的是,法院从来都不是意见一致的,它们经常把芝加哥期货交易所的交易与投机商号的交易弄混淆了。最终,这个问题一波三折地捅到了伊利诺伊州立法委员会,它向芝加哥期货交易所派出了一个代表团。在听取极端矛盾和十分令人费解的证词之后,委员会得出结论说,在将芝加哥期货交易所与投机商号相比较时,"一个是合法的,如同另一个一样,并且一个的业务像另一个的一样是值得尊敬的"。对交易所来说更加糟糕的是,《芝加哥论坛报》断定,通过攻击投机商号,芝加哥期货交易所正企图"除掉它的竞争对手"。[19]在芝加哥期货交易所存在了35年之后,人们仍然认为它与为操纵者提供服务的赌博场所几乎没有差别。因为它被视为不好却必不可少的东西,所以好像也不存在任何理由采取行动以阻止一般人进入。

不管是喜欢还是不喜欢,投机商号还是留在了拉萨尔街和华尔街。它们是州政府无法控制的问题。19世纪期间,对交易所中交易商行为和投机商号经纪人行为的管制,不是政府可以有效控制的事情。各州所能做的最好的事情莫过于通过地方法,并且希望交易商和交易所遵守法律。即使在1874年后,伊利诺伊州的反期权法依然是含糊不清、很少实施的。但是在联邦层面,与农场主们所认为的他们已经遭受的种种不公平做斗争的前景要好一些。期货交易所与期权交易成为1890年后开始激化的更大问题的一部分。反期货和反期权法律与当时更大的经济问题缠绕在一起,融为一体。它们被纳入银本位问题之中,这一问题成为政治辩论的主题,尤其是在1896年的总统竞选期间。

19世纪末,关于期货交易所本质的争论依然与南北战争期间一样激烈。老的池内交易商们坚持认为,他们的所作所为是有风险的,但依然拒绝承认期货市场具有更大的功能。哈钦森的儿子查尔斯(Charles)跟随父亲来到了芝加哥期货交易所,并在1888年被推选为总裁。当时他发表了一个演讲,在演讲中他声称,芝加哥期货交易所对农场主大有好处,他甚至竟然宣称该机构是乐善好施的慈善机构。当哈钦森听到他儿子的评论时,他转向交易大厅里的一位交易所会员同事,并说道:"你听到查理(Charlie)说什么了吗?查理说我们是慈善家!为什么要吹捧我们呀?我们就是一群赌徒。你是赌徒,而我也是赌徒。"但是随后他又加上了一个现实主义的注释:"甚至农场主们也可以为投机者说好话,如果他的交易碰巧正符合他们的利益。"[20]

尽管新型的芝加哥期货交易所会员看到了期货交易所更广泛的功能,但守旧派依然沿用着惯常的手法。1888年,当"老哈奇死了"的谣言传到交易大厅时,芝加哥期货交易所遭受了一场冲击。交易商们震惊之下中断了交易,想知道该做些什么。不久,他们开始陆陆续续地卖出小麦,压低了小麦的价格。哈钦森一直是小麦销售方面的中心人物,而持有多头头寸的行为很快被确定是不明智的。该是趁着整个市场还没有崩溃而卖出小麦的时候了。一如既往地,关于他死亡的传说又被证明是说得太早了。事实上,哈钦森活得好好的,只不过是从一段楼梯上跌倒之后被送进了医院治疗而已。许多卖主很快对流言做出反应,却沉湎于这一过程之中。大多数交易商希望他没有那么快就康复,因为不到一年他又发动了一次引人注目的小麦囤积,一时把价格抬高了每蒲式耳50美分。

立法与投机

到19世纪90年代,平民党人开始联合起来正式反对期货交易所。在华盛顿,他们立刻采取行动,目标是要通过一部反期权和反期货的市场法律,把农场主从投机者的魔爪中解救出来。然而,消灭投机者是一件困难的事情。期货交易所现在已经完全建立起来了,所以要按照法定程序取缔它们大概是不可能的。期货交易所引人关注的焦点问题是抢帽子交易。看来如果能够减少抢帽子交易,那么期货交易所就会回到创立它们时的目标上来——为买主和卖主提供保证价格(guaranteed prices)。

为了减少投机的数量,人们提出一个建议,即当卖主实际上并不拥有商品时,将对其销售谷物或者棉花期货合约的行为征税。该建议从南北战争期间通过的黄金销售税上获得了动力。当时公认的是,征税将会很快减少市场上卖空的数量。但是在经历了40年的交易后,它究竟是不是一个好主意,成了一个普遍搞不清楚的问题。所有的投机都导致交易池流动性的增加,尽管这可能有助于进行空头袭击或囤积居奇的投机商们,但它同样有助于实际头寸(real positions)的套期保值。更多的特别法律,像伊利诺伊州的反期权法,在实战中已经被证明是没有效果的,所以课税看起来似乎是减少池内赌博的一个切实可行的、可供选择的办法。

到19世纪90年代早期,已经有几项较不重要的反期货议案递交到了国会,但是它们从来没有从委员会会议中走出来。接着,在1892年,由密苏里州的众议院议员威廉·H. 哈奇(William H. Hatch)和明尼苏达州的参议员威廉·沃什伯恩(William Washburn)发起的议案,使许多早先的尝试具体化了。哈奇议案开始被各种各样的国会委员会记录在案,激起了争议双方的激烈辩论。10%的课税是该议案引人注目的主要内容,它引发了农场主、食品加工者和期货交易商广泛的评论。证词从贬低者和支持者两方面蜂拥而来,而议案设法触及了每一根敏感的神经。查尔斯·A. 皮尔斯伯利(Charles A. Pillsbury),美国规模最大的小麦和其他谷物制造商,支持该议案,他知道,它将抑制那些他认为应当对不稳定的价格和经济不确定性负责的池内交易商们的行为。其他人就不那么确定了。南北战争期间,在财政部长萨门·蔡斯于1864年禁止投机者进行黄金期货交易之前,黄金投机在纽约已经很猖獗。然而,禁令是短命的,而交易在那之后不久就恢复了。如果市场力量将会联合起来在短期内挫败禁令,那么禁止一项业务还有什么意义呢?

对期货交易所的一个巧妙辩护出自那样一些人,他们在面对反对意见时,激起了人们对英国人的恐惧浪潮。这些人声称,如果由于哈奇议案导致期货交易萧条,那么期货市场将转移到英国。英国的利物浦已经拥有了世界上最大的谷物期货市场,而芝加哥要在规模和重要性上取代利物浦市场,将要花上几十年的时间。难道反期货势力想要给英国人提供一条秘密的通道,让他们进入美国的一个至关重要的市场吗?这一辩护是巧妙的,英国人赞成金本位,而中西部人和平民党人赞成金银双重金属本位。因为当时英国人在美国是最大的外国投资者,所以他们作为在外地主(absentee landlords),已经在农业区引起了某种敌意。声称哈奇议案实际上可能更有助于他们赚大钱,这种说法看来很有吸引力。

1893年,哈奇议案被提交表决。众议院以167票赞成、46票反对,参议院以40票赞成、20票反对通过了该议案。投票结果的地区分布与人们对各个区域的预期结果相一致。只有大西洋中部(Middle Atlantic)各州以及南新英格兰地区的众议院和参议院反对该议案——而且只是以最微弱的多数票反对。其他地区赞成该法案,他们的议员在两院进行呼声表决时,发出响亮的"是"的声音。[1]最终的投票结果显示,80%以上的国会议员对议案投了赞成票。21

然而,哈奇法从未成为法律。被提议的修正案从未添加进去,议案在国会休会之后就慢慢地消亡了。实际上,在国会休会之后,争议从未再次出现。显而易见的是,农业利益促进者对期货交易的反对依然像以往一样强烈,但法律还是不会出台。接着,一场严重的衰退在证券市场恐慌后接踵而至,导致了 J. P. 摩根通过承办以黄金担保的公债(gold-backed bond)销售来拯救美国财政部的著名行动。1893年,国会废止了1890年《谢尔曼银本位法》(Sherman Sliver Act),美国回到了以黄金为唯一本位货币的金本位。这两大事件要比反期货立法重要得多,它们使得哈奇法黯然失色。同样,平民党人的影响开始消退,甚至在1896年威廉·詹宁斯·布赖恩(William Jennings Bryan)与威廉·麦金利(William Mc-

---

〔1〕呼声表决(Voice Vote)是美国国会的表决方式之一。当议员提出一项动议或要求就一项议案进行表决时,主持人往往首先提出呼声表决的动议,要求赞成者说"是"(yea)、反对者说"不"(nay),再根据台下声音判断动议或议案是否获得多数赞成。——译者注

Kinley)竞选总统活动之前就已经如此。在这种政治背景下,已经没有什么可以阻止池内交易商们去实现他们囤积和操纵的梦想了。

哈奇议案的确包含了后代可以吸取的一些教训。第一次世界大战期间,期货市场受到管制,而该法案的失败对期货管制者来说,被证明是一个非常宝贵的教训。然而,它的确强调了对卖空的畏惧。其进展对期货市场来说是至关重要的,但它与贯穿于19世纪大部分时间的保守思想格格不入。一个人怎样才能卖出他并不拥有的某物,并打算以后再把它买回来以获取盈利?对批评家们来说,它只不过是迫使价格下跌以赚取利润的借口。有过几次徒劳无益的减少这种业务的努力,在纽约可以追溯到远在1812年的英美战争时期,但是所有这些都被证明是毫无成效的。哈奇法只不过是伪装了的反卖空法案,它所提议的10%的课税实际上就是警告交易商们不要卖出他们并不拥有的某物。

彩票,作为一种流行的赌博形式,在19世纪末同样处于立法困境中。许多自南北战争起就已经开始发行的州彩票,一直受到批评家们的攻击,他们所依据的理由是,彩票是不道德的,这种攻击导致彩票在19世纪80～90年代期间被逐步取缔。一个例外是路易斯安那州的彩票,它是19世纪后半期美国最成功的彩票。1868年,在它最初开始发行时,每次抽奖,彩票发行机构都要举行极尽铺张的仪式。彩票的组织者们雇请了南部同盟将军P. G. 博勒加德(P. G. Beauregard)[1]主持抽奖仪式,多年来他们设法向彩票的投资者们支付相当可观的红利。他们的彩票在全国范围内销售,并且在许多州取缔了它们自己的彩票后,变得更为流行。然而,1899年全国性的反彩票运动终于使之进入罗网。国会通过了一项法律,禁止利用公共邮政服务销售彩票,从而有效地终结了路易斯安那州的彩票经营。到该法律通过时,原有的44个州中的42个在当时已经取缔彩票,禁令有效地终结了通过邮政销售彩票的业务。[22]

然而,彩票经营者们继续发挥着其聪明才智。在美国销售的彩票中,有许多来自外国的彩票机构,其经营者们仅仅通过利用私人快递服务就成功地越过州界把彩票递送了出去,从而完全避开了公共邮政。随后,国会终于也取缔了那项业务,而这方面的争议几经周折终于捅到了最高法院。在"尚普兰诉艾姆斯"(Champion v. Ames,1903)案例中,法院裁决,国会确实有权禁止通过美国邮政

---

[1] 博勒加德(1818－1893年),美国南部邦联将领,以其浮夸的个人风格和勇猛但并非百战百胜的战略运动而闻名。1861年4月他指挥炮轰萨姆特堡行动。——译者注

以外的手段递送彩票。《纽约时报》(*New York Times*)注意到这份裁决,质问是否"'管制'的权力包含了禁止被认为有损于公众健康和道德的商品贸易的权力"。[23]法院显然认为包含了。此外,全国证券立法的支持者们认为,这项法律将有助于他们寻求将这些规章施加于证券交易所,但是实际上该法并不适用于证券交易。

围绕彩票引发的大量抗议既是道德层面上的,同样也是实践层面上的。除了认为赌博是非建设性的并且会导致懒惰和淫逸外,许多人反对它们,仅仅是因为它们中充斥着欺诈。当销售的彩票太多或者潜在的支付被夸大时,彩票持有者们常常被欺骗。彩票经营者们经常贿赂州议员,以获得对他们有利的立法。而且,为了能够持续经营,他们还不断地贿赂州议员。路易斯安那州议会因为腐败而变得与坦慕尼厅(Tammany Hall)[1]时期腐败的纽约州议会一样出名,而在本杰明·哈里森(Benjamin Harrison)[2]总统任期内提出的反对将公共邮政服务用于彩票的议案,则有意要成为防止欺诈的有效手段。在许多方面,人们表达他们反对彩票的方式与表达反对期货市场的方式非常相似,当然前者更为成功。

当华盛顿忙于经济事务时,交易商们又开始按照他们的方式在交易池中交易了。1897年,约瑟夫·莱特(Joseph Leiter),一名池内交易的新手,组织了又一次大规模的囤积交易活动。莱特是观察到芝加哥交易池中机会的新型场内交易商之一。1868年出生于芝加哥房地产巨头利瓦伊·Z.莱特(Levi Z.Leiter)家庭中的他,从哈佛大学毕业后,回到了家乡芝加哥。他的父亲把100万美元委托给了他,希望这个年轻人管理其拥有的房地产。但是莱特有别的想法,他直奔芝加哥期货交易所,他已经决定在那里凭自己的本事赚大钱。他有点儿不得其所,因为受过大学教育的交易商对交易池并不适应。

莱特的计划是囤积小麦的供给,在交易过程中他效仿哈钦森。他没有隐瞒自己的雄心壮志。"请注意,他是一个阳光男孩,"一位老的交易商说,"但是囤积居奇再也不可能做到了。市场太大了,实在是巨大无比。"尽管如此,莱特依然狂

---

[1] 坦慕尼协会是一家成立于1789年的纽约市民主党实力派组织,由原先的慈善团体发展而成,因其在19世纪犯下的种种劣迹而成为腐败政治的同义词。坦慕尼厅是该协会的总部所在地。——译者注
[2] 本杰明·哈里森(1833—1901年),美国第23任总统,任期为1889~1893年。——译者注

热地继续实施他的计划,经过几次毫无结果的尝试之后,他终于在交易池中赚得了一些钱,接着他就开始发动他的囤积交易——同类交易中有史以来规模最大的交易。在国际谷物储备不断减少时,他组建的进行这项交易的辛迪加囤积了差不多1 600万蒲式耳。此外,他还计划囤积由于时值冬季而供给自然短缺的12月份的小麦。看来莱特似乎已经成功地囤积了12月份的小麦,但随后情形却变得复杂起来。[24]

在莱特的辛迪加正买进全部现有合约的同时,菲利普·D. 阿默和他的代理人一直在卖出。对于市场是否已经被成功垄断,交易商们突然觉得没有把握了,尤其是在阿默卷入的情况下。在一次"说谎者的扑克牌"(liar's poker)[1]的经典对抗中,阿默面对面地问莱特,心里在想什么?莱特嘲笑地告诉阿默,他将迫使阿默损失惨重地结算合约。阿默被这个暴发户激怒以至于拂袖而去,并想办法要制服这个傲慢的年轻人,而不是向他投降认输。他指令他的代理人运送全部现有的小麦,经由明尼苏达州的德卢斯(Duluth)转运到芝加哥。接着,他雇用了愿意在隆冬季节航行于五大湖的、敢于冒险的海员运送小麦。他甚至租用了拖轮在五大湖上破冰以便货船能在他的合约约定的交割日之前抵达。令所有人大吃一惊的是,他按时交割了小麦,阻止了莱特正在进行的囤积。莱特赚取了利润,但是没有当初期望的那么多。

囤积的结果是,小麦价格每蒲式耳上涨了24美分,达到1.09美元。接着,莱特用他在与阿默的交易中赚得的利润囤积了5月份的小麦,价格暴涨至每蒲式耳1.85美元。但是莱特变得太贪婪了。由于对农业的了解不够多,他把他的新囤积延伸到夏季月份,就在那个时候一场大丰收接踵而至。过多的小麦流入芝加哥,使得他的头寸暴跌。5月份已有的700万美元的账面利润蜕变成900万美元的亏损,他的父亲承担了这笔亏损。终究是绅士,在这场冒险行为结束后,阿默送给莱特一张他自己的照片,上面写着"谨致问候"。

莱特从这一事件中吸取了教训,而其家族财富则减少了大约9%。他继续成为那一时期其家族财富的代表性继承人,涉猎赛马、慈善事业以及其他受欢迎的运动和社会娱乐活动。他在哥伦比亚特区华盛顿的家中保留了一个酒窖,有一次强盗袭击了那里,抢走了价值30万美元的烈性酒和葡萄酒。在1931年他

---

〔1〕"说谎者的扑克牌"是华尔街金融家们的一种闲余游戏,以最善于欺瞒他人、实行心理欺诈为冠。——译者注

去世时,当地的一家报纸称赞他是"把淤泥滩上的拓荒者村庄建设成为巨大的芝加哥的勇敢的梦想家们的样板"。²⁵虽然,他因试图囤积小麦给人们留下了最难忘的回忆,但是,他在交易中所获得的经验,即带着少于预期的利润提早离开比根本没有任何利润更好,也许才是人们最应该铭记在心的。

莱特的确有过一次成功,但或许不是他所设想的那种。农场主们对他的囤积居奇所导致的小麦价格的上涨感到兴高采烈,他们中的许多人通过向阿默供给小麦赚取了相当可观的利润。在这种情况下,疯狂的投机符合他们的利益。对投机者的批评在这里无处可寻,但是这种宁静不会持续太久。进步主义运动(Progressive Movement)〔1〕正获得力量,并将被证明是比平民党人更重要的一个对手。阴谋理论将让位于更有说服力的关于什么折磨着美国的论点,尽管完全割断与过去的平民党的联系是不可能的。投机者们和贪婪的东部人支配了期货市场的观点仍将继续。那些陈旧的观念在核心地带非常顽固,在那里,除了农场主以外的任何人都被带着怀疑的眼光审视着。

在19世纪90年代,阿默并没有将他的投机限制在期货交易池内。他同样活跃在华尔街,在那里,人们所熟知的他的交易技巧是,使铁路公司特别是那些在芝加哥周边运营的铁路公司的股票价格发生变动。在19世纪与20世纪交替时期之前,随着通信技术的改进,交易比以往任何时候都更快捷,在不止一个市场上进行投机的现象相对普遍。1893年底,阿默正在大声谈论圣保罗和德卢斯铁路公司(St. Paul & Duluth Railroad)的股票价格,像许多其他铁路公司股票一样,该公司在证券市场上也不走运。当地的一家华尔街报纸报道说:"他宣布,像以往那样,他始终是该股票坚定的信徒,在其下跌途中他一直在买进。"在他开始做多时,该股票从每股80美元的价格高点下滑,目前在27美元左右。"他发誓,没有任何人为的力量可以阻止它再次上涨到多年以前它被卖出的高价。"该报补充说。²⁶结果是,相反的意见是正确的,而阿默则在交易中损失了一笔相当大的金额。

妄自尊大的囤积居奇和规模宏大的空头袭击的时代仿佛在逐渐消逝,但在经历了19世纪的风风雨雨之后,这样的日子仍然设法延续了下去。具有讽刺意

---

〔1〕 1900~1917年间美国所发生的政治、经济和社会改革运动,是以中产阶级为主体、社会各阶层参与的资产阶级改革运动,旨在消除美国从自由资本主义过渡到垄断资本主义所引起的种种社会弊端,重建社会价值体系和经济秩序。——译者注

味的是,哈钦森的职业投机生涯却伴随着又一次野心勃勃的囤积居奇走到了尽头。1889年,他受到诱惑认为,大规模地囤积小麦和玉米仍然是可以做到的,于是他再一次冒着可能损失数百万美元的风险证明自己。然而,在多年来准确地预测市场后,这一次,他高估了这两种商品的需求并付出了沉重的代价。小麦和玉米的价格没有对他大规模买进的努力做出反应,因为国际金融的发展开始对商品价格造成危害。1890年,英国的巴林银行(Baring Brothers)破产,严重抑制了外国——尤其是英国——在美国市场上的投资和投机。当黄金开始流出美国并迫使小麦和玉米的价格下跌时,哈钦森拒绝接受市场信号,继续买进合约。虽然哈钦森还是多年以前那个阐明了黄金价格与谷物价格之间联系的交易商,但是,在1890年他却看错了形势,结果遭受了严重的损失。

一年之内,哈钦森的财富和声誉都破产了。最后一次的囤积企图使他在7月小麦上亏损200万美元,导致他永久地退出了交易池。在他个人破产之后,哈钦森秘密逃亡到靠近芝加哥的一间小办公室,匿名居住了几个月,直到一名造访的芝加哥商人意外地发现了他。尽管远避交易池,他仍然需要接近这种最富刺激性的活动,而华尔街似乎是藏身的天然场所。但是他已经丧失其市场触觉,渐渐地变得太老以致不能影响市场。在他退休后,虽然时常可以在芝加哥期货交易所的走廊里看到他,但是他再也没有在芝加哥期货交易所的交易大厅里进行交易。在威斯康星州乡下的一个退休者之家,他孤独地度过了晚年;但在交易池中,人们并没有把他遗忘,关于他的传说继续在那里流传着。

哈钦森死于1899年,他的死为历时半个世纪的波澜壮阔的投机活动画上了一个句号。较年轻的交易商们渴望取代他作为芝加哥期货交易所"小麦交易池之王"的位置。这些具有传奇色彩的人物很快走向前台,继承了他的衣钵。囤积美国全部小麦供给的念头保持着其吸引力,尽管农业产量持续增长,而且大多数农产品的供给看来太大了以致难以囤积。然而,这不会阻止交易所里的投机。在第一次世界大战以前的那些年份里,各种各样的交易所都以更高的效率和诚信度加强自身管理。在新世纪之初,最高法院在几次重要的裁决中帮助确定了期货市场的功能。不论好坏,期货市场的确给社会留下了深刻的印象。19世纪90年代末,一部名为《抢钱世界》(Other People's Money)的戏剧在纽约开始连续演出,亨尼斯·莱罗尔(Hennessy Leroyle),这一时期著名的戏剧演员,担任该剧主角。莱罗尔扮演"小麦交易池之王"的角色,他的相貌碰巧与约瑟夫·莱特

本杰明·P.哈钦森的艺术素描。

图 1.6

图 1.7 戏剧《抢钱世界》中的小麦交易池之王——亨尼斯·莱罗尔(国会图书馆友情提供)。

第一章
交易池的故事

图 1.8　约1900年的芝加哥期货交易所中的小麦交易所。

非常相像。路易斯·布兰德斯(Louis Brandeis)[1]后来在他所写的书中使用了同样的标题,该书强烈谴责了那些在进步主义时代(Progressive Era)鼎盛时期压榨公众的银行家们。

注　释

1. "标准"意味着,在同一期货交易所中挂牌交易的合约是相同的。但无论如何,它并不是指全国性的标准。不能把芝加哥期货交易所的合约与圣路易斯或堪萨斯城期货交易所的合约相混淆。如果在一家交易所买入了合约,那么就只能在这个交易所中卖出;反之亦然。

2. Jonathan Lurie, *The Chicago Board of Trade 1859—1905* (Urbana: University of Illinois Press, 1979), pp. 30—31.

3. *Harper's Weekly*, September 5, 1874.

4. *Chicago Tribune*, September 15, 1865.

5. Kinahan Cornwallis, *The Gold Room* (New York: A.S. Barnes & Co., 1879), p. 7.

6. Edward J. Dies, *The Plunger: A Tale of the Wheat Pit* (New York: Covici-Fried, 1929), p. 50.

7. U.S. Department of Commerce, *Historical Statistics of the United States: Colonial Times to 1957*, pp. 278—297.

8. James L. Orr, ed., *Grange Melodies* (Philadelphia: Geo. S. Ferguson Co., 1912), p. 193.

9. *St. Louis Republican*, June 7, 1874.

10. Theodore J. Grayson, *Leaders and Periods of American Finance* (New York: John Wiley & Sons, 1932), p. 396.

11. C.E. Russell, *The Greatest Trust in the World* (Chicago: Ridgway-Thayer, 1905), p. 286.

12. Lurie, *Chicago Board of Trade*, p. 55.

13. Matthew Josephson, *The Robber Barons* (New York: Harcourt Brace,

---

[1] 路易斯·布兰德斯(1856—1941年),美国法官,1916~1939年任美国最高法院陪审法官。他反对垄断,捍卫个人权利,并以此作为他众多最高法院判决的基础。——译者注

1934), p.208.

14. Report of the Committee on Banking and Currency. *Gold Panic Investigation*, 41st Cong., 2nd sess., Feb.28, 1870, Rept.32, p.132.

15. Lurie, *Chicago Board of Trade*, p.53.

16. John Hill, Jr., *Gold Bricks of Speculation* (Chicago: Lincoln Book Concern, 1904), p.80.

17. *Chicago Journal*, July 16, 1898.

18. 当然,在中西部,并不是每个人都赞成阴谋论。来自威斯康星州的国会议员约瑟夫·W. 巴布科克(Joseph W. Babcock)7 年之后就在国会上驳斥了这本书中的这些假定,认为它们纯属子虚乌有。随后,他出版了题为《被揭穿的平民党人谎言》(*A Populist Humbug Exposed*)的小册子以阐明其立场。

19. Lurie, *Chicago Board of Trade*, p.87.

20. Dies, *The Plunger*, p.138.

21. Cedric B. Cowing, *Populists, Plungers, and Progressives: A Social History of Stock and Commodity Speculation 1890-1936* (Princeton, NJ: Princeton University Press, 1965), p.22.

22. George Sullivan, *By Chance a Winner: The History of Lotteries* (New York: Dodd, Mead, 1972), p.57.

23. *New York Times*, February 24, 1903.

24. "12 月份小麦"指的是,合约应当在 12 月份进行交割,在那个月份的某个特定日到期。期货合约是按季度进行交易的,因此,合约将在每年各季度末即 12 月、3 月、6 月或 9 月到期。

25. *Wisconsin State Journal*, April 12, 1931.

26. *Wall Street Daily News*, December 23, 1893.

第二章　期货与"野驴"

19世纪的最后20年见证了一场期货市场谋求尊重的持久战。尽管联邦反期货法从未得到签署，但是反对赌博的各州法律确实对市场造成了严重的影响。期权交易仍被看作赌博，并且比期货交易本身更容易受到各州法律的攻击，除了一小撮比较激进的农业利益促进者外，所有人都认为期货交易是必需的。在19世纪这段暗淡的时期，对期货交易所来说，或许最重要的发展是，认识到它们将不得不更小心地进行自我管制并发动反对投机商号的更警醒的斗争。公众情绪把赌博与投机商号连在一起，又把投机商号与期货交易所连在一起。为了消除这种感觉，期货交易所只好迫使投机商号停业。

在充斥着许多经典的囤积居奇和市场操纵行动的19世纪落下帷幕后，20世纪又在相似的大规模市场投机的声调之中粉墨登场。然而，当投机商号稍稍退出人们的视野时，新闻舆论的诟病和争取提高交易池中的标准的运动又登上了中心舞台。尽管进步主义处于全盛时期，但是环绕着哈钦森和莱特的传奇依然博得了新一代池内交易商的赞赏。即使是在取缔垄断(trust-busting)的西奥多·罗斯福(Theodore Roosevelt)[1]总统任期内，设法囤积小麦供给仍然是值得努力达到的目标。迈入新世纪后的最大投机是由新的"小麦交易池之王"詹姆

---

[1] 西奥多·罗斯福(1858—1919年)，于1901～1909年任美国第26任总统，曾获1906年诺贝尔和平奖。——译者注

士·A. 帕腾(James A. Patten)发动的。他在1902年囤积小麦,迫使其价格每蒲式耳上涨了34美分。在这场囤积中,赚取的利润高达200万美元,堪称这一时期利润最大的一次投机。尽管麦金利(McKinley)任期内那种随心所欲的时代已经结束,但是市场投机者们并未注意到来自华盛顿和州议会富于改革精神的政治家们的警告。池内交易依然像往常一样不受约束。帕腾成为第一个试图同时囤积小麦、玉米、棉花和燕麦的池内交易商。1910年,他成为当时小麦市场上最大的囤积居奇者,企图继承"小麦交易池之王"的衣钵。

在第一次世界大战前,对期货市场来说,对自身进行必要的改革变得更加迫切。由于城乡之间的收入差距变得更加显著,农场主们与工业之间的裂痕正日益扩大。乡村生活不像这个国家其他地方的生活那样变化迅速,农业区域的观念同样转变不快。期货市场仍然是农场主的敌人,尽管人们不再迫切要求取缔期货交易所,而是勉强接受了期货市场。在第一次世界大战期间农产品价格普遍上涨的帮助下,来自农业利益促进者的尖刻批评在总体上减少了,但是在20世纪20年代,随着第一次世界大战后农产品价格的下跌,对期货市场的强烈抗议又再度开始。

对于农场主们以及让他们爱恨交加的期货市场来说,20世纪20年代注定要成为至关重要的10年。其他因素也掺杂进来,迫使期货市场再次采取守势,这些因素在当时看来可能同样是稀奇古怪的。与亨利·福特(Henry Ford)[1]在他的报纸《迪尔伯恩独立报》(Dearborn Independent)上发表的一系列反犹太文章相巧合,三K党(Ku Klux Klan)在农业区各州的出现,给整个期货市场和华尔街投下了阴影。攻击虽然不是直接针对期货市场的,却是更加阴险的,因为它们普遍唤醒了反犹太主义的幽灵,挑起了人们内心深处对金融的不信任。按照促进农业利益运动(the agrarian movement)[2]的简单逻辑,银行家、犹太人以及黄金市场全都应当对农场主连续不断的悲惨遭遇负责。如何应用这种逻辑或者这种逻辑是否讲得通,都是次要的。各种各样的市场都应当对农场主的贫困负责,造成这种局面的原因并不少。人们所必须做的就是回顾过去,看看华尔街和拉萨尔街阴谋策划的行为是怎样相互勾结并欺骗朴素的、自给自足的农场主们的。

---

[1] 亨利·福特(1863—1947年),美国汽车制造厂商。——译者注
[2] 通常译为"农民运动"。——译者注

1899年,由于流行诗人埃德温·马卡姆(Edwin Markham)的《扶锄者》(*The Man with the Hoe*)的发表[1],公众的感情聚集到农场主们身上。这首诗最初发表在《旧金山考察家报》(*San Francisco Examiner*)上,很快在大多数全国性的报纸上转载,使之成为这个世纪最好的读物之一。马卡姆把农场主们描述为"被掠夺的、被亵渎的、被剥夺了人权的"。但是直到期货市场成为搜集并揭发丑闻者的目标,正如证券市场在上一代已经遭遇的那样,大众情绪才转而反对它们共同的敌人。即便是声名狼藉的纽约证券交易所,也没有过被第一次世界大战前自由放任商业的最著名的批评家描绘成一副阴冷的肖像那样的经历。弗兰克·诺里斯(Frank Norris)[2]的《深渊》(*The Pit*)在1903年一经发表,随即流行开来。小说描述了芝加哥池内交易商们的商业实践和个人生活,刻画了他们那幅不敢恭维的肖像。诺里斯因为在小说《章鱼》(*The Octopus*)中表达了他对铁路公司的强烈谴责和嘲讽而出名,他的关于池内交易商的小说以报纸读者容易辨识的人物为原型。小说中的主人公是一个已经在芝加哥区域内的房地产上发了财的人物,而他年长的同事则是一个改过自新的前交易商,后者最初来自马萨诸塞州,在搬到芝加哥前曾经囤积过密尔沃基的小麦。在书中的一个地方,在谈到那些几乎完全依赖美国出产的小麦的生产者和消费者时,这个老交易商评论说:"交易池中的那些家伙并不拥有小麦;甚至从来没有看到过它。要是他们获得小麦的话,他们都不知道该怎么处置它。他们根本不在乎这种谷物。但是,在交易池外面,在爱荷华州、堪萨斯州和达科他州,有成千上万名农场主,他们在乎;而欧洲的数十万穷人比农场主更在乎。"到19世纪末20世纪初,很显然,不仅是美国人,而且连欧洲人也同样依赖美国中西部的可靠的谷物供给。"如果我们使它(小麦价格)上涨得太高,那么,欧洲的穷人、习惯吃小麦的人就会遭受痛苦。而大陆地区农夫的食物是面包——不是肉和马铃薯。"诺里斯毫不掩饰把莱特和哈

---

[1] 埃德温·马卡姆(1852—1940年),在加利福尼亚州的一个牧场中长大,先当教师,后当学校行政管理人。1899年,《扶锄者》的发表使他闻名全国。马卡姆从让·法朗索瓦·米勒的一幅法国农夫画中受到启发创作《扶锄者》,令其成为全世界默默忍受压迫、忍受剥削的农民的象征。——译者注

[2] 弗兰克·诺里斯(1870—1902年),美国著名作家。生于芝加哥一个富裕商人家庭,少年时代在欧洲学习艺术。回国进入加利福尼亚大学,毕业后以记者为业。长期生活在美国西部,自称加利福尼亚人。开始创作时倾向浪漫主义,如描写海上传奇的《"莱蒂夫人号"上的莫兰》(1898年)。后来的小说受到左拉自然主义创作方法的影响,如《麦克提格》(1899年)和《范多弗与兽性》(写于1899年,1914年发表)。诺里斯在西部采访新闻时,了解到代表垄断资本利益的铁路托拉斯与农场主之间的矛盾,他以此为题材创作"小麦史诗"三部曲,其中包括1901年出版的第一部《章鱼》、1903年出版的第二部《深渊》,第三部《豺狼》由于作者突然去世而未能完成。——译者注

钦森当作其小说人物原型的事实。在赞同期货市场的作家们多年来为池内交易商们撰写偶像化传记之后,这本书,对那些名字是期货交易的同义词的人的声誉来说,不啻为一记当头棒喝。

尽管芝加哥期货交易所在反对投机商号以及在更小的程度上反对期权交易的斗争中有所斩获,但是普遍的意见依然存在,认为期货市场不可能通过定价解决农场主们的问题,需要在公共部门设立新的机构以帮助农业。从克利夫兰(Cleveland)总统任期开始并延续到威尔逊(Wilson)总统任期,国会建立了致力于农业金融(farm finance)的联邦机构。显而易见,如果农场主们要在20世纪幸存下来,他们就需要更好的金融机构。建立于1916年的农业信贷系统(Farm Credit System)仿效几年前创立的联邦储备系统(Federal Reserve),目的是为了使农业贷款更容易获得,以便农场主们能像工业企业一样不费力地获得经营资本。然而,斗争是艰难的,因为农场主们使得形势对他们不利,并继续把他们的问题归咎于华尔街和拉萨尔街。

到1900年,许多期货交易所已经完全建立起来或者在迅速建立之中。芝加哥期货交易所拥有差不多1 800个会员,成为世界上最大的谷物交易所。芝加哥已经被公认为世界谷物主要产地。美国剩余谷物很快找到了销往世界市场的途径,国外需求常常对现货价格和期货价格有着深刻的影响。但是,尽管期货交易所发展迅速,然而它们在整体上仍然遭受着深重的成长的苦痛。投机商号经营者们依然存在,尽管其数量在下降;而一些商品在交割和质量上存在瑕疵记录。除了一些州的法律之外,有意义的管制明显缺乏。交易所按照它们自己的方式进行交易,除非受到丑闻的挑战。然而,情况正变得越来越清楚,即交易所必须突飞猛进地净化自身并且摆脱投机商号经营者,而那些投机商号经营者要么将不得不满足公众情绪的要求,要么则担心被存心改革的国会封杀。

交易商们和立法者们也注意到德国在19世纪90年代末为控制期货交易而做出的努力。德国通过了一部法律,该法律规定,除非交易双方——买方和卖方——已经登记,否则禁止从事谷物期货交易。从1897年起,在德国投机谷物期货已经不可能了,因为该法案有效地禁止了卖空和抢帽子交易。无论如何,这部法律的缺点清楚得令人痛苦,因为依据该法律,只有套期保值者才可以利用期货市场。如果没有投机者们在交易大厅中提供流动性,那么只有勇敢的池内交易商们才会从被认可的卖主手上买进。如果期货市场变得对农场主们不利,那

图 2.1 1895年的芝加哥期货交易所交易厅(芝加哥期货交易所友情提供)。

第二章
期货与"野驴"

图 2.2 约1895年的芝加哥期货交易所黑板(芝加哥期货交易所友情提供)。

么池内交易商们就有责任为农场主们提供稳定的价格以保证后者的收成，这实质上是稳定德国谷类作物本身。由于没有人能单独承担那种风险，所以，在农业专业化程度和生产能力正变得越来越高的时期，这部德国法律被证明是无效率的。该法律针对的是证券交易所和期货交易所，对这两者都造成了极大的伤害。因此，为了规避该法律，期货交易商们把他们的交易转移到了利物浦；证券交易商们也把他们的一些业务转移到了海外。其造成的后果是，德国商业在这两件事情上都受到损害。美国期货交易商们怀着浓厚的兴趣注视着德国的情形，并发现了这部法律的缺陷，无论何时，只要一有机会，他们就会向别人转述这些缺陷。

"最大的投机商号"

芝加哥期货交易所与投机商号之间的斗争在19世纪末20世纪初依然盛行，虽然芝加哥期货交易所在斗争中占据了上风。尽管事实上禁止电报业务对投机商号经营者们开放，但是商号仍然设法将实时价格传送给它们的下注者，这些下注者认为他们是在同合法的经纪人交易。芝加哥期货交易所采取了大量的预防措施阻止将价格发布给非会员，但是投机商号依然将实时价格张贴在它们的黑板上和代用的自动收报机纸带上——这简直是一种没有人能够懂得的本领，因为谁也不知道，面对交易所采取的严密的安全措施，投机商号是如何做到这一点的。

早在1890年，哈钦森就识破了这样一种勾当，凭着这种勾当，一个被芝加哥期货交易所合法雇用的小男孩坐在交易池边上，用手势把交易池中的价格传达给另一个男孩，而这个男孩往往高高地坐在邻近的建筑屋顶上，他在读取手势后把信息传递给投机商号的经营者们。结果，芝加哥期货交易所把它所有的窗户都涂上肥皂，以阻止这种勾当。由于它们的合法外衣被剥去，许多投机商号在很短时间内就关门了。没有了现行价格，它们作为诚实经纪人经营的伪装立刻就被撕碎了。可是，尽管面临这样的形势，一些投机商号仍然引人注目地持续生存着并能够茁壮成长。

在世纪之交，全国最有影响力的投机商号经营者是堪萨斯城的C. C. 克莉斯蒂(C. C. Christie)。他逐渐成为一个来自合法的证券与期货经纪人行业的投机者。1887年,密苏里州通过了一部反赌博法律,禁止经营投机商号,而克莉斯蒂——当时还在从事合法的职业——向密苏里州议会发表演说,阐述赌博投机的弊端。他告诉议会说:"在过去的几年里,投机商号如雨后春笋般地涌现,从相对不重要的组织变成了拥有不可思议的财富和占有危险比重的机构。在美国有将近1 000家……它们已经纠合在一起蔑视法律。在逐渐变得富有后,它们嘲笑反对它们的公众意见。"[1] 无论如何,议员们已经明白,投机商号利用虚假广告,常常夹带着给潜在投资者的诱人的邀请信,把它们已经与之交易的那些人或者对它们的广告做出答复的那些人列入"容易上当受骗的傻瓜名单"而加以保存。这个问题已经成为全国性的问题,而且对于如何才能制止赌博,没有一个人有把握。

"纠合在一起"是关于投机商号经营者们的实质问题。为了维持营业,投机商号必须确保它们的客户亏本赔钱,所以它们常常在市场上购进相反的头寸。当告诉它们的客户买进时,它们往往会同时卖空,以保证客户亏损而它们自己赚钱。换句话说,投机商号利用客户资金为它们自己开立与客户头寸相反的头寸来赚钱。克莉斯蒂坦率的陈述是19世纪公开做出的关于投机商号的影响的少数有启迪作用的评论之一。在另一次更引人入胜的评论中,他说道:"因此,像其他任何职业赌徒一样,投机商号获得了与之打赌的那些人委托给它的1 000万美元,然后进入全国各个市场,通过各种可以使用的手段,利用这个巨大的金融引擎迫使价格下跌。"[2] 问题是普遍的——事实上是如此普遍,以致连克莉斯蒂自己也放弃了合法的经纪业转而变成一个投机商号经营者。在经营投机商号时,他表现出的傲慢和自大,与他曾经谴责的、别人对当局显露出的态度别无二致。

投机商号要想兴旺发达,就需要获得芝加哥期货交易所实时价格的享用权。然而,芝加哥期货交易所对此不会同意,因为它已经禁止投机商号使用它的价格。如果得不到那些价格,投机商号经营者们就不能装出真正经纪人的样子来。处于发展中的斗争不会放过投机商号本身,但是对产生于芝加哥期货交易所交易池、通过与该交易所连接的西部联盟公司(Western Union)的电报线传送的价格的专用性质更是念念不忘。当投机商号经营者们被禁止分享电报而芝加哥期货交易所想要把它的交易所窗户涂上肥皂时,他们怎样才能继续营业呢?他们仿佛已经置身于信息圈(information loop)之外。

克莉斯蒂明目张胆地继续营业,虽然看来他已经被击败了。1900年,他正在堪萨斯城经营克莉斯蒂街代理公司(Christie-Street Commission Co.)，就在那个时候，芝加哥期货交易所和西部联盟公司得到一项针对该公司的禁止令，剥夺了它无论如何都需要的谷物价格的使用权。人们发现，该公司有一套由一个一直向该公司提供价格的合法经纪人提供的、盗用的环线电报设备，但是就在禁止令获得法院批准时，这台电报机变得安静下来。因不服该禁止令而提起的上诉，在地方法院和州法院都徒劳无功，由此看来，克莉斯蒂不久就会关门停业了。但他毫不气馁，他把公司重新改组为克莉斯蒂谷物与证券公司(Christie Grain & Stock Co.)，可是仍然无法收集到合法的价格行情，因此他采取了狡猾的手段。不久，他的公司再次兴旺起来。芝加哥期货交易所不能确定克莉斯蒂是如何设法维持营业的，于是就展开调查。

交易额太大了，以至于不可能像在哈钦森时代那样，让一个男孩待在交易所的交易大厅里秘密传送价格；如今，价格的传送依靠技术。克莉斯蒂把秘密传送器安装在其他合法经纪人的办公室里，窃听所有的谈话，包括价格报告。在约翰·希——一位负责打击投机商号行动、被誉为芝加哥期货交易所的"夏洛克·福尔摩斯"(Sherlock Holmes)〔1〕的会员——的领导下，芝加哥期货交易所怀疑一定是出了什么差错，它雇用自己的电信技术专家揭开了克莉斯蒂的勾当。随后，芝加哥期货交易所申请了一项禁止令并在1902年获得批准，禁止克莉斯蒂使用偷来的报价单。克莉斯蒂当然要上诉，他主张信息是公共的，不是私人所有的。案件一路上诉到最高法院，但是，克莉斯蒂发现最高法院比地方法院和州法院更加难以对付，它的判决使其无路可逃。

上诉程序直到1905年最高法院最终对该案件做出裁决时才用完。该判例在几个问题上对芝加哥期货交易所有利。奥利弗·温德尔·福尔摩斯(Oliver Wendell Holmes)支持禁止令，他宣布了法院的判决并指出，交易所和电报公司没有像克莉斯蒂的律师争辩的那样，通过限制价格对局外人开放来抑制交易。投机商号从交易所与电报公司之间的合同安排之外的途径获得它们的价格，由于它们不是合同的签约方，因此可以认定"它们以一种不合法的方式获得或者想获得(价格)信息……"。简单地说，投机商号对价格信息没有任何要求权，因为它们想以欺骗的方式利用它。它们的性质不是法院讨论的问题。可是，芝加哥

---

〔1〕 夏洛克·福尔摩斯是英国作家柯南·道尔(Conan Doyle)作品中的著名侦探。——译者注

图 2.3　1925年的芝加哥期货交易所中的小麦交易池。

期货交易所的性质则要另当别论。

与早先的19世纪的州法院判决不同,最高法院的判决在期货交易所的经济功能方面没有问题。福尔摩斯承认四分之三的未平仓期货合约(open futures contracts)从来没有交割,不过他还是把芝加哥期货交易所称为"世界上谷物和供应品的主要市场之一"。他还把克莉斯蒂称为"最大的投机商号之一的经营者……在这些地方,允许虚假地买进和卖出谷物等,根本不打算接受和支付这样买进的所有物,或者交付如此卖出的所有物"。在多年的争执之后,投机商号的问题终于得到解决,至少在法律术语上是这样。最高法院显然知道早先的州法院关于芝加哥期货交易所的判决,于是陈述了芝加哥期货交易所中的投机问题,终于解决了交易所的合法性问题。

在其批评家们看来,未交割合约(undelivered contracts)是芝加哥期货交易所的弱点,他们指责它纯粹是一个赌窝——只是一个垄断的大投机商号。为进步党人、农业利益促进者和投机商号本身所利用的这一论点,在福尔摩斯陈述"在一个现代化的市场上,合约不限于要求立即交割的销售"时,终于半途而废了。这一陈述赋予期货市场以合法性,为此,它们不顾一切地战斗过。芝加哥期货交易所采用的结算未平仓合约(Open Contract)的方法,即通常所说的"轧平"(set-offs)或"环形结算"(ring settlement)法,也获得了辩护,冷不防地大大挫败了批评家们的论点。运用这种技巧,交易所的交易大厅职员们撮合开口买卖指令(open buy-and-sell orders),以便它们在最后结算日全部被平仓。"合约以这种方式轧平结算的事实,"法院断定,"以及差额支付的方式丝毫不会减损交易各方的诚信……(并且)完全符合严肃的商业目的,符合合约应当是真实意思表示的含义。"[3] 全国各地的期货交易所共同松了一口气,总算是放心了。

法院的裁决是芝加哥期货交易所以及整个期货市场的一次伟大的胜利。它同时也是威廉·贝克(William Baker)个人的胜利。威廉·贝克长期担任芝加哥期货交易所总裁——因为多年来他作为投机商号这类赌窝的最大敌人的名声,人们亲切地把他称为"投机商号贝克"(Bucket Shop Baker)。他与其他被挑选出来的芝加哥期货交易所董事会成员,包括约翰·希尔,从19世纪90年代早期开始就积极地追击投机商号,并成功地对几个与之勾结的池内交易商实行了制裁。他们同样反对期权交易。贝克曾经宣称,芝加哥期货交易所的期权交易"在交易时间之外是如此普遍,以至于损害了交易所良好的声誉"。[4] 在交易所外面的人行道上进行卖出期权和买入期权交易的日子结束了,这种交易成了芝加哥期货交易所企图打扮其形象的牺牲品。

在中西部,期权交易作为业余的交易行为,在大多数期货交易所继续存在。虽然福尔摩斯法官在克莉斯蒂案件中的裁决已经断然指出,交易所不是一个垄断者,即使它严格要求其会员执行规章制度并尽力控制交易,但是人们依然对期权交易不以为然,认为它是赌博的一种形式,因此在许多州,它是非法的。然而,在东部,实用性占据了上风。在纽约证券交易所外面街道上的路边市场,期权交易十分活跃,被认为是市场健康的指示器。1893年底,当市场在1893年恐慌期间折转向下时,当地的新闻媒体承认,期权交易是市场方向的领头羊。一份市场报评论说:"股票期权市场常常是投机情绪变化的一个好的指示器,在华尔街所能获得的也不过如此。"它又补充说:"新街(New Street)经纪人刚刚报告说卖出期权需求旺盛……由此得出的判断表明,想要购买股票的人渴望限制他们的亏损。"其意思是,当市场下跌时,他们想要购买卖出期权,以对他们实际持有的股票套期保值。[5]

尽管芝加哥期货交易所打赢了官司并严格自身管理,但是投机商号依然在继续经营,虽然它们存在的数量更少了。一些比较大的商号利用政治上的帮助来保证它们免于被起诉。芝加哥期货交易所投机商号委员会主席约翰·希尔甚至暗示"臭名昭著但富有的投机商号经营者们在雇请辩护律师时,总是优先选择美国参议员和众议员的律师事务所"。它们同样得到了不止一个贪财的州议员的帮助。希尔引用了1903年明尼苏达州的一个案例,在这个案例中,一家银行在一个低级雇员窃取银行资金并把它们转到一家投机商号后,却在诉讼中败诉了,希尔由此提出了这样一个问题:为什么投机商号经营者们仍然有可能在明尼苏达州议会上击败一项反投机商号的法律?"有没有可能是从德卢斯(Duluth)银行偷来的'赃物'帮助扼杀了这个法案?"他责问道。"我们中的一些体验过被迫目睹立法机构中的表决交易这种耻辱的人肯定知道答案。"他得出结论。他说得如此明了,只是由于未能提到该法案反对者的名字而勉强避开了诽谤的罪名。[6]

到世纪之交,期货市场已经达到了一定的完善程度,这实际上有助于谷物的市场交易和交割价格的确定。但是它们的批评家们依然存在,他们坚持认为,期货交易是赌博,应当被禁止。他们注视着市场阴暗的一面而不是其光辉的一面。

显而易见的是，期货市场履行它们职责的情况不尽相同。一些期货市场是有效率的，比如芝加哥期货交易所；而另外一些则是组织涣散、经营不善的。除了确定买主和卖主可以信赖的价格外，期货市场的其他主要贡献是，它为套期保值者和投机者建立了统一的等级。不管交易商是多头还是空头，如果进行预期交割，那么在实物结算(physical settlement)时必须交割特定等级的那种商品。如果一个市场接受了过于宽泛的系列等级的商品供交割，那么它就需要改革。有着最差纪录的商品也促成了第一部全国性的期货法律的诞生。

早期的管制

引人注目的是，在第一次世界大战前，期货交易所仍然未受到管制。州层面的管制这些年来取得了各式各样的成效，但是联邦层面的管制显著缺乏成效。期货市场不是唯一未受管制的市场。对全国证券交易所管制的缺乏同样引人注目，因而纽约证券交易所像芝加哥期货交易所一样，能够躲避最严厉的公众批评。具有讽刺意味的是，全国的商品定价也被交给期货交易所掌控，大多数内部人和批评家认为，期货交易所不太能充分履行这一职责。美国人和国外消费者们的粮食供给几乎完全掌握在池内交易商们手里，这些人还时不时地突发奇想，认为他们可以用19世纪风格的交易池这一妙举囤积整个供给。关系民生的商品的交易规则非常需要，但进展却十分缓慢；只是为了应对一场特别突出地显示池内交易自由放任的交易池制度缺点的危机，它们才被逐步提出。

1915年，国会通过了第一部管制期货交易所的联邦法律——《棉花期货法》(Cotton Futures Act)。棉花市场上有许多等级或者品种的棉花可按合约交割，但各种等级的价格通常并不反映质量上的差异。有时候，低等级的棉花的销售价格与高等级的棉花一样高，当强行索要一个过高的实际交割价格时，这种情况有可能使实际使用者得不到他们所需要的那些品种的棉花。人们还能指望什么呢？问问南方的棉花种植者们吧。毕竟，期货市场主要是坐落在纽约，而不是在新奥尔良或者查尔斯顿。

在南北战争之后的1870年，棉花交易迁移到纽约，发展成为一个名为"棉花交易所"(Cotton Exchange)的大市场。许多商品经纪人和交易者从这个国家的其他地方搬迁到纽约，进驻该市场，从而提升了纽约对于商品交易的日益增长的重要性。当时，17个等级的棉花交割被认为是可以接受的，这种情况有时候导致交易商与套期保值者之间的混乱。混乱终于在1906年降临，当时，一场强热带飓风横扫各州棉花产地，毁坏了大量的棉花作物，迫使价格上涨，使得交割再怎么具有紧迫性或者品质保证也难以进行了。在交易商们抱怨交割的质量和交易所的价格之后，棉花交易所依然拒绝采取行动改善这种局面，几年之后，才开始推动立法。法案的条款非常专业，但是它们在本质上要求交易所定出明确、稳定的价格并使交割等级和程序标准化。最重要的也许是，在人们要求消除涉及全国性市场的难以对付的局面时，国会行动了。

棉花交易方面的改革来得正是时候，因为第一次世界大战被证明是期货市场繁荣昌盛之源。在1914～1918年之间，棉花价格上涨了5倍，与此同时，玉米和大多数谷物的价格翻了一番。在此期间空头们做得不好，因为价格一直在涨。只是在1919年后，价格才重新退回到它们战前的水平。然而，最初，美国人看错了时机，以为欧洲的战争会出现在国内生产者面前。纽约证券交易所在1914年停止交易几个月，以便维持股票价格稳定。交易商们担心英国的投资者们会倾销美国的股票，迫使价格下跌。英国人是投向美国的资本的主要供给者，所以这些担心是非常有根据的，尽管事实上是被误导的。在纽约的棉花交易所和咖啡交易所(Coffee Exchange)也仿效纽约证券交易所的做法，尽管它们都没有任何事情可以担心。到1914年12月，它们全部重新开放了，并且价格表现强劲。看来，这场战争对交易是有好处的。

对农产品的需求来自国内和国外两个方面。军人需要粮食，而棉花则为制作军服所必需。然而，期货市场不是独自确定价格的。在华盛顿，战时粮食工作由伍德罗·威尔逊(Woodrow Wilson)[1]任命的美国粮食总署署长赫伯特·胡佛(Herbert Hoover)[2]来协调。胡佛从前做过商人并发了财，在处理欧洲粮食危机时，他展示了不同凡响的才能。在1914年协调针对比利时的救济工作中实施节制饮食的措施之后，胡佛成为欧洲的"食品沙皇"(Food Czar)。1917年，他开始通过调度和节约粮食来组织美国的粮食工作，购买和配送巨量的粮食给遭受战争蹂躏的战士们。他对这项工作如此精通，以至于一个新的动词"胡佛化"

---

〔1〕 伍德罗·威尔逊(1856－1924年)，美国第28届总统，曾获1919年诺贝尔和平奖。——译者注
〔2〕 赫伯特·胡佛(1874－1964年)，于1929～1933年任美国第31任总统。——译者注

图 2.4 1881年的利物浦棉花交易所(利物浦棉花协会友情提供)。

(hooverize)被加入美语用法之中,意思是经济而有效地节约和分配短缺的食物。在欧洲,胡佛在大规模的人道主义救援工作中,帮助分发了2 000多万吨的粮食和几百万磅的棉花。这项救援工作促进了他对于市场看法的形成,这些看法在20世纪20~30年代变得非常明显。

对于期货市场来说,这场战争持续了一段艰难时期。在战时需求引起大多数谷物价格上涨的同时,投机随之增加。舆论对这种新爆发出来的投机感到愤怒,声称它的出现是以美国人的生活和价值为代价的。就在期货交易所看来好像已经在公众认同方面取得了重大进展时,新一轮的反投机者的情绪又在报纸上和国会中弥漫开来。然而,期货市场并不孤独,反对投机者和投资银行家的反华尔街的情绪同样普遍存在。美国财政部对它的战时公债发行过程严格保密。大规模的"自由债券"(Liberty Loan)[1]公债计划在没有华尔街证券交易所做出承销努力的情况下就被推出了,该交易所只帮助财政部销售公债,但并不收取数额异常巨大的工作佣金,像它们在过去的战争中经常做的那样。

对粮食的强劲需求促成国会在1918年通过了《粮食控制法》(Food Control Act)。该法冻结了被认为对战争努力(war effort)[2]至关重要的粮食价格并禁止这方面的期货交易。芝加哥期货交易所暂停了小麦期货,而更小的芝加哥黄油和鸡蛋交易所(Chicago Butter & Egg Board)则中断了这两个主打产品的交易。小麦交易在1920年恢复;黄油和鸡蛋交易则在1919年重新开始。芝加哥期货交易所中的其他谷物的交易照常继续,池内交易商们则满足于有限的交易行为。尽管交易商们和芝加哥期货交易所对价格冻结不满,但是替代方案可能实在太糟糕。已经有议论说,要取缔交易所或者至少在战争期间把它们全部关闭。

战后不久的几年不像许多人预期的那样行情看涨。随着敌对状态的终止,欧洲人对美国生产的商品和粮食的需求减少了,给农场主们和工厂留下了过剩的生产能力。随之而来的衰退特别令人不快,某种程度上与战争期间形成的预期相反。早在1916年,经济学家欧文·费雪(Irving Fisher)就预言,一旦战时被抑制的需求得以释放,价格将大幅度上涨,经济就会繁荣。结果证明,价格没有

---

[1] 第一次世界大战时,美国将德国皇帝甚至整个德国民族都看作专制和野蛮的,发行的战时债券被称作"自由债券",战争宣传画的主题形象是自由女神。——译者注

[2] 战争努力,是指战争全过程中的努力。——译者注

上涨到严重通货膨胀的水平，而繁荣则被推迟并成为悬念，直到1923年经济才开始复苏。在过渡时期，农业利益促进者们又开始责备他们一贯憎恨的"恶棍们"，认为他们应当对出现的问题负责。

大地之子

战争结束以后，一场严重的衰退出现了，使经济复苏和市场重振延迟到19世纪20年代才出现。然而，对战争期间牟取暴利行为的控诉仍在继续，一有可能就要求限制交易所的情绪依然遍布全国。事情被搞得相当糟糕，1920～1921年，亨利·福特的报纸《迪尔伯恩独立报》开始发表标题为"跨越国界的犹太人：世界的首要问题"的一系列极具煽动性的反犹太文章。福特的报纸上发表的这些文章，是以题为"复国长者之议定书"（Protocols of the Elders of Zion）的另一系列文章为根据撰写的，这一系列文章据说是第一次世界大战期间在英国发现的。较早的著作揭示，这些文章据推测是由犹太复国长者们撰写的，暴露了他们征服世界其他地方的企图以及他们用以"控制"世界其他地方的方法。

福特报纸上的这些文章故意不去费力攻击把美国社会和经济的灾难归因于犹太人的观念。所有的社会"问题"，包括走私、电影的内容、《凡尔赛条约》条款以及整个银行业，都可以归因于在世界上到处流浪行商、在西方主要国家控制了执政权的犹太人的阴谋。尽管所有这些社会弊端都可以归因于犹太人，然而，华尔街银行业还是处于受攻击的正中心。银行家们被认为是造成这些问题的共同因素，而他们中的许多人恰好是犹太人。凡尔赛会议被来自J. P. 摩根公司（J. P. Morgan & Co.）的银行家们（他们显然不是犹太人）及其银行家紧密辛迪加的其他成员们（其中有几个是犹太人）所控制。文章特别喜欢鞭答的家伙是纽约的库恩·列奥公司（Kuhn Loeb & Co.）的奥托·卡恩（Otto Kahn）和同在库恩·列奥公司且曾是最初的联邦储备委员会（Federal Reserve Board）成员的保罗·沃伯格（Paul Warburg）。卡恩是纽约最著名的一个社交名流银行家，他养成了一种习惯，喜欢突然出现在当时所有体面的社交活动中。沃伯格不如卡恩那么派头十足，他曾是联邦储备委员会成立前的中央银行的一名热心支持者。

其他犹太银行家也以不那么显眼的方式对美国产生了深刻的影响。华尔街的高盛银行（Goldman Sachs）和雷曼兄弟银行对许多大型连锁商店的出售潮流（战后的一种现象)负有责任,这种潮流对1929年证券市场崩溃前的多年来的美国零售业和消费者购买习惯有着深远的影响。这种潮流的许多批评家们谴责华尔街,尽管名义上针对的是"华尔街",实际上他们的本意一般是针对犹太人。把美国的不幸归因于犹太人的名单变得十分冗长。问题的核心在《迪尔伯恩独立报》上的一篇标题为"犹太人的权力与美国的货币短缺"(Jewish Power and America's Money Famine)的专题文章中反映出来。这篇文章认为,犹太人行使的对国家货币供给的控制权,是在他们最需要的时候,通过帮助剥夺农场主们和银行圈内人之外的其他人的货币而在不知不觉中进行的。选择发表这篇文章的时机看来是适当的,因为经济处于衰退之中,信贷缺乏,而商品价格正在快速下跌。1920年国会选举使得许多具有煽动性的政治家[1]上台,他们大部分出自农业各州,而这篇文章的批判性观点在农业区域被广为接受。这种观点是拙劣而愚蠢的,但它的确反映了那个时代的进程。

在那篇文章中,用以连接犹太银行家们与黄金和货币问题的逻辑是简单而直截了当的。"美国的黄金供给在哪儿?"文章问道。接着,它就用了一句似非而是的话来回答它自己的问题:"也许是在美国,但是它又不属于美国。"意思是,它掌握在犹太人和那些与他们勾结的人手里。投合农场主们心意的论证部分被涂上了黄金问题的阴影,这一问题曾经是威廉·詹宁斯·布赖恩在他1896年的总统竞选中的一个主要的竞选问题。当时布赖恩发表演讲赞成银本位,在1896年民主党全国代表大会(Democratic National Convention)上,他在代表们面前大声地对他的反对者们说:"你们不应当把人类钉在黄金的十字架上。"重拾流行的农业利益促进者对黄金和金本位的不信任思想,文章陈述道:"不管这个国家有多少黄金,财富依然是更多的。美国所拥有的财富超过世界上其他所有国家和地区的黄金总量。而美国农场一年的产品在货币价值上超过了世界上其他所有国家和地区的全部黄金。"[7]

其他的反犹太逻辑是简单的推论。因为犹太人控制了黄金供给,所以他们控制了美国的货币。农场主们遭遇到的问题是由犹太人和控制了信贷供给的他们的非犹太人银行家朋友们制造出的问题。再者,货币世界的中心是纽约。"货币在哪儿?"这个匿名的作者说,"正是在纽约。"这种逻辑接着给中西部和南方的

---

[1] 尤指利用情绪或偏见煽动民众,以期获得领导地位及达到私人目的的人。——译者注

忠实信徒们提供了"不可辩驳的"证据:"在纽约贷出的这种货币来自何方?来自这个国家中货币最缺乏的那些地方……货币都在纽约。出去到农业各州到处走走,你们将不会找到它。走进静悄悄的工厂区域,你们也不会找到它……沃伯格联邦储备系统(Warburg Federal Reserve)已经使这个国家通货紧缩。"[8]

这些文章还瞄准了受犹太人"威胁"所支配的美国人生活的其他方面,但是,那些以银行家们和金融为攻击目标的文章将对证券市场和期货市场的命运产生持久的影响。尽管它们的语调似乎是为了使这些文章只适合于激进的团体,然而正是刚提到的激进的团体在20世纪20年代取得了与他们的会员资格和攻击性观点完全不相称的权力。在这个时期,由于除了棉花市场管制外几乎不存在任何联邦立法控制证券与期货市场而使金融中心易受攻击,这些文章为那些复杂问题提供的简单答案在某种程度上成为农业反对华尔街和拉萨尔街的战斗口号。虽然华尔街和拉萨尔街上没有谁曾经听说一些将在20世纪20~30年代期间把他们的生活搞得很不舒服的农业政治家的名字,但是,要不了多久,他们就会对这些政治家的名字和那些丝毫不能容忍银行家、交易商和投机者的煽动性意识形态变得非常熟悉。

战后,始于威廉·詹宁斯·布赖恩、续于伍德罗·威尔逊的进步主义传统开始烟消云散。然而,一小撮改革者依然留在南部和中西部,他们继续维持这个传统,主要方式是攻击任何起源于纽约、对他们本州农业或工业造成影响的事情。这些留在家乡的激进分子的范围广泛,包括1913年初次当选的、来自内布拉斯加州的共和党人参议员乔治·诺里斯(George Norris)。在20世纪20年代早期,他拒绝允许亚拉巴马州马斯尔沙洲发电站项目(The Muscle Shoals, Alabama power project)落入亨利·福特手中,并且他是在总统富兰克林·D. 罗斯福(Franklin D. Roosevelt)[1]第一个任期内建立的田纳西流域管理局(Tennessee Valley Authority)的总建筑师之一。虽然名义上是一名共和党人,但是诺里斯经常不分对象地与赞同其进步主义观点的人结盟,这使他遭到共和党的忠诚分子的咒骂。他的谦逊帮助他不止一次地躲过说他是党的叛徒的指责。当被问及如果他继承了100万美元将做些什么时,他回答说:"我想知道走进餐馆不用看菜单上的价格就订上一桌最昂贵的饭菜的感觉如何。"仅次于罗伯特·拉福利

---

〔1〕 富兰克林·D. 罗斯福(1882-1945年),于1933~1945年任美国第32任总统。——译者注

特(Robert La Follette),诺里斯是第一次世界大战后最著名和最受尊敬的进步党人。

这个团体的其他成员包括纽约州的费奥雷洛·拉哥地亚(Fiorello La-Guardia)(其中唯一的众议院成员)、爱达荷州参议员威廉·E. 鲍拉(William E. Borah)、北达科他州参议员杰拉尔德·P. 奈(Gerald P. Nye)以及加利福尼亚州参议员海勒姆·约翰逊(Hiram Johnson)。特别是约翰逊,一直是共和党方面的眼中钉、肉中刺。约翰逊认为哈丁(Harding)、柯立芝(Coolidge)[1]以及(特别是)胡佛有点软弱无力和弱智,尤其是在国际事务方面。约翰逊是加利福尼亚州的前任州长,曾经被取了个"参议院的孤狼"的绰号。他的行为准则的个人主义特性是如此之强,以至于在1920年总统选举中,他拒绝做沃伦·哈丁的竞选伙伴,尽管党员们告诉他在副总统职位与总统这一顶级职位之间只隔着微弱的生命线,并且不那么拐弯抹角地提到了哈丁的健康有些说不准的事实。约翰逊是西奥多·罗斯福的知己朋友,罗斯福对这个加利福尼亚州的参议员极为尊重。对约翰逊来说,他对罗斯福的继任者评价不高,他把威廉·H. 塔夫脱(William H. Taft)称为美国历史上最可怜的人物。激进的共和党人不把对党的忠诚置于原则之上。

这个促进农业利益的激进团体的另一个成员是爱荷华州的参议员史密斯·布鲁克哈特(Smith Brookhart),一位时时处处看到阴谋的朴素且脚踏实地的政治家。1869年,他出生在密苏里州,在10岁的时候随家人搬到爱荷华州。他原先是一名教师,在晚上学习法律并在1892年通过律师职业考试。作为一名富有献身精神的禁酒主义者,他不是那么特别成功地涉猎了地方政治活动,但在众议院和参议院议员候选人提名会上都未能获得提名。在20世纪20年代早期严重的农业衰退期间,他终于成功地赢得了美国参议院选举。他写给其支持者、参议员罗伯特·拉福利特先生的信让人们察觉到了他所流露出的激动情绪,在信中,他把候选人提名会上他的共和党对手们描述成"一铁罐蚯蚓,全都爬出来挖土,然后爬到看不见的地方,但是它们全都是装在同一个鱼钩——华尔街的无党派联盟——上的鱼饵"。⁹

---

〔1〕哈丁(1865—1923年),1921~1923年任美国第29任总统;柯立芝(1872—1933年),美国第30任总统,1923~1929年在位,哈丁总统死后就职。他极力保护工商业并鼓励投机买卖,造成了20世纪20年代股票市场的繁荣,但随之发生了经济崩溃。——译者注

在参议员竞选中被布鲁克哈特击败的人,把1922年当选的布鲁克哈特贬为"对经济一窍不通的人"。布鲁克哈特的中间名字是"维尔德曼"(Wildman)[1],这是在他竞选参议员职位时,他的对手们喜欢使用的一个名字。作为金融和华尔街的一个坚定的反对者,布鲁克哈特一直在为大众的经济权而斗争。有一次,在华盛顿的一次宴会上,当发现自己坐在库恩·列奥公司的奥托·卡恩与 J. P. 摩根公司的 E. E. 卢米斯(E. E. Loomis)之间时,他说:"我是那儿唯一一个穿得像美国公民的人。"他的竞选干事评论说:"在对某些经济方面的问题的看法上,我认为他比落满整整一棵树上并发出枭叫声的猫头鹰还要疯狂。我怀疑他是否有建设性的能力。"[10]他自然而然地选择了农场事业并用愚蠢的想法推动事业,不仅包括他自己的事业,而且包括农场主们的事业,这符合他的本性。在政治上,他是一名共和党人,但这是就"共和党"这个词的诺里斯意义而言的——实际上,他是一个更喜欢进步党头衔的无党派者。布鲁克哈特的参议员同僚乔治·摩西(George Moses)给这个团体的全体成员取了一个令人不快的绰号——"野驴之子"。

三K党和共和党内的禁酒主义者势力在1928年总统竞选中受到强烈谴责。民主党总统候选人、纽约州州长阿尔·史密斯(Al Smith)指责摩西在选举中把他的天主教(Roman Catholicism)信仰作为争论的问题。在纽约的一次竞选集会上,在谈到三K党和一些禁酒主义者发动的攻击时,史密斯说:"因为我的宗教信仰,胡佛竞选班子中的东部干事摩西参议员,邮寄了一份在肯塔基州出版的庸俗下流的印刷品对我进行攻击,顺便说一句,超过2 000万名美国公民与我有着共同的信仰。"但是,他与反对党共同面对的政策问题集中在农业政策上。"在当今美国,有多少人认识到,现今农场主被迫以大大低于每蒲式耳1美元的价格出售的小麦,所耗费的生产成本要达到1~1.72美元?"[11]

20世纪20年代早期对于农场主们来说是一场灾难,这段时期促进了在此后很长一段时期内敌视期货交易所的政治气候的形成。已经从战争中复苏的欧洲农业生产的增长,增加了美国农产品价格下跌的压力。结果,农产品价格迅速暴跌。在1920年5月~1921年6月之间,一些商品的价格下跌了50%或者更多。这场衰退是多年以来最严重的一次。农场主们受到的损失最为严重。农业

---

[1] 中间名字即名和姓之间的名字。Wildman,字面意思为"野蛮人"。——译者注

收入显著下降,农业面临又一场危机。接踵而至的是,许多农场丧失了抵押品赎回权,由联邦政府授意的新的农业援助机构在应付全国各地的农业信贷银行的流动性需求方面忙得不可开交。中西部和南部的恶劣气候对这些问题的解决毫无裨益。农业利益促进者们没有把他们的困境全部归咎于期货交易商们,因为他们明白,价格已经高于战争年代的通常价格。然而,为农场主们提供信贷的问题将是1925年之后证券市场繁荣期间出现的议题。在多年来的政治攻击和反期货立法后,农业利益促进者们从未摆脱他们对华尔街和拉萨尔街的怀疑。

因不断加剧的农业萧条而灰心丧气,国会中的农业利益促进者们需要采取行动了。1921年初,在农业利益促进者们的敦促之下,众议院和参议院联合组成了后来以"农业集团"(Farm Bloc)而知名的跨党派议员集团,召集协调会议,讨论不断恶化的经济形势。所讨论的问题核心在于期货管制问题和农场主们可获得的信贷总额。最终的结果是通过了五项立法以缓解农场主们的窘况:其中三项对现有立法进行了修正,旨在为农场主们提供更多的——更容易的——信贷;第四项对包装食品生产厂和牲畜围场实行管制;第五项直接针对期货市场。

国会通过了《1921年期货交易法》(Futures Trading Act of 1921),对期货市场中一直存在的问题和不满意见做出反应。战争刚一结束,国会就再次对期货市场进行调查,听取关于管制期货市场的证词。在听证会上作证的一个人是前任粮食总署署长、沃伦·哈丁领导下的现任商务部长赫伯特·胡佛。因为胡佛有着在战争期间从事粮食工作的经历,所以委员们热切地询问他的意见。堪萨斯州的众议院议员、赞成对期货市场实行严厉管制的J. N. 廷彻(J. N. Tincher)详细地向他提问。然而,胡佛表露了对管制的实用主义的意见。他赞成交易所像以往那样继续营业,赞成允许投机者们继续交易。可是,他也的确赞成限制池内交易商可以完成的交易数量,以降低过度交易可能造成的价格扭曲的程度。此外,他拥护自由市场。

廷彻和堪萨斯州的参议员亚瑟·卡珀(Arthur Capper)发起了一项期货法案。两个堪萨斯州人在这项立法中充当先锋是合适的,因为正是堪萨斯州在第一次世界大战爆发前发起了证券管制方面的第一部蓝天法(blue-sky law)[1]。新法案仅仅适用于谷物期货交易。然而,该法案中以国会征税权为依据的一个

---

〔1〕 蓝天法是美国各州的证券发行、买卖控制法,是为防止公众购买假证券被欺诈而制定的法规。——译者注

有争议的条款不到一年就因违宪而被宣布无效。那一条款原先赋予国会对交割的谷物合约及它们的期权征税的权力。这一权力重新回到了南北战争期间对纽约黄金交易征收的黄金税上。最高法院裁决，按照这项法律规定的方式适用该条款是对国会权力的滥用，因为该税的运用方式往往是惩罚性的。[12]尽管如此，这并未阻止国会管制交易所的努力。

国会于1922年通过的另一部重新限制期货交易所自由的法律很快取代了上述法律。这一次，为了加强国会在州际贸易而不是征税方面的权力，通过了相关的法案用语。这部法律被称为《谷物期货法》(Grain Futures Act)或《卡珀—廷彻法》(Capper-Tincher Act)，它试图阐明那些只有内部人才充分了解的隐秘的市场囤积。这部法律要求交易所保持足够的价格记录，并将这些记录存放3年。它还禁止散布可能影响谷物价格的、关于种植业的虚假报告。交易商们必须报告大额头寸(large positions)，力图使池内交易更加透明。此外，这部法律将谷物期货交易限制在位于现货谷物码头(在那里，可以对交割商品进行检查验收)的商品交易所中。农业部长被授权负责监督受这部法律影响的交易所并成为它们的管制者。新法案刚一签署成为法律，沃伦·哈丁就明确表示："这部法律不妨碍商品交易所中的套期保值交易。它也不妨碍一般的投机……然而，如果有非法操纵的迹象，或者企图垄断市场……这样的行为将受到调查并根据这部法律的要求迅速加以处理。"[13]

期货交易商们自然不喜欢这部法律。对交割方法和可交割等级的经常性的违反，与价格操纵一起，是引起这部法律产生的主要因素。它显然不是共和党施政的产物，而是由形形色色的农业利益促进者、进步党人以及民主党人所组成的联盟的产物，后者将这部法律视为最终对期货市场强行实施某种规定的良机。尽管它有不足之处，但是这部法律仍然是过去曾多次不成功地发动的、取得了对期货市场和(间接地对)证券市场一点点控制的"战争"中的第一场炮火。它的支持者们声称，制定它的目的只是为了赋予市场更多的功能，为了在发生操纵的情况下提供救济。

芝加哥期货交易所起诉美国政府，请求法院裁决该法律不适用于它，但是被地方法院驳回。然后，它上诉到最高法院并再次被驳回，但法院从容不迫地评论了期货市场的状况："通过期货交易囤积谷物已经不像1900年以前那样频繁，归因于……商品交易所关于期货的规则更加严厉，也归因于《谢尔曼反托拉斯法》

(Sherman Anti-Trust Act)……然而,从那以后它们看来的确并不经常发生。"[14] 尽管如此,法院还是不愿在法律条文的任何特别解释问题上放过它。

新法律中关于可能影响价格的虚假信息的条款是引起反响最强烈的部分。《纽约时报》评论说:"在通过法案的时候,(农业)部门关于产量丰足的报告打压了小麦市场。现在,关于(比利时和德国之间的)战争的报道又抬升了它。如果部门报告属实,那么它将受到惩罚吗?如果战争报道是不真实的,那么谁将受到惩罚呢?"显然,这一法律用语实在是太模糊不清了,难以严格执行,但是该报承认,法案中涉及错误信息的这部分获得通过,是因为农场主们的愿望——尽管事实上,在期货市场运作了 70 年之后,他们显然依然未充分了解期货市场的功能。"农场主们正设法像'捆猪'似地钳制住期货交易所,因为他们不了解它们。"该报纸总结时用了一个农业方面的比喻说法。[15]

尽管农产品价格在 20 世纪 20 年代晚期是平稳的,但是在给许多人留下苦涩回味的 1920~1921 年的经济衰退之后,财富又得而复失。《谷物期货法》努力抑制的那种流言已经迫使小麦价格涨到了每蒲式耳 2.00 美元。1924 年,关于世界范围内小麦短缺的流言迫使价格上涨,美国农场主们由于当时中西部的小麦丰收而获益。投机人士开始买进小麦,在市场价格已经很高时,他们像谚语中所说的那样从跳板上飞跳下来。〔1〕接着出现的是不可避免的价格下跌。一位时事评论员评论说:"危机的前景所导致的疯狂投机,推动价格大幅上涨了 25~30 美分,那儿常有雷鸣般的大声疾呼:调查交易所!"[16] 公众的反应不是太离谱。

最初的《1921 年期货交易法》的违宪部分有效地摧毁了已经存在多年的期权市场。对《谷物期货法》的规定有一个不同寻常的反应。一些投机者开始退出芝加哥交易池,到其他地方寻找更翠绿的牧场。哪怕只有一点点政府管制的迹象,他们也受不了。那个时期最著名的一个小麦交易商是亚瑟·W. 卡顿(Arthur W. Cutten)。他是最优秀的池内交易商,是哈钦森、莱特和帕腾传统的值得尊敬的继承人。1870 年,卡顿出生于加拿大安大略省圭尔夫市(Guelph, Ontario),在进入交易池之前,他在芝加哥的一家五金店中担任信差,度过了他的青少年时期。1897 年,他购买了芝加哥期货交易所的一个席位,进入交易池。卡顿是所有交易商中最守口如瓶的一个,他对自己的私事从不愿多言,以至于《名

---

〔1〕 比喻冒险行事。——译者注

人录》(Who's Who)中有关他的词条总共只有两行。他所愿意提供的一切内容只是他的姓名、出生地和社会保障卡号。他几乎从不谈论自己的私事或者交易头寸。除了交易池中的一些人看出他杰出的才能外,这个中等个头、身材瘦弱的男子已经完全融入了拉萨尔街之中。在1924~1926年间,人们普遍认为,他在玉米交易池中赚得了1 500万美元。这样一大笔的利润既引人羡慕,也招来令人讨厌的关注。

在两部期货法获得通过之后,卡顿开始从芝加哥期货交易所抽身,成为证券市场的一名主要投机者。他被公认为证券市场上的十大投机商之一,成为像杰西·利维摩尔(Jesse Livermore)、本·史密斯(Ben Smith)以及迈克尔·米汉(Michael Meehan)那样的传奇人物中的一员。在他刚退出芝加哥期货交易所时,他的财富据说在7 500万美元左右。在证券市场行情上涨期间,其财富显著攀升。他在一些股票——如美国无线电公司(RCA)、蒙哥马利·沃德公司(Montgomery Ward)和美国钢铁公司——上积聚了巨额头寸,这些股票在此期间受到了联合投资基金(investment pools)交易活动的强力支撑。他与杰西·利维摩尔之间的钩心斗角表明,过去公然投机的大好时光并没有结束,只不过进入了最新的阶段。

大大出乎人们意料的是,卡顿开始放弃(至少是暂时放弃)芝加哥交易池并转向纽约,而利维摩尔则正好相反。他们之间的竞争令人回想起多年以前莱特与阿默之间的竞争。卡顿被吸引到纽约,是因为那里的证券交易所受到的管制比期货市场的要少。而利维摩尔被吸引到芝加哥就比较奇怪了。关于卡顿的交易利润的消息一泄露,许多东部的交易商们就开始注意交易池,尽管有《谷物期货法》,但交易的利润还是非常诱人,气氛依然是随心所欲的。

1924年,在卡顿的影响下,利维摩尔开始在芝加哥期货交易所交易小麦。卡顿当时积聚了大约2 000万蒲式耳现货小麦并控制了大量远期交割合约。利维摩尔也开始收集,并且引起了池内交易商的愤怒。被认为是曾经收集到的数额最大的卡顿的巨量的多头头寸,在芝加哥引发了一场大规模的投机狂欢。很快,每个人都在买进小麦,包括小投资者们,都处于一种几年之后将会在华尔街看到的癫狂状态。随后,在1925年,当卡顿正在佛罗里达州度假时,市场突变,小麦价格开始急剧下跌。1925年4月3日,星期五,成为芝加哥的"黑色星期五"。在当天交易的几个小时内,小麦价格下跌了16点。谣言很多,据说利维摩

亚瑟·卡顿［西摩·马库斯（Seymour Marcus）绘制］。

图 2.5

尔发起了一场空头袭击并卖空了500万蒲式耳左右。然而,卡顿依然坚定不移,紧随着下跌的价格继续买进。他的坚定不移在此后不久就给他带来了盈利,他卖掉他的头寸而获得了数百万美元的利润。无论如何,整个事件还是笼罩着一层神秘的色彩,也没有人能够完全揭穿"黑色星期五"的交易对他造成了怎样的影响。

芝加哥"黑色星期五"造成的影响之一过了很长时间才得以体现。在急转直下的当日价格变动之后,芝加哥期货交易所同意在交易池中实行每日价格涨跌停板(price limits),对每一种商品都规定了每日可以交易的价格变动范围。如果价格下跌到价格变动的范围之外,那么交易将被终止,除非那些人愿意在价格变动范围之内交易。设计涨跌停板是为了给市场提供一定的秩序,让交易得以结清。通过保证价格在交易日剩余时间内在一定的范围内运行来避免恐慌,至少可以暂时避免恐慌。虽然设立涨跌停板是为了保护池内交易商们,但是直到1935年10月涨跌停板才得以完全实施,这其中又花了10年的时间。

虽然早在1923年卡顿就涉猎股票,但是他所取得的成功,其中大多数是通过卖空获得的,按照华尔街的标准还不是巨大的。1928年,利维摩尔再次卖空了许多据说是卡顿正持有的股票,但给卡顿造成的损害是轻微的。1929年证券市场崩溃发生时,卡顿的账面亏损大得惊人,达5 000万美元之多,尽管他的账户中依然有价值同样惊人的1亿美元。只是在市场崩溃之后,在华尔街的交易活动急剧减少时,他才重新回到交易池中。他的成功和辛劳一直延续到20世纪30年代。利维摩尔于1940年自杀,在其遗嘱中只留下了大约1万美元。

在阿默去世许多年后,卡顿曾经购买了阿默公司的全部股份。也有报道说,他仅在蒙哥马利·沃德公司股票上就赚了1 800万美元。而用于购买该公司股票的资金是当初在交易池中赚得的。当他最后一次在芝加哥期货交易所出现时,他提出小麦价格在1924年底将从每蒲式耳1.70美元上涨到2.00美元以上,从而导致市场紧随着加尔文·柯立芝(Calvin Coolidge)[1]的当选而强劲上涨。他对这场市场变动的辩解以及他少有的公开评论是,公众不应该参与交易池中的游戏,因为这个市场充满了太多的陷阱。他承认:"如果我有儿子,我会让

---

〔1〕 柯立芝(1872—1933年),美国第30任总统,任期为1923~1929年。——译者注

他碰也不要碰它。自称为经纪人[1]的人们,其实他们只不过是那个称呼的一部分——一文不名的那一部分。"¹⁷

1922年,卡顿蒙受了类似于莱特在哥伦比亚特区华盛顿他的家中遭遇到的抢劫那样的侮辱。事实上,许多具有传奇色彩的池内交易商都是抢劫案例中的受害人。例如,哈钦森曾经回忆起在芝加哥的大街上遭遇几个暴徒抢劫的事情,这些家伙已经准备伤害他,直至他告诉他们他是谁后才罢手。虽然哈钦森的故事可能经过添油加醋,但卡顿事件还是成为20世纪20~30年代更富有交易池传奇色彩的素材。

卡顿和他的妻子,还有他的兄弟和几个佣人一起,在家中遭到抢劫。盗贼们带着价值20 000美元的珠宝、一些现金以及卡顿酒窖中的25箱威士忌逃走了。绑好他的妻子、兄弟和佣人们之后,盗贼们把卡顿锁在地下室中的贵重物品储藏室里,他差点在那儿被闷死。把他锁在储藏室中的行为激怒了这位交易商,他发誓要找到这帮盗贼,把他们送交法院审判。"那是一种不必要的、没有好处又残酷的虐待,"他怒斥道,"我当时就发誓,如果需要,我将耗尽我所能支配的每一美元,把他们送到适合他们待的地方——监狱。"借助于私人侦探,卡顿将这帮盗贼全部缉拿归案并就他们所犯的罪行提出诉讼,尽管完成这件事情花了8年多时间。这一事件显示了卡顿所具有的使之成为交易池传奇人物的那种顽强的决心。然而,他最重要的战役将在一个更熟悉的场所打响。

真正引起卡顿公开回应的一个话题是所得税问题——对期权交易规定的普通税和特别税。1924年,他被认为是芝加哥最大的纳税人,向美国国内收入署(The Internal Revenue Service)支付了差不多550 000美元。对这种税,他愤怒地做出反应,表示"我在一年之中赚多少钱不关任何人的事,我怎么赚钱也不关谁的事"。对期权交易征税尤其令他恼火,他明确表示:"这项法律是对人权厚颜无耻的侵犯,应当予以废除。"¹⁸两年之内,他就会满意了。

1926年,一宗讼案递交到最高法院,最高法院把期权市场从税收阴云中解救出来。一名密苏里州的交易商起诉国内收入署,要求赔偿他根据《1921年期货交易法》支付的每蒲式耳20美分的期权税,主张该税是违反宪法的。当该讼案被最后递交到最高法院时,形势已经变得很明朗,充满政治性质的抑制市场的

---

[1] "经纪人"一词的英文为"broker",而"broke"的含义则是"一文不名的",从字母组成看,"broke"是"broker"的一部分。——译者注

企图正变得不合时宜。法庭多数意见的起草者、最高法院法官詹姆士·麦克雷诺(James McReynolds)支持交易商的主张,他陈述道,"征收的这种税款是罚款而绝不是严格意义上的税款"。[19]国会已经超出了它的权限,于是这项法律被宣布违宪。尽管判决在案件发生很久之后才宣布,《谷物期货法》已经施行,但市场还是把它看作池内交易商之间的期权交易可以随意进行的信号。

期货市场做出了预料之中的反应。芝加哥期货交易所两天之内就做出决定,积极地重新推出了看跌期权和看涨期权交易,反应迅速地规定了一套统一的期权佣金以及正常的交易时间。当法庭的裁决宣布国会征税的权力不包括处罚期权交易商或期货交易商的权力时,在农业利益促进者和进步党几十年来企图废除期权交易之后,期权交易之门终于打开了,期货市场很快开发出新一代的衍生品,以帮助池内交易商和其他大宗批发交易商。如同在20世纪将出现的其他很多情况,期货市场证明了它们自己在对新发展的反应方面比管理者们要灵活得多,适应性也要强得多。限制旧的交易惯例或交易品种往往只会招致新的交易惯例或交易品种,国会和行政机构到时候将不得不冒着更加跟不上步伐的风险去弄清楚它们。

形势正在好转

在经济衰退于1921年结束之后,农产品价格开始下跌,这让农场主们感到愤怒和灰心丧气。战争年代对农产品价格是有利的,尽管一些食品的价格被冻结了,但那时的价格仍是1914年价格的两倍。农产品价格急剧下跌,反期货的呼吁声再次从农业区各州传出。1923年夏季,要求哈丁召集国会特别会议研究小麦形势的压力正不断增强。布鲁克哈特和北达科他州的参议员埃德温·拉德(Edwin Ladd)带来了这种压力。作为自由市场的倡导者,哈丁抵制了这种压力。拉德对小麦投机者们特别不满,他谴责他们制造了价格滑落。"价格下跌显然可以归因于小麦投机者,"他说,"他们的目标是显而易见的。他们成功地与要限制他们行为的立法斗争了30年。"据他看来,一年前通过的新期货法在对他们进行限制方面做得不够,而卖空则是他们对新管制的回应。"在最近3个月期间,在通过大量卖空并压低小麦价格方面,他们的系统运转得非常巧妙……"他陈述道,重弹着农业利益促进者关于池内交易商动机的老调。[20]拉德在说出这番话后一年之内就死了,但布鲁克哈特后来在20世纪20～30年代又几次重提这种论调。每当价格下跌时,代表农业利益的激进分子们就要谴责空头们。在他们看来,市场机制和人类本性应当对他们的困境负责。给投机者们提供投机工具,他们就会破坏他人的经济福利,所有这些都是以个人利益为借口的。自从19世纪70年代以来,这种批评就没有改变过,但是从20世纪20年代早期开始,一个事实的确出现了。这就是,将在整个20世纪30年代折磨这个国家的萧条已经开始在农业领域出现,并且看不到任何缓解的迹象。

20世纪20年代,科技进步促进了农业生产效率和产量的提高。然而,农业的盈利能力则是另一回事。农业收入在1920年后转为水平运行并且在以后的十余年里维持在低位。当时,没有人把这种现象看作深层次的结构性问题,而大多数政策制定者则认为,农业将会在适当的时候好转。期货交易所也在膨胀,新市场雨后春笋般地涌现,与19世纪已经建立的老市场展开了竞争。禁酒令的影响给商品价格增加了未知因素。《沃尔斯泰德法》(Volstead Act)规定酒精饮料的生产属于非法的,从那时起,非法制售酒精饮料的活动就猖獗起来。大多数非法制售的酒精饮料都是用玉米或者从木材中提炼出来的更强烈的工业酒精为原料制取的。许多传统商品的需求——至少是合法的需求——开始呈现不稳定的特点,它们的价格因此不停地变动。正如阿尔·史密斯在1928年总统竞选中注意到的,加拿大马尼托巴省(Manitoba)温尼伯市(Winnipeg)的谷物价格比美国的高,表明酒精饮料制造业已经转移到美加边境以北的加拿大,而最终产品则被走私到边境以南的美国。在城市,酒的消耗量很大。当禁酒令在农村地区造成较严重的影响时,芝加哥和纽约的地下酒吧却繁荣兴旺起来。阿尔·卡蓬(Al Capone)[1]轻易地就追上并超过亚瑟·卡顿,成为芝加哥最成功的商人,年收入据估算在7 000万～10 000万美元之间。

20世纪最初的10年,另一个芝加哥的期货交易所在经历了20年的默默无闻之后浮出水面。芝加哥产品交易所(Chicago Produce Exchange)从其1874年创立伊始已经慢慢地成长起来。像许多交易所一样,该交易所的成长归功于科技发展。铁路冷藏车厢的出现使得易腐烂商品的大规模运输首次成为可能。以前,黄油和鸡蛋在本地的小型农场生产,只能把它们运送到非冷藏运输工具在尽

---

[1] 卡蓬(1899—1947年),意大利裔美籍匪徒,曾严厉地统治芝加哥黑社会,因逃税而被监禁。——译者注

可能短的时间内可以运送到的地方。当冷藏车厢的运用变得普遍时，即使不能在全国范围内也能在地区范围内销售这些易腐商品了。从此，小规模的、没有生气的芝加哥产品交易所就泰然自若地步入了成长的新纪元。

像芝加哥期货交易所一样，芝加哥产品交易所从未交易谷物。结果是，在冷藏车厢普及以前，它一直处于了无生气、停滞不前的状态。在产品交易方面的无利可图导致它在1878年中断了交易，并且直到1882年，该交易所一直处于交易停顿状态。后来，它开始鸡蛋合约交易。在接下来的10年中，它非正式地运作，就每日价格对会员进行民意测验，但实际上从未允许市场公布从场内交易商的交易中获得的交易价格。1894年，芝加哥的所有黄油和鸡蛋交易商们终于加入产品交易所的交易活动中，价格变得更加统一、更能够反映市场状况。一年后，交易商们在产品交易所内部组建了产品交易所黄油和鸡蛋交易部（Produce Exchange Butter & Egg Board）。交易很快膨胀，合约吸引了投机商们。产品交易所效法芝加哥期货交易所早先的做法，随后决定交易大厅不对所有人开放，只对其认可的交易商开放，使无所不在的投机商号经营者不能靠近交易大楼。

对产品交易所来说幸运的是，许多芝加哥期货交易所遇到的问题从未扩大到超出它自身交易大厅的地步。垄断产品交易所市场的想法是不切实际的，因为黄油和鸡蛋太容易腐烂变质了，从而不可能囤积它们。尽管采用冷藏方法，它们的预期使用期限还是要比谷物的更短。不幸的是，在交易所的黄油交易商们中间有着不同的看法，这导致了一场"兵变"。对于哪种产品应当在交易所中优先，黄油交易商们长期以来一直与人造黄油制造商们不和。人造黄油是一种黄油的替代品，它的制造商们认为它是一种有效的、可交付使用等级的黄油。争论在行业内部导致了巨大的意见分歧，当不可能找到任何解决办法时，最早的一批黄油和鸡蛋交易商于1898年退出芝加哥产品交易所，组建了芝加哥黄油和鸡蛋交易所(Chicago Butter & Egg Board)。虽然只有少数会员，但是一些在产品和肉类加工企业中最知名的公司，包括斯威夫特(Swift)公司和阿默(Armour)公司〔1〕，都是其会员，这有助于确保新交易所获得成功。[21] 1919年该交易所停止运营，更名为芝加哥商品交易所(Chicago Mercantile Exchange, CME)，显然它企图与芝加哥期货交易所一样获得成功。

---

〔1〕 斯威夫特(1839—1903年)，美国肉类加工商人，1877年，他第一个采用铁路冷藏车厢。阿默(1832—1901年)，美国实业家，在肉类加工业颇有影响。——译者注

20世纪20年代,由于经济高涨,全国不同地区的交易所之间的竞争处于白热化。1926年,纽约农产品交易所(New York Produce Exchange)宣布,它将开办谷物期货市场,以与中西部的交易所竞争。谷物交割将在布法罗进行,因为纽约远离那些比较老的谷物交易所委托的交割场所。直到20世纪20年代末,芝加哥期货交易所和芝加哥商品交易所交易的商品一直与在纽约交易的那些商品非常相似。为了平息对其市场完整性的担心,芝加哥期货交易所采取了重大的措施,在1926年创立了期货交易结算公司(Board of Trade Clearing Corp)。组建这个独立的公司是为了保证要求交割的所有交易商都将获得承兑,这是一种将成为所有期货市场必不可少的要素的新生事物。通过创建独立的交易结算中心,交易所确保交割独立于早先开价的交易商们。如此做法象征着期货交易商的风险的重大转移,是交易所的主要制度化成就之一。虽然结算中心是由交易商的认捐提供资金的,但在其他方面仍然是独立的。虽然狐狸没有完全离开鸡舍,但至少它不再卖入场券了。

漠视贫困?

由于农业收入问题所导致的美国农业区与其他地区之间的紧张状态在20世纪20年代期间开始加剧。尽管1922年后消费开始激增,但是农场主们并未分享到这种繁荣。相反,他们经常要对付干旱、虫灾和价格波动问题。美国正在迅速地城市化,但是农场生活几十年来几乎没有变化。二元结构的美国正在形成。富人阶层和发展中的中产阶级在整体经济状况上要比工人阶级和农场主们好得多。富有的和处于中产阶级的美国人正以创纪录的数量购买着收音机和汽车,而处于工人阶级的美国人还在为微薄的收入苦苦挣扎,农场主们则绝望地固守着他们的农场和他们的生活方式。农场上的不满情绪导致20世纪20年代期间诸如史密斯·布鲁克哈特这样的煽动性政治家当选。经过10年的发展,在核心地带,即使是稍稍具有平民党倾向的政治家们,也开始听起来越来越像平民党了。

在20世纪20年代初的价格波动后,商品市场开始了一轮长周期的疲软。在1925~1929年间,大多数农产品的价格只有略微上涨。小麦价格实际上下跌了,而其他农产品的价格仅仅与通货膨胀持平。农业利益促进者们认为这个问题的答案很简单,他们在国会和新闻媒体上描述农场主的悲惨遭遇时慷慨陈词。对他们来说,20世纪20年代的证券市场繁荣正从农业部门抽取资金,转而把它转移到纽约。而且,当小麦价格暂时高涨时,偶然发生的小麦空头袭击却不能帮助农场主摆脱困境。

同一时期,证券市场繁荣正将人们的注意力转移到华尔街。虽然农场主们面对着毫无生气的价格,但股票价格却开始了势不可挡的攀升。当然,在农业普遍萎靡不振期间,证券市场出现反弹已经不是第一次了。许多股票的购买都是通过保证金进行的,而经纪人和银行正在尽可能迅速地为投机商创造可出借的基金或者活期借款。另外,许多非金融公司在了解到经纪人贷款支付双倍于短期资金市场利率的利息之后,也把它们的现金投放到市场中。经纪人的客户们正大声疾呼要求获得信贷以购买股票,而经纪人获得活期借款并不难。然而,由于得不到任何可用现金,需要贷款用于新土地或购买设备的农场主却处于极端的困境中。对银行家和东部人的怨恨情绪再次开始在中西部达到最高峰,其强烈程度是自19世纪以来所未见的。

20世纪20年代的农业利益促进者们是一个松散的团体,但是他们全部拥有一个同样的目标——保护农场主,使之免受银行家和投机商的侵害。他们是共和党当局认为有些疯狂的一个全然不同的团体。在经济繁荣时期,他们的观点实际上得不到理睬,即使他们代表着一批不容忽视的、具有牢固的政治根基的广泛支持者。取缔期货交易所的要求听起来显然是不合时宜的。这些要求在19世纪没有引起注意,而在20世纪也绝无可能完成这样一个激进的任务。然而,这不妨碍农业利益促进者们努力实现他们的目标。美国正在迅速地城市化,而农场主们共同发出的声音正变得越来越遥远。因此,在偶尔听到他们的声音时,这种声音就显得非常尖锐。

两项反期货法案被提交参议院辩论。这两项法案都是由一位期货交易的长期反对者、阿肯色州的参议员撒迪厄斯·卡拉威(Thaddeus Caraway)提议的。一项是对棉花期货交易征收寓禁税(prohibitive tax)[1];另一项是完全取缔所有种类的期货交易。两项法案都未获通过,表明公众对期货市场不感兴趣,尤其是当证券市场正在上升之时。即便是通常站在反期货立法一边的更激进的国会

---

[1] 寓禁税,规定极高的税率以通过征收达到禁止目的的税。——译者注

议员们，本身也正忙于证券市场事务。爱荷华州的布鲁克哈特，一位本州利益的狂热的捍卫者，对全国信贷分配的关心超过了他对期货立法的关心。他在第二部期货法案成为法律之后就职，因此他看到的这部法律的首要问题是华尔街对农场主们的影响。当时，他居然呼吁由农场主们接管联邦储备系统而不是继续由银行家们控制。活期借款市场特别使他担忧，因为它满足了对金融市场表现出兴趣的其他许多人的需要。提供给农场主们的信贷在1925年后显著减少了，农业利益促进者们指责华尔街转移资金，否则这些资金就可以用于农业信贷系统。布鲁克哈特建议联邦储备系统提高它对成员银行规定的存款准备金标准，以使更多的储备金掌握在地区的联邦储备银行手中。他推断，更紧的存款准备金标准将使得较少的资金流入活期存款市场。即使证券市场泡沫破灭，中西部的地方银行也会得到保护，从而免遭任何必将出现的经纪人造成的破产的损害。当这种想法未能引起人们的兴趣时，布鲁克哈特转而提出阻止他所认为的过度投机的能够经受时间考验的方法。他建议应当拒绝未能遵守他提议的联邦储备系统规则的州银行利用公共邮政服务。他宣称："如果不采取类似于这样的某种措施，那么我们马上就会面临世界历史上最大的经济恐慌。"[22]

在1929年证券市场崩溃后，当他成为调查崩溃原因的参议院委员会的成员之一时，他的那种夸大之词，使他看上去有一些先见之明。尽管他的建议中没有一个被证明是成功的，但是它们却清楚地表明华尔街与这个国家的其他部分之间的传统隔阂像以往一样大。这个问题部分可以归因于这样的事实，即尽管公众持续而强烈地反对期货交易所，但是他们的态度开始变得比较温和。1927年，当伊利诺伊州议会开始对芝加哥期货交易所进行调查并揭示出池内交易商的更多诡计时，公众对芝加哥期货交易所的支持是适度的，因为一些农场主承认，如果时机选择碰巧是正确的，那么池内交易商们引起的偶然的谷物价格飞涨可能对他们有好处。虽然交易所不是对每一个人都有吸引力，但它也没有像国会中的农业集团愿意相信的那样受到农场主们的严厉谴责。

在对联邦储备系统于1929年冬季期间出现的证券市场繁荣所起的作用进行辩论时，同样的敌意在参议院议员席上是明显的。亚拉巴马州保守的J. 托马斯·海弗林(J. Thomas Heflin)咆哮说，华尔街是"世界上最臭名昭著的赌博中心……路易斯安那州的彩票涮了几百人，而纽约州的赌博交易所则使几十万人一文不名"。[23]让证券交易所和期货交易所安心的是，这些评论多半没人理睬。

代表农业利益的激进分子看来似乎缺少必要的追随者把这些观点转化为富有意义的立法。从事农业的人口不到10%，而这10%中的3/4是家庭经营农场的成员。"野驴之子"——海弗林、布鲁克哈特、诺里斯、诺贝克(Norbeck)和爱达荷州的参议员威廉·E. 波拉哈以及参议院中的其他一些志同道合的核心人物——代表着拥有少量人口且以农业为其主要职业的各州。他们处于主流之外，作为一个团体对公共政策取向没有直接的影响。然而，通过他们一贯的压力，他们坚定地捍卫他们的支持者们，以使其免遭他们察觉到的华尔街和拉萨尔街一伙人所作所为的伤害，这种努力在20世纪20年代推动了反期货立法。

20世纪20年代，农场主们还有另一个同盟者，这个同盟者被证明是比代表农业利益的平民党人更持久、更令人尊敬的朋友。这个同盟者就是亨利·A. 华莱士(Henry A. Wallace)，他1888年出生在爱荷华州，1910年毕业于爱荷华州立大学(Iowa State University)。刚一毕业，他就加入《华莱士农场主》(Wallace's Farmer)杂志成为其职员，这是一份由他的父亲、在哈丁和柯立芝手下担任农业部长的亨利·C. 华莱士(Henry C. Wallace)管理的家庭杂志。该杂志在中西部拥有广泛的读者，而年轻的华莱士不久就成为一名受人尊敬的新闻记者和农业经济学家。他准确地预测了1920~1921年经济衰退所导致的价格下跌，并在1924年接替他的父亲担任了杂志主编。1928年，由于对共和党内的明争暗斗感到厌恶，他转到了民主党。在20世纪20年代目睹农场主们的悲惨遭遇后，他成为他们坚定的同盟者。

最让华莱士心烦意乱的一个趋势是20世纪20年代农业危机期间从农场向城市的移民。"大工业体系正让我们失控，"他写道，"不久我们将碰到这样的情况，即每有一个人靠务农为生，就要让四五个人居住在城市。该是美国人民驻足自问他们究竟还要沿着这条路走多远的时候了。"[24]华莱士接受了鼓励农场主们继续留在土地上维持他们的传统的挑战。富兰克林·D. 罗斯福一当选总统，就在1933年提名华莱士担任农业部长。华莱士自此就一直待在这个职位上，直到1940年成为副总统。

农产品价格依然止步不前，尽管为数不多的几次价格飞涨的确使池内交易商们受益，但是20世纪20年代后期没有产生像证券市场那样的泡沫。但是，这不可归因于信贷的缺乏或者华尔街策划的挤轧空头。受卡顿传奇的囤积故事的诱惑，小投资者们涌上拉萨尔街，数量相当大的散户资金流入交易池中，尤其是在20世纪20年代末。农业问题无疑是生产过剩。大多数谷物在它们的顶峰过去10年之后依然以战时的水平在生产。尽管事实上价格相对较低,产量还是继续以稳步增长的速度在增长。崩溃正在出现,不仅在华尔街而且也在期货市场上。情况是相似的,只是在溃退之前价格在期货市场上保持着更低的水平,这有助于减轻对交易商们的打击,因为价格不是从类似泡沫的水平上下跌的。

灾难的先兆

20世纪20年代,尽管农业价格是平稳的,但是产量增长强劲,这有助于农业问题的缓解。所有交易所的交易量都增加了,从而繁盛起来,并继续成为它们所在城市的骄傲和证券市场的中西部竞争对手。特别是芝加哥期货交易所,更是格外富足,享尽了繁荣。它拆除了其1885年建造的总部,搬进了1928年建造的新住所。老的建筑常常被描述为昏暗的建筑,弗兰克·劳埃德·赖特(Frank Lloyd Wright)[1]称之为"面貌难看的怪物"。新建筑令芝加哥市民引以为豪,像原先的建筑一样,它让人们回想起过去岁月的战争故事。"对交易、需求与供给、期货与对冲一无所知,(公众注视着)这个堵住了拉萨尔街的石块,(任凭其想象力)倒回到马拉车的、有世界博览会的、P. D. 阿默和B. P. 哈钦森的时代。"当这座建筑正在建造中时,一位时事评论员这样写道。对芝加哥期货交易所来说幸运的是,该建筑在证券市场崩溃一年后完工了。

20世纪20年代晚期,对纽约活期贷款的评价依然是本来可以用于农业的被挪用的资金。在批发市场上,资金的利润率大约为6%,而当出借人把资金转给投机商时利润率实际上更高。在市场上借贷的65亿美元中,大约有1/3是由纽约市内银行和市外银行提供的。余额由公司出借人提供,它们通过放宽可获得的信贷条件推动了市场繁荣。许多公司拿出它们的过剩资金用于出借,开始了投机。布鲁克哈特对农业信贷的忧虑正成为现实,尽管银行不是主犯。问题依然是明摆着的。农场主们既不能为他们的收成挣得一个好价格,也不能获得信贷。证券市场提供了太多的竞争。

农场主们的悲惨遭遇部分可以归因于供给。在崩溃前的一年里,小麦和其

---

[1] 赖特(1869—1959年),美国建筑家。——译者注

他农产品的供给引人注目地增加了。1929年国会制定的《农产品运销法》(Agricultural Marketing ACT)创建了"联邦农业委员会"(Federal Farm Board)。它的职责之一就是减少农产品上的投机和控制过剩。国际收割机公司(International Harvester)主席亚历山大·莱格(Alexander Legge)被提名担任农业委员会主席。委员会开始买进小麦以促进价格稳定。过剩尤其对价格有害,因为空头认识到,在不久的将来价格只会下跌并因此开始卖出,从而迫使价格下跌。委员会忠于其保护农产品价格和供给的使命,忙着买进小麦以保持价格稳定。结果存货显著增加。在时机把握不当的可怕情况下,贮藏在农场和贮料筒仓中的小麦总量在1928~1929年间增加了1倍,而价格只上涨了大约3%。在对市场过剩存货问题上似乎做出了成功的营销反应(marketing reaction)的那段时间内,产量实际上减少了。上述情形对于其他谷物来说也是成立的,只是在程度上要小一些。[25]在需求开始减少时,委员会积聚了20 000万蒲式耳以上的小麦——大约占年产量的1/3。当1929年10月证券市场崩溃时,期货市场囤积了大量的小麦和其他的粮食。价格随时都会出现那种让人回想起1920~1921年经济衰退的暴跌。

几个有计划地保护小麦供给和价格的加拿大小麦联营组织在草原诸省(prairie provinces)[1]的经营,加重了供给过剩问题。这些联营组织虽然不是操纵者意义上的联营组织,但它们是由抱定决心要稳定价格而不是完全听任期货交易所决定价格的生产者和销售商组成的、经过更加精心计划的辛迪加集团。温尼伯市当时有一个比较大的谷物交易所,比芝加哥期货交易所的管制要少得多。当价格开始下跌时,在美加边境两侧存在着过剩的供给,这只会加重供给过剩问题。加拿大人不信任温尼伯市的交易商。当美国面临个别州或者联邦政府的管制威胁时,许多池内交易商放弃了他们在芝加哥和其他地方的席位,成为温尼伯交易所的会员。在加拿大草原诸省进行的联合经营完全被视为想要稳定价格的农场主们和备有机械升运设备的谷仓经营者们采取的自卫措施,是随着池内交易商们混乱无序的交易而来的。

就在1929年10月证券市场崩溃之前,"野驴之子"们和库恩·列奥公司的奥托·卡恩再次相遇了。新罕布什尔州的乔治·摩西任命卡恩(一名积极的共

---

〔1〕 草原诸省,指加拿大的马尼托巴省(Manitoba)、萨斯喀彻温省(Saskatchewan)、阿尔伯达省(Alberta)等位于北美洲中部大平原上的各省。——译者注

和党人)担任党的一个重要的委员会的财务总管。但是,国会中的农业集团大声叫嚷着反对卡恩的任命。它同样反对赫伯特·胡佛的许多政策,也反对控制了接近总统机会的白宫。在它看来,卡恩不过是又一个与白宫政府有着内部关系的富有的金融家。结果,卡恩拒绝了这一职位。他写信给摩西,表示虽然他是"一个华尔街人士,但是大家知道我在政治上是一个自由主义者,而且事实上我的确是一个自由主义者"。[26]然而,由于进步主义共和党人的坚决反对,表面上则因为他与白宫的关系,他拒绝了财务总管的职位。一星期后,摩西在向新罕布什尔州的支持者们发表演说时,第一次把这个集团称为"野驴之子",这个词语后来成为20世纪30年代很长一段时间家喻户晓的一个词语。在当时否认与华尔街金融家们的关系是有利的,尽管共和党因此在其历史上的关键时期错失了卡恩的专长。

在一年一度的华盛顿烤架俱乐部(Gridiron Club)〔1〕的"烘烤"上,一部讽刺短剧在一种比较轻松的气氛中上演了。剧中,伴随着印度音乐的旋律,扮演自1929年起就一直反对胡佛的进步主义共和党人的三位"圣雄甘地"——乔治·诺里斯、海勒姆·约翰逊(Hiram Johnson)和史密斯·布鲁克哈特——的演员们登上了舞台。他们对扮演共和党主席、参议员西缅·费斯(Simeon Fess)的演员宣布,他们已经脱离大老党(GOP)〔2〕、不支持它的政策,接着又说道:"因此我们打算推翻你和胡佛先生。"[27]这种幽默不能掩盖农业集团坚持其对主流共和党人、华尔街和期货市场进行批评的事实。1920~1921年的农业衰退被证明是1929年后全国将要遭受的经济衰退的前奏。两者在起因上几乎是相同的——生产过剩和不断加剧的冲突,这种冲突就在于谁应当对解决这种混乱问题负有责任。不幸的是,农业集团简单的想法和它与主流之间保持的距离让它的想法陷入了绝境,尤其在美国正处于日益国际化和城市化的进程之时。然而,当经济景况开始恶化时,这些曾经很古怪的想法开始被认为是救急的良药。

1929年芝加哥期货交易所迈出了大胆的一步,随时准备着将芝加哥期货交易所置于金融市场的先锋位置。芝加哥期货交易所宣布,它将在9月初开始交

---

〔1〕烤架俱乐部成立于1885年,其成员都是资历较深的记者。他们的主要活动是每一年中有一个晚上,将总统和其他美国头面人物请来,当面挖苦取笑一番,因俱乐部成员活动时常吃烤食而得名。"烤"政界人物多是选在春季的一个夜晚。他们把总统等头面人物请来共进晚餐,边看节目,边讲笑话。节目一般是讽刺歌剧,由记者们编ןI、演出,有时也请专业演员。而"烤"便体现在这些笑话和节目之中。当然他们很注意"烤"的分寸,从不过火。记者们是想通过这种活动来显示自己的地位,与高官显贵们平起平坐;政界的头目则想利用这些活动同舆论界周旋,这样既可联络感情,又体现了美国式的民主。美国的历届总统至少都参加过一次烤架俱乐部的活动。——译者注
〔2〕即Grand Old Party,美国共和党的别称。——译者注

易芝加哥证券交易所(Chicago Stock Exchange, CSE)的挂牌股票。这一步骤加上芝加哥期货交易所中各种工具的不寻常结合,将不费力地使芝加哥期货交易所有可能成为全国最大的一个金融市场。最初,它打算交易10种芝加哥证券交易所的股票,计划在以后增加更多。然而,芝加哥证券交易所提出了异议,两个交易所开始互相威胁要对管辖权限提起诉讼。芝加哥证券交易所反过来认为它应当具有相同的权利。如果证券交易所非常希望的话,芝加哥期货交易所会允许它交易小麦吗?在就相互关系和已经拥有两个交易所席位的那些交易商的权利进行争论之后,芝加哥期货交易所发表了一项它后来感到遗憾的声明。在授予非会员同样的权利方面,它强烈声明:"芝加哥期货交易所的官员们在坚决要求他们从事任何合法经营而不受任何人批评和妨碍的权利的情况下,慷慨地授予其他组织和个人同样的特权。"[28]拒绝承认农业部,是其管理者在20世纪30年代犯下的一个代价昂贵的错误。

  计划慢慢开始了,延续到20世纪30年代中期。在一个管制不严格的商品交易所中投机芝加哥证券交易所挂牌股票的机会,对一些传奇的纽约证券交易所交易商们来说是太好了,他们开始尽量收购相对便宜的芝加哥期货交易所席位。在这项尝试开始后,迈克尔·米汉和杰西·利维摩尔都出现在芝加哥,在交易中试其身手,尽管两人到20世纪30年代中期时都离开了——在证券市场崩溃后的一段时期不是被逐出就是破产了。芝加哥期货交易所不是唯一一个发现这种机会的交易所。其他商品期货交易所也开始交易普通股。纽约农产品交易所交易当地挂牌的股票。在1929年10月23日证券市场崩溃的第二天,该交易所宣布,在那一年间它单独交易了差不多1 400万股。[29]那个数字相当于纽约证券交易所大约两周的交易量。虽然这一交易总量只构成纽约证券交易所和场外市场年交易总量的很小一部分,但是它的确说明了在一个几乎没有任何管制的环境中,特别是在交易所本身受到的监管简直是非常粗略的基础上,交易是怎样进行的。双重交易对努力获得芝加哥期货交易所席位的纽约交易商是有吸引力的,也许比偶尔做做商品期货交易更有吸引力。

  这一教训对从旁观者的立场注视着证券和商品交易者行为的立法者们不会没有影响。证券市场——特别是纽约证券交易所——是如此不受管制,以至于它正吸引着追求更不受管制的行为的池内交易商们。然而,卡顿和其他人总是很快就发现机会。在1929年10月前的几个月中,谷物价格再次急剧下跌到很低的价位。略高于每蒲式耳1美元的价位吸引了亚瑟·卡顿和其他投机者,他们从华尔街回到交易池中并开始买进,小麦价格获得了一定的支撑。他们的行动迫使价格上涨到略高于每蒲式耳1.3美元的水平,农场主们又可以暂时微笑了,因为他们的农作物卖了一个还不错的价钱——可能是最后一次了,在这之后将被证明是10年的紧缩价格。

可以交易股票以及芝加哥期货交易所的潜能扩大,把一些回头的浪子带回了家。1929年1月,交易所的一个席位售价为45 000美元;到了10月,要卖58 000美元。卡顿抢在芝加哥期货交易所迈向股票交易前,又购买了一个席位。具有讽刺意味的是,芝加哥期货交易所在市场处于顶部时走向了证券交易,其表现就像许多小散户一样,这些散户多年来已经赔了钱,却在已经太晚的时候冲进了疯狂购买的队伍中。芝加哥期货交易所由于从未认真地参与股市泡沫而拯救了自己,逃脱了许多灾难,再一次证明命运之轮是变幻莫测的。

尽管20世纪20年代大部分时间的农产品价格是平稳的,但在1929年10月23日证券市场崩溃出现后却遭受了严重的冲击。10月25日,在当天的交易结束之前,小麦价格每蒲式耳下跌了差不多12美分——从1.24美元下跌到1.12美元,收盘时稍稍上涨到大约1.20美元。价格下跌4~5美分在交易所中已经很少见了。《纽约时报》报道说:"除了战争时期,小麦市场从来没有像今天这样。当谷物行情在短时间内每蒲式耳下跌11美分时,交易池中的经纪人们乱成一团,拉萨尔街经纪人商行里激情高涨。"[30]虽然交易日结束时的收盘价比当日的价格变动要好一些,但是造成的损失仍然是相当大的。当混乱暂时平息后,人们发现,那天已经交易了14 500多万蒲式耳。与之相比,整个市场留下了大约25 000万蒲式耳没有卖出去。这个巨大的未售出的剩余额在崩溃发生时,早已使价格一直保持在低位。

起先,农产品价格崩溃不像证券市场崩溃那样显著,但是在接下来的几年中,其剧烈程度与后者相当。农产品价格实际上略有反弹,到1930年1月,小麦价格在开始一轮长时间的急剧下跌前上涨到每蒲式耳1.38美元。这种情形导致了美国历史上一个最具有讽刺意味的现象的出现。粮食价格便宜、供应充足,但是贫民窟或"胡佛村"(Hoovervilles)[1]却犹如雨后春笋般地在全国各地开始

---

[1] 胡佛村,美国20世纪30年代大萧条时期为破产者和赤贫者建造的位于城市边缘的简陋的帐篷。——译者注

涌现,排队领取救济品的无家可归者和失业者队伍在城市中比比皆是。尽管如此,金融市场依然如故地继续运行着,好像忘记了在它们的交易大楼外面的大街上正发生的事情。证券和商品交易商们正在卖空,更进一步地打压价格,这个过程可以挣大钱但肯定交不到很多朋友。不久,代表农业利益的进步党人和其他人就再次追击金融市场,而随后的变化将从根本上改变所有的金融市场。

注 释

1. John Hill, Jr., *Gold Bricks of Speculation* (Chicago: Lincoln Book Concern, 1904), p.69.
2. 同注释 1。问题的严重性被有意地淡化了。如果投机商号经营者们可以获得 1 000 万美元的客户资金,并按照当时的保证金率投放到期货市场中,那么他们就将具有价值在 10 亿~50 亿美元之间的总购买力,用于购买相反的头寸。如果他们决定一同卖空的话,这笔数额绝对巨大的资金将迫使价格发生大幅下跌。
3. *Board of Trade of City of Chicago v. Christive Grain & Stock Co.*, 198 US 236(1905).
4. Lurie, *The Chicago Board of Trade*, p.158.
5. *Wall Street Daily News*, December 23, 1893.
6. Hill, *Goldbricks*, pp.493—497.
7. *Dearborn Independent*, July 1921.
8. Ibid.
9. Ray Tucker and Frederick R. Barkley, *Sons of the Wild Jackass* (Seattle: University of Washington Press, 1932, reprint 1970), p.346.
10. Ibid., pp.350—352.
11. *Campaign Addresses of Governor Alfred E. Smith* (Washington, DC: Democratic National Committee, 1929), pp.301, 392.
12. *Hill v. Wallace*, 259 US 44(1922).
13. *New York Times*, September 28, 1922.
14. *Board of Trade of City of Chicago v. Olsen*, 262 US 1 (1923).
15. *New York Times*, September 21, 1922.

16. Edward J. Dies, *The Wheat Pit* (Chicago: Argyle Press, 1925), p.62.

17. *New York Times*, December 16, 1928.

18. Ibid.

19. *Trusler v. Crooks*, 269 US 475 (1926).

20. *New York Times*, July 22, 1923.

21. Bob Tamarkin, *The MERC: The Emergence of a Global Financial Powerhouse* (New York: HarperBusiness, 1993), p.28.

22. Joseph Stagg Lawrence, *Wall Street and Washington* (Princeton, NJ: Princeton University Press, 1929), p.310.

23. Cedric B. Cowing, *Populists, Plungers, and Progressives: A Social History of Stock and Commodity Speculation 1890－1936* (Princeton, NJ: Princeton University Press, 1965), p.150.

24. *Wallace's Farmer*, March 6, 1925.

25. U.S. Department of Commerce, *Historical Statistics of the United States: Colonial Times to 1957*, pp.296－298.

26. 1929年10月30日《纽约时报》。卡恩的传记作者同意这样的观点,即对这项任命的反对似乎是出于任命权的争议,源于"胡佛总统的白宫政治顾问圈子与共和党参议员们之间最新的也是最令人难以忍受的争议"。参见:Mary Jane Matz, *The Many Lives of Otto Kahn* (New York: Macmillan, 1963), p.217。

27. Harold Brayman, *The President Speaks Off-the-Record: Historic Evenings with America's Leaders, the Press, and Other Men of Power at Washington's Exclusive Gridiron Club* (Princeton, NJ: Dow Jones Books, 1976), p.218.

28. Italics added. *New York Times*, September 13, 1929.

29. Based on an ad placed by the New York Produce Exchange in the *Brooklyn Daily Eagle*, October 24, 1929.

30. *New York Times*, October 25, 1929.

第三章 猎杀大空头

在1929年证券市场崩溃后的一段时期，关于美国资本主义和自由市场本质的看法开始受到怀疑。南北战争之后的好多年里，由于商业环境的自由和中央银行制度的缺乏，经济衰退已经被看作自由放任性质的经济的组成部分。社会达尔文主义(Social Darwinism)在美国市场上是被普遍接受的哲学，弱肉强食过程中的幸存者被看作英雄。然而，对于连最有声望的报纸都依然称其为商人和资本家的期货交易商们来说，严重而深刻的大萧条(Great Depression)被证明是对他们的一记当头棒喝。如果这就是资本主义和它的奖赏，那么有些事情就需要得到矫正了。立法者们决心做出反应。

本杰明·哈钦森曾经不无坦率地说过，要垄断小麦市场是不可能的，因为种植的谷物是如此之多，以至于任何囤积企图都将消失在"小麦的海洋"之中。池内交易商所能做的最好的事情就是紧跟潮流。具有讽刺意味的是，哈钦森的这段话成了20世纪20～30年代困扰市场的那些问题的一个合理解释。19世纪以来，农业产量和效率已经引人注目地提高了，如同大多数谷物一样，小麦供给是充足的。可是，当需求减少时，很少有农场主能够采取措施、做出反应；与制造业者们不同，他们不能简单地减少小麦收成。为了防止价格暴跌，农业需要一个完善的销售系统，在需求增加时将其产品投放市场，而当需求减少时则抑制产品的供给。不幸的是，期货市场没有满足这一功能，而政府同样被证明是有些无能的。

  20世纪20年代对于期货市场来说是一段反常的时期。1925年之后,农业收入下降而农产品价格依然低迷。当像亚瑟·卡顿这样的大宗交易商(large-scale trader)决定进入市场时,可以看到价格偶尔飞涨。20世纪30年代没有带给农场主们哪怕是一线希望。农产品价格低迷的程度与证券市场崩溃的程度相似,并且看不到丝毫缓解的迹象。然而,期货交易商们,如同证券市场中许多他们的同行一样,发现他们自己的行为同他们过去所做的几乎一样。政府干预市场给他们提供了与过去没有什么不一样的机会。可是,在要求他们为自己辩护时,交易商们的回答听起来却是落伍的。他们的回答仍是过去时代的产物,更适合于对未来的预期比20世纪30年代早期更乐观的那段时期。

  在工业经济方面,全国面临生产能力过剩而产品需求严重不足的困境。证券市场崩溃之后,太少的钱正追逐着太多的商品,其中大多数商品正遭遇急剧的价格下跌。在大崩溃随后的两年内,农产品价格变得如此便宜,以至于对农场主们来说,收割他们的庄稼是不经济的,从而迫使他们让庄稼在田里腐烂。在大萧条早期的几年里,农业收入不到全国其他收入的一半,由于丧失抵押品赎回权或者破产,许多农场主在失去他们的家园之后,只能打点行装离开家园。约翰·斯坦贝克(John Steinbeck)[1]在《愤怒的葡萄》(*The Grapes of Wrath*)中对那些离开他们的农场并迁移到西部寻找工作的穷苦流浪的农场工人们的生动描述,成为大萧条中最令人难以忘怀的一个场面。他们的悲惨遭遇能够归咎于期货市场吗?

  毫无疑问,促进农业利益的激进分子们认为答案是肯定的。对投机者在价格下跌期间所起的作用的抱怨再次走到前台,比20世纪其他任何时候都更加刺耳。交易池中的期货价格大大不同于现货市场上的即期交割价格。1931年,农场主们的生产成本超过了许多谷物的即期交割价,结果,谷物被留在田里烂掉。为了稳定价格而组建的农业委员会,似乎没有自己的想法,结果是大量疯狂的投机在交易池中发生。国际经济形势也无济于事。1931年9月,在国际金融体系陷入混乱状态之后,英国放弃了金本位制。美国没有立刻照样做,美国商品的价格——尤其是出口商品的价格——对于许多外国购买者来说就变得太昂贵了。

---

  [1] 约翰·恩斯特·斯坦贝克(1902—1968年),美国短篇小说作家,曾获1962年诺贝尔文学奖。——译者注

美国人对黄金一时的举棋不定无助于美国农场主,尽管池内交易商们自然地依靠这种不确定性赚得盆满钵满。

由于20世纪30年代早期金融危机的加剧,农业集团进步党人(Farm Bloc Progressives)的地位变得更加牢固。以前听起来好像是农业利益促进者蛊惑人心的宣传言论,随着失业人数迅速上升和农产品价格的暴跌,突然开始变得有些实用性了。美国是华尔街和有钱人企图以工人阶级和农场主们的利益为代价、让银行家们和公司管理人员们赚取更多钱财的内部阴谋的牺牲品吗?"野驴之子"中有些人无疑是这么认为的,他们的阴谋理论开始从阴影中显现出来并呈现出新的意义。然而,即使在他们最狂热的梦想中,他们也从来不会想到俄国人和池内交易商们自大萧条一开始就在为他们自己编造的故事。

"斯大林"在卖空[1]

对1930年9月市场活动的披露表明,紧接着1929年10月证券市场和期货市场崩溃之后,经济形势是多么混乱。大多数农产品价格急剧下跌,然而交易活动却增多了,表明存在大量的卖空。如果交易所本身不禁止卖空业务,那么立法者们就几乎没有什么事情可以做了。援引《谷物期货法》的努力被证明是困难的,因为它的法律用语是预防性的,而不是刑罚性的。要逮捕从事过度交易的交易商,必须在实际交易发生时才能进行,而鉴于芝加哥期货交易所和其他主要交易所的情况,即使最乐观地看也是不透明的,这即使不是一个不可能完成的任务,也是一个做起来困难重重的任务。然而,这并不能阻止争论。长期存在的关于期货市场价值的讨论再次被提出,而关于套期保值的重要性和投机的罪恶的新的讨论也出现了。从这些事件中显露出来的实际问题是简单的。这就是,这些问题是名副其实的吗?还是华盛顿的政治领导层正在为不断恶化的经济形势寻找替罪羊?

在第一次世界大战期间以及20世纪20年代早期,交易池是相对平静的。然而,1924年之后的价格变动和芝加哥期货交易所鼓励证券交易的内部发展吸引了具有与哈钦森和莱特相同特点的新型投机商。在局外人认为交易池将会平

---

[1] 这里的"斯大林"不是指斯大林本人,而是比喻斯大林领导下的苏联人。——译者注

静下来时，交易实际上增加了。国际黄金问题导致的价格紧缩暗示着交易将是最低限度的。可是池内交易商们却意识到，价格下跌容易导致卖空。或者，价格下跌是由大规模的空头袭击所导致的？到底谁是原因、谁是结果，成为市场上变化无常、没有定论的问题。

证券市场崩溃之后不到一年，卖空就成为华盛顿、华尔街和拉萨尔街上的热门话题。是空头们导致了证券市场上的衰落、迫使几乎没有任何利好消息支撑的股票价格下跌的吗？接着又是池内交易商们卖空合约、迫使已经被压低的大多数农产品价格下跌的吗？这个问题虽然不是什么新问题，但形势的确是前所未有的。如果交易商们确实正在卖空合约，那么他们的贪婪妨碍了他们的爱国精神吗？市场应当执行稳定功能而不是利用恶化的环境吗？这些问题都是没有现成答案的难题，但是在华盛顿并不缺少对此的判断。

1930年9月，农业部长亚瑟·M. 海德(Arthur M. Hyde)挑起了卖空论战。在与胡佛总统协商后，海德给芝加哥期货交易所总裁约翰·邦内尔(John Bunnell)发了一份电报，要求芝加哥期货交易所调查海德所断言的正在迫使小麦价格下跌的国家——苏联——卖空的情况。邦内尔答复说，如果海德给他提供他可以进行调查的明确说法，那么他将很乐意这样做。双方都正打算进入《谷物期货法》的模糊领域。有谁精确地了解池内交易商们的头寸和他们的客户呢？海德暗示说，他有足够的信息可以证明他的观点，但他又补充说，披露其本身的活动主要是芝加哥期货交易所的职责。

在其发表在《纽约时报》上的电报中，海德比较委婉地谈到了卖空的问题。他写道："苏联政府的这些交易不是基于在你的市场或者在美国交割的哪怕是极小的可能性进行的，它们起到了操纵价格下跌以损害在这些卖空完成以后卖出小麦的每一个农场主的作用。"其观点简单明了。苏联的谷物与美国的谷物是不同的，前者不可以用于芝加哥合约的交割。当时，苏联人正把大量的鸡蛋投放到法国市场上，法国人声称这些鸡蛋对公众健康是一个威胁。他们担心鸡蛋会被重新贴上法国产品的标签然后出口，好像它们的原产地就是法国似的。就小麦来说，情况看来似乎相同。在卖空交易被发现时，苏联人正租借意大利人的船向英国和美国出口小麦。出口交易因而很快被取消。即使小麦已经被成功地出口并销往国外，实际交割的成本也将是昂贵的——大大高于现货即期交割价格，这表明芝加哥期货交易所的卖空交易只不过是投机性的卖空而不是套期保值交易。如果没有套期保值的意图，那么看来早就让苏联人措手不及、尴尬不已了。

然而，邦内尔的答复只是火上加油。他在回答一群征求评论的记者的提问时，建议"你们应当就苏联通过其代理公司在美国进行交易的权利向国务卿提意见"。[1] 就苏联政府来说，它声称自己是清白的。它的纽约代理商、全俄纺织品辛迪加(All-Russian Textile Syndicate)的 E. Y. 贝利茨基(E. Y. Belitzky)承认，他的公司在芝加哥卖空了 500 万蒲式耳小麦，但他声称，这些交易都是当年到期的完整的 9 个月期的交易，代表的只不过是标准的套期保值交易。芝加哥期货交易所每日平均交易量为 5 000 万蒲式耳左右。小麦交易不是贝利茨基的特长，就如他的公司名称所表明的那样，纺织品才是他的经常业务。

贝利茨基指出，在通常情况下，他是棉花的净买主，在过去几年里购买了价值超过 25 000 万美元的棉花。具有讽刺意味的是，他发现，没有人因为他购买了这么多棉花而想要把他描述成美国农业的朋友，但是批评家们却因为苏联人卖空了数量完全"可以忽略的"小麦而乐于把他们描绘为操纵者。"最近，全俄纺织品辛迪加接到了它的苏联委托人发出的在芝加哥市场上出售相对少量小麦的指令。"贝利茨基这样为他自己和他的委托人辩护。"这些销售行为的目的是进行正常的套期保值交易，如果芝加哥期货交易所拒绝这样的交易，那么它将不能反映商品的国际价格。"他又很有把握地说道。[2] 可是，真正避而不谈(hedge)[1] 的又是什么呢？

苏联当时的政治和经济形势与这种解释是相矛盾的。这个国家当时正处于斯大林领导下的集体化的早期阶段，反对斯大林计划的农民尤其是乌克兰的那些农民是否已经开始像他们后来将要做的那样毁坏他们的庄稼从而导致小麦严重短缺，这一点是值得怀疑的。在 1930 年以前的几年内，小麦普遍过剩，所以套期保值的解释没有引起共鸣。看来苏联好像有足够的剩余。然而，当时的苏联政府正实行食物配给制，所以苏联本地市场的性质是不清楚的。尽管如此，可能苏联人指的不是实际交割的套期保值而是指价格套期保值，在这种情况下，空头持有商品然后卖空它仅仅是为了保护现有价格，而并非为了交割。这种策略在苏联人所面对的来自胡佛政府的批评中是完全说得通的。可是，批评的真正目

---

[1] "hedge"一词既有"套期保值"(对冲)的意思，又有"避免作正面答复"的意思，在这里为双关语。即认为贝利茨基所说的"套期保值"只是借口，其真正的意图即操纵美国市场却避而不谈。——译者注

标似乎又是芝加哥期货交易所。

爱荷华州的史密斯·布鲁克哈特对这起事件提出了他自己的解释,其评论在随后的几年中多次被重申。"海德部长介绍的情况如果是真的,那就证明小麦价格被赌徒们控制了,"他评论说,"因此,应当对这个制度提出控告,而不应当抱怨那些利用交易所并采用法律许可的方法的人。"[3] 芝加哥期货交易所和其他期货交易所发抖了,因为这是它们已经忍受了几十年的批评。如今,它们正在暗中帮助和支持一个有损于美国经济的外国社会政治制度。

所有这些指控和抗辩的背后是小麦价格的不断急剧下跌。1930年1月,小麦即期交割价格大约为每蒲式耳1.38美元。到同一年的9月份,这一价格已经下跌到每蒲式耳79美分。对于小麦价格的下跌,空头们显然脱不了干系,所以俄国人肯定并不孤独。《纽约时报》评论道:"整个表演看上去就像是俄国辛迪加干的一件蠢事,但是至少我们自己的政府可以保持镇静。"[4] 然而,政府所施加的压力还是成功了。在海德发表评论后的一周内,芝加哥期货交易所决定终止外国政府在该交易所的卖空行为。因为没有人能够回想起还有别的政府曾经卖空,所以这项禁令主要适用于苏联人。芝加哥期货交易所的所有会员公司(除一家外)都向交易所报告它们的头寸。芝加哥期货交易所免除了它的交易商们对其任何错误行为应当承担的责任,但它承认外国政府的这种卖空行为是不道德的,它将终止这种现象。当别人告诉海德芝加哥期货交易所采取的行动时,他说:"我很高兴地看到,芝加哥期货交易所正在努力保护美国农场主的市场。"

俄国人声称只是简单的套期保值交易,但这一声称也被农业委员会主席亚历山大·莱格发表的关于小麦的声明证明是假的。1930年9月,莱格声称,美国已经向外国出口了那么多小麦,喂养家畜也已经用掉了好多小麦,以至于小麦几乎不够国内的消费。当时,进口关税把小麦价格限定在42美分。市场价格如此之低,以至于当时的一份市场报告声称,"不能让1蒲式耳小麦越过那道壁垒"。[5] 由于供给短缺而且价格相对较低,因此,俄国人正在池内交易商的帮助下进行套期保值而不是投机,这种说法是非常靠不住的。

俄国人的暴怒并没有迅速平息。到9月底,禁令生效,卖空也就结束了。看来俄国人在纽约的代理商似乎把交易办砸了,因为当时对他来说很清楚的是,在不可互相替代的不同等级的小麦上同时做多和做空是困难的。《纽约时报》总结道:"当克里姆林宫听到对外小麦交易办得如此糟糕的解释后,一定会有一种沉闷的娱乐感。"[6] 但是，事情远没有结束。当俄国人逐渐从人们的视野中消失后，卖空问题才刚刚开始。政治家们为他们关于市场衰退的公开声明找到了一个合适的热门议题。其他问题也正在酝酿之中。一些交易商仍然认为，他们的头寸不必像《谷物期货法》所规定的那样公开，甚至在芝加哥期货交易所要求公开时也应如此。

亚瑟·卡顿就是这少数交易商中的一个，1931年，他拒绝完全公开他的头寸。人们普遍怀疑，他与其他交易商一起卷入了俄国人卖空的事件中，但是很难获得其卷入的证据。早在1930年2月，人们就怀疑卡顿做空市场。当时，海德部长给他发了一封电报，电文中说道："我接到报告，说你一直站在谷物市场的空头进行投机，这些投机已经导致市场崩溃。我没有权利或者权力向任何商人建议任何投资方式，但是为了公众利益，我必须这么做。如果你能放弃这种投资方式，将会对成千上万个处于危难时期的人有帮助。如果这份报告是不准确的，那么请不要把我对这件事的焦虑放在心上。"[7]

卡顿的回答很典型。卡顿告诉海德，他的信息是不正确的，不要再去考虑这些信息。他甚至声明，在此期间他已经停止了交易池中的活动。然而，随后的信息揭示，他的那个声明完全是假的。针对他的诉讼随之开始，尤其是在他的头寸超过每人50万蒲式耳的持仓上限水平——超过这个水平，就必须报告头寸情况——之后。另一家交易公司控告农业部长以阻止他强制实施《谷物期货法》关于披露事项的规定，并且声称，该规定仅适用于作为机构的芝加哥期货交易所，不适用于个人交易商。但是，联邦法官支持这部法律。《谷物期货法》规定，达到那一规模的所有头寸都必须报告。在1936年最高法院做出最后判决——这一判决将对期货市场产生广泛的影响——之前，卡顿案拖延了差不多5年。

1931年底的一项交易的确引起了公众的高度关注，但它只不过增加了卡顿的神秘感而已。那年的11月，在芝加哥交易所和温尼伯交易所积聚了数额惊人的多头头寸，人们再次认为这些头寸系卡顿领导的团队所为。早些时候，他就因为厌恶芝加哥交易所要求他必须报告大额交易头寸的做法而加入了温尼伯交易所，然而一年内，他又回到了芝加哥。国际上流传的报告说苏联人不再出口小麦，仅仅过了一年，他们的立场就发生了戏剧性的转变。小麦的即期交割价格跌到很低的价位，实际上已经低于其生产成本。当时，大规模的买进使小麦价格每蒲式耳增加了20美分。卡顿的合伙人说，他在研究市场基本面以后，正在完全单独地采取行动——做多。人们普遍怀疑,他正与持有大量小麦存货但热衷于适度的稳定性交易(stabilization operations)[1]的农业委员会一致行动。农业委员会主席詹姆士·C. 斯通(James C. Stone)承认价格上涨对所有人都是有益的,但他否认利用卡顿购买小麦这一猜疑。"农业委员会没有与私人经营者达成过任何协议。"斯通强调说。然而,市场对他的这番话半信半疑。

俄国人事件使卖空制度暴露在大庭广众之下,并被证明只是被揭露的、与这一制度相关的一系列给证券市场和期货市场投下阴影的事件中的第一个。由俄国人事件引发的争论也使得交易商与政府部门官员之间对于1930年底和1931年初经济形势的意见存在的巨大分歧更加突出。股票和商品交易所官员们仍然坚持认为,市场和经济将会得到矫正,问题只是暂时的。与这些缺乏远见的讨论相比,立法者们看得更远,他们看到了经济的疾驰而下,开始更加强烈地怀疑卖空是问题的核心。不幸的是,看来交易所官员和立法者们似乎都只是在争论"泰坦尼克号"上的轻便折叠躺椅该如何放置。尽管真正的经济问题要深刻得多,但卖空却成了当时有新闻价值的主题。

厉行节约

无论经济中的工业部门的状况如何,1930年后,农业部门的状况却是非常糟糕,其境况反而恶化了。到1931年底,农场主的收入急剧下降到1 000美元以下,而工业部门工人的平均收入则保持在2 000美元左右。股票市场指数与商品价格一起跳水。对卖空的口诛笔伐一直持续了好几年。第一次世界大战期间赫伯特·胡佛对商品的熟悉总是使他对商品交易商们产生怀疑,这种倾向在1931年扩大了,当时他在一些公司负责人——他们公司的股票价格正在纽约证券交易所急剧下跌——的支持下,开始了他的改革运动。按照胡佛的看法,卖空作为一项制度,必须在其损害价格和资产价值之前,在证券和期货两个市场上加以禁止。

胡佛开始采取措施,首先是敦促股票和商品交易所终止卖空。1931年夏季,他第一次提到小麦的卖空,批评这种交易方法对农场主们是毁灭性的。接

---

[1] 即旨在稳定农产品价格的交易。——译者注

着,在那年秋天,他批评了芝加哥期货交易所。他要求交易所的律师赛拉斯·斯特朗(Silas Strawn)催促芝加哥期货交易所制止卖空。交易所的答复是含糊的,带有一些交易商的短期心态。价格已经降得太低了,所以芝加哥期货交易所回答说,卖空已经行不通了。事实上,谷物价格有一点回升,小麦即期交割价格涨到了55美分左右。尽管如此,交易所还是认识到,面对批评,它最好装出一副团结的姿态。几个星期之后,斯特朗向胡佛报告说,空头袭击已经完结,而"卖空不是有害的"。他含蓄地承认,空头袭击已经发生了。但是,袭击现在已经结束,他发誓说,空头袭击不会再出现了。胡佛似乎对这一报告很满意。

与此同时,纽约证券交易所的总裁理查德·惠特尼(Richard Whitney)重申了他的观点,认为卖空是一种自然的市场技巧,像胡佛这样的批评家们在完全理解它的功能后就不会喋喋不休了。纽约证券交易所现状的坚定捍卫者惠特尼是主张对市场采取不干预政策的最直率的倡导者,他认为,对市场的批评完全是无知的表现。华尔街的一般观点也对适度地支持卖空持中立的态度。《华尔街杂志》(*Magazine of Wall Street*)承认,存在一些像"假多头和假空头"(即囤积居奇和空头袭击)这样的势力,但它建议,公众如果发现他们在交易中有违规行为,就可以向纽约证券交易所告发他们。[8] 这并没有给那些完全任凭市场摆布的小投资者们提供一丝安慰。

对卖空的劝诫越来越多,并开始带有更多的阴谋和闹剧的成分。1932年冬,为了限制空头获得的股票供给,胡佛敦促纽约证券交易所的管理层限制可供借出的股票数量。纽约证券交易所听从了他的建议,但是并没有采取行动,并且认为胡佛不知道他自己正在说什么。期货交易所也收到了同样的请求,但是同样保持沉默。即便胡佛言外之意说这是爱国,也没有效果。"个人为了这样一些目的而利用交易所的设施无助于美国的复兴。"胡佛肯定地说。他的话是针对纽约证券交易所的。如果证券交易所都不愿意听从他的建议,那么期货交易所就更没有动力了,因为在期货交易所,卖空不取决于可借出的股票的供给,而是取决于场内交易商们建仓的意图。

当时,政治家们忽视了这样的事实,即如果要使某个问题得到重视,那就需要让人们清楚地了解问题的起因,需要让人们感到问题的后果很可怕。他们想当然地认为经济形势不言自明,公众懂得市场技巧。然而,卖空作为一种交易方法,似乎既没有激起公众的想象力,也不是胡佛名单上的下一个威胁,尽管它引起了金融市场上较大的反响。在1932年冬季设法通过美联储的公开市场业务刺激市场的努力失败之后，胡佛把他的注意力转向他所认为的一项国际阴谋上，这项国际阴谋旨在使美国脱离金本位制。这个假定的阴谋背后的罪魁祸首是大家熟悉的。

与卖空相比，黄金市场上的阴谋更有可能引起人们的重视。黄金是标准商品。它是作为美元基础的金属，对它的攻击就等于对美元本身的攻击。由于国际金融交易以黄金结算，所以美国留作储备的黄金数量对它的经济健康是至关重要的。如果外国投资者们变得焦虑不安，他们就可能卖掉他们的资产，从美国抽离资金，在此过程中黄金供给就会减少。费城的记者克林顿·吉尔伯特(Clinton Gilbert)讲述了这个故事，并进一步说出了更令人吃惊的密谋关系。他说，胡佛"显然相信一个荒谬的故事。欧洲资本家们提供了所需的大量现金以策划这次历史上规模最大的空头袭击。这些极为慷慨的、可信赖的先生们接受了纽约机敏的民主党金融家伯纳德·巴鲁克先生的领导"。[9]

巴鲁克对这种密谋关系不觉得开心，尤其是在考虑到历经10年的反犹太主义以及将种种罪恶都归咎于华尔街银行家们的情况时。他有些漫不经心地说道："三K党的教父查尔斯·E.库格林(Charles E. Coughlin)挑起并发动了类似的攻击……更不用说约瑟夫·戈培尔(Joseph Goebbels)和阿道夫·希特勒(Adolf Hitler)了。"[10] 被这样一些攻击包围的胡佛显然并没有当回事儿。看出胡佛在这个问题上存在弱点并主张促进农业利益的参议员们，把巴鲁克的意见传给了他。据此，胡佛要求举行国会听证会，调查证券交易所的营业情况。1932年2月，参议院答应了胡佛的要求。此后不久，南达科他州的共和党人、以石油钻探为职业的参议员彼得·诺贝克(Peter Norbeck)要求举行听证会。听证会于4月开始。史密斯·布鲁克哈特急忙赶去参加听证会，因为他相信市场不久就会出现历史上最大的空头袭击。更多的迹象出现了，所有迹象都是国际方面的，而不是国内方面的。

传说中的空头袭击和对金本位制的攻击的部分迹象集中在一个名叫玛瑟·哈诺(Marthe Hanau)的法国女人身上，这个女人创办了一份设在巴黎的名为《势力》(Forces)的时事刊物。这份刊物提供了关于美国市场的错误信息，在外国投资者中间制造恐慌，这些投资者们到时就会卖出他们的美国股票、抽回他们的资金，从而迫使美国放弃金本位制。哈诺以前曾经因为经营投机商号而入狱的事实证实了这些说法。

1932年冬季,受这些阴谋的刺激并且希望看到美国维持金本位制的胡佛,召集了国会议员中的关键人物,敦促他们通过一项加固黄金地位的法案。参议院银行与货币事务方面的资深专家、弗吉尼亚州的参议员卡特·格拉斯(Carter Glass)就是那些赞同胡佛的议员中的一员。结果,在1932年通过了第一部《格拉斯—斯蒂格尔法》(Glass-Steagall Act),从而为企业和行业提供黄金,力图抵制黄金囤积。一年后又通过了一部具有同样名称的法律,该法因其对银行业的改革而更为著名。然而,这种措施被证明只是对黄金囤积问题和日益严重的银行危机的短期解决方案。

阴谋论尽管是被误导的,但它的确指向得到当时共和党人支持的主流经济理论——渗透理论(percolator theory),也称涓流经济学(trickle-down economics)[1]。该理论声称,如果把经济增长的促进因素应用于最高收入层,那么经济增长带来的好处就会扩散到所有收入阶层。按照胡佛的观点,阻止空头袭击就意味着找到了龙王,而不是那些虾兵蟹将。甚至在富兰克林·D.罗斯福(FDR)1932年当选总统之前,沃尔特·李普曼(Walter Lippmann)就简洁地概括了这种态度上的差异。老的进步党人对这种自上而下理论(top-down theories)的兴趣不如他们对那些应用范围较广的理论的兴趣大。李普曼写道:"罗斯福州长迎合的正是这种进步主义感情,当他说……胡佛政府'能首先考虑的只是社会和经济结构中的上层',它已经忘记了或者不愿想起'我们的经济部队中的步兵'。"[11] 不幸的是,农场主只被认为是这支部队的供给师傅而不是前线战士。

布鲁克哈特坚持认为,大规模的空头袭击马上就要在证券交易所发生,因此他要求马上举行国会听证会。谣言出现在巴黎的报纸《秩序》(L'Ordre)上,说是花旗银行(National City Bank of New York)已经停止营业了。尽管是不真实的,但这一谣言还是扰乱了海外市场,该报随后刊登了正式的否认声明。在听证会的第一天,一位记者在华盛顿碰到了布鲁克哈特,问他是什么原因促使他要求这么快就举行听证会。"读读报纸。"布鲁克哈特对这个记者厉声地说。"你是指发自纽约或巴黎的电讯吗?"记者紧逼着问道。"都要读。"布鲁克哈特回答说。[12]

---

〔1〕 又译"渗漏经济学",意指位于最高地表层的水,最终会慢慢地渗漏进各个地层。类比到收入分配就是,最富有的人获得高收入,但这些高额收入最终会扩散到各个收入阶层——无论如何,每个人都会受益。——译者注

结果证明,布鲁克哈特有充分的理由加速这个进程。1932年,布鲁克哈特在爱荷华州参议院初选中失败,从此再也没有回到华盛顿。

具有讽刺意味的是,在国会专心调查股票市场和1929年市场崩溃的原因时,期货交易所撞上了一时的好运。有大量的经济损失需要评估并相应地分摊责任。股票市场崩溃调查——一般所说的以参议院委员会首席律师费迪南德·佩科拉(Ferdinand Pecora)的名字命名的佩科拉听证会——包括会见从J.P.摩根到迈克尔·米汉这一范围内的许多银行家和股票交易商。从这些会见中披露的事实包括逃避所得税、优先客户享有优先股发行的待遇,以及缺乏后来被称为证券新发行尽职调查(due diligence on new issues)[1]制度的情况。披露的这些事实在长达几个月的时间里震撼了委员会和整个美国。所得税问题尤其棘手,因为即使管理人员缴纳了税款,由于他们所缴纳的税款总额实在是低得过分,所以还是让公众感到极其愤慨。芝加哥期货交易所的律师、美国商会(United States Chamber of Commerce)会员赛拉斯·斯特朗于1932年申报的收入和资产只需要缴纳120美元的所得税。大通曼哈顿银行(Chase Manhattan Bank)总裁艾伯特·威金(Albert Wiggin)透露,他在股票市场崩溃后卖空了他自己银行的股票,净赚了一笔可观的利润,并把交易收入藏在了加拿大的账户里。委员会掌握的有关银行家和交易商们交易活动的信息比它曾经设想的还要多。对期货市场来说,幸运的是,在20世纪30年代早期,没有举行任何关于卖空或者囤积行为的听证会。正是衰退中的股票市场占据了中心舞台并成为人们关注的焦点,期货市场才没有引起人们的注意。

尽管1932年通过了第一部《格拉斯—斯蒂格尔法》,但是黄金问题依然严峻。到1933年3月富兰克林·德兰诺·罗斯福就职时,美元与黄金的挂钩问题依然需要关注。人们普遍认为这有助于解决出口问题,使农场主摆脱贫困。共和党保守势力中的大多数人赞成美元与黄金挂钩,尽管罗斯福承认,因为美国的黄金储备水平正在迅速下降,所以需要限制人们获取和使用这种金属的权利。1932~1933年冬季出现了黄金和货币囤积,不断有银行破产倒闭。1930年秋天,引起公众广泛关注的、总部设在纽约的一家商业银行美国银行(Bank of

---

〔1〕尽职调查即交易完成之前对收购目标、公司供应商或其他潜在的业务伙伴的财务状况和经营状况所做的详细调查;也指承销新发行证券的券商或向投资者推销这些证券的经纪人对发行机构可信度的调查。发行机构、主承销商以及与发行机构有关的其他机构之间可能会因此召开一个尽职审查会议。——译者注

United States)的破产,使许多存款人丧失了对银行系统的信任。因此,罗斯福计划在就职后迅速采取行动,解决银行和黄金问题。

在就职典礼举行的那几天里,罗斯福获得《1933年银行紧急救助法》(Emergency Banking Act of 1933)限制个人持有黄金的能力、禁止出口金银或者囤积金银的授权。随后通过的法律授权降低了美元的含金量,力图阻止通货紧缩的趋势。他发布命令,要求所有持有黄金的个人向美联储上缴黄金,换取纸币或者银行存款。此后不久,他削减了美元的含金量,拒绝兑现那些规定由官方支付黄金而不是现金的美国合约。大多数政治家、经济学家和公务员们对这一行动感到失望,预算委员会主任(Director of the Budget)刘易斯·道格拉斯(Lewis Douglas)认为,这是"西方文明的终结"。[13]

当1934年1月黄金价格被固定在每盎司35美元时,黄金市场上的不确定性消除了。直到1971年8月尼克松(Nixon)总统单方面终止美元(对黄金)的可兑换性而导致美元实际上再次贬值为止,黄金价格一直维持在同一水平。在黄金与商品价格之间的传统联系经受彻底的重新审查的同时,1933年5月,影响市场的最重要的法律出台了,当时国会通过了《农业调整法》(Agricultural Adjustment Act, AAA)。期货市场声称自己是商品定价和销售的有效机制,对此新政(New Deal)[1]并不相信。在过去的80年里,自由放任价值体系盛行,已成为市场的特征,如今这种年代已经一去不复返了。

在1933年国会通过《农业调整法》时,农场主们已经处于绝望的境地。一场人们曾经历的最严重的干旱加剧了农产品价格的下跌。1931~1935年间,干旱如此严重,以至于在整个大草原(Great Plains)[2]和中西部地区,当风把表层土吹起来时,农田就化成了尘土。有时候碰到急流[3],挟裹着沙尘一直向东吹到像纽约这样遥远的城市。有时候,空气中沙尘弥漫,城市在中午就不得不使用路灯。1931年价格的猛烈下跌迫使很多农场主破产,更多的人在破产的边缘苦苦挣扎。1930~1935年间,大约有75万个农场主由于破产和丧失抵押品赎回权而失去了他们的农场。所受影响最严重的是佃农,由于缺少工作机会,他们不得不

---

〔1〕 指20世纪30年代由富兰克林·罗斯福总统颁布实行的一种政策,旨在恢复经济、改革社会。——译者注
〔2〕 大草原是北美中部广阔的草原地带,从加拿大阿尔伯达、萨斯喀彻温、马尼托巴诸省向南延伸至美国得克萨斯州。其大片土地用来饲养牛群和种植小麦。——译者注
〔3〕 一种高速、弯曲的风流,通常以超过每小时400公里的速度从西刮来,高度达15~25公里。——译者注

撂荒土地，移居到许多人心目中的理想之园——加利福尼亚州或其他地方。问题变得如此严峻，以至于全国各地的农场主们开始组织小额拍卖（penny auction）。当丧失抵押品赎回权的农场被交付拍卖时，参加竞拍的出价人只有其他农场主，他们对这笔地产的出价只有几美分。通过操纵拍卖，丧失抵押品赎回权的农场主们用几美元就可以把他们的农场再买回来。出价人积极地劝说外人不要参加拍卖。

《农业调整法》授权政府干预这种几代人所认为的美国人的传统职业。显然，它在设法填补这样一个期货市场本身已经不能填补的空白。该法授权政府开始向农场主们提供补贴，收购一定面积的撂荒耕地，鼓励农场主们开始把农作物储存在他们的农场里而不是把它们送到市场上，并授权在农场主们采取这些行动之前给他们提供补贴，以帮助他们解决现金流转问题。新政大笔一挥，就是要设法矫正长期存在的由于农业生产效率提高而导致的供给过剩问题。

几个月内，参与该计划的几乎每一个人都被指责利用该计划为个人牟利。罗斯福的核心内阁成员哈罗德·伊克斯（Harold Ickes）回忆说，一位报纸编辑告诉他，正在流传的谣言说，罗斯福已经因为在佐治亚州他自己的农场里种植的农作物而收到了《农业调整法》的支票。一天，当伊克斯吃午餐时对总统谈起这个谣言的时候，罗斯福告诉伊克斯，他已经不允许佐治亚州的农场管理者种植棉花，因为那将使他享有获得《农业调整法》帮助的权利。[14] 因为《农业调整法》计划适用于所有规模的农场，几乎每一个拥有农场并以此为其专职或者兼职职业的人现在都必须决定是否接受政府的补贴。

农场主们渴望参加该计划，在随后的两年里，政府花掉了10亿美元用于农业补贴。1934年中西部的持续干旱也使得农作物产量减少，比计划本身所起的作用还要大。[15] 1936年1月，最高法院宣布《农业调整法》违宪，使该计划陷入混乱。1933年《农业调整法》的内容之一依赖于向农场主们提供补贴，这种补贴来源于农产品的加工税，而最高法院裁决说，这些税是应该加以反对的。在短期拼凑的法律获得通过以维持农业补贴计划继续进行之后，1938年国会又通过了第二部《农业调整法》，该法指望国会从国库拨款以支付农业补贴，从而排除法院的异议。补贴计划作为农业政策的基石，一直保持到今天。

无论如何，农产品价格支持政策都不是普遍受欢迎的。罗斯福新政最尖锐的批评家胡佛明确指出："支持这一计划的整个论点正是这样一种理论，即人只是政府手里的小卒。这是政府对人的基本自由的侵犯。"[16]由于各自坚持自己政党的路线，人们在支持这一计划上产生了分歧。在1936年1月盖洛普机构(Gallup Organization)开始民意测验以征询公众对《农业调整法》的看法时，民意测验在美国还是一个相对较新的方法，民意测验结果发现，支持和反对的人几乎是一半对一半。在接受民意测验的民主党人中，70%的人支持这部法律；而在共和党人中支持该法律的只有8%。然而，在谈到食品价格时，公众具有很强的洞察力。农业部长亨利·华莱士制定了一份他所认为的主要食品和其他主要产品的公平价格清单。当被问及，认为什么样的价格构成小麦和玉米的公平价格时，接受抽样民意测验的人回答说是小麦每蒲式耳1美元、玉米每蒲式耳75美分。[17]这样的价格差不多就是1937年的平均零售价格，尽管第二年这些价格又急剧下跌了。

《农业调整法》宣告了过去的自由放任农业政策的终结。期货市场在帮助确定价格和销售方面的功能被证明是软弱的。金融市场之外的大多数政治家和时事评论员们，对空头袭击和囤积居奇——它们为其主要参与者赚取着大量财富，而与此同时农场主们的境况却年复一年地恶化——普遍感到厌烦。随着类似于证券市场法律的期货市场法律的通过，期货交易所无力制止池内交易商行为的局面结束了。尽管公共关系对期货市场不利，然而它们依旧繁荣兴旺，虽然指责它们只不过是赌窝的陈词滥调再次沉渣泛起。事实上，对期货市场的这种描述从来就没有真正消失过。尽管与19世纪的交易商们比起来，20世纪30年代的交易商们对他们高超的池内交易技艺更不愿多言，但是他们依然认为，囤积居奇和空头袭击是正当的场内交易策略。

重返交易池

亚瑟·卡顿并不是唯一一个在20世纪20年代末至30年代初活跃在期货市场上的著名投机商。托马斯·M.豪威尔(Thomas M. Howell)是芝加哥期货交易所具有传奇色彩的一只孤狼。他的交易公司是独资经营公司。他没有合伙人，也没有雇用雇员为他工作。豪威尔1882年生于内布拉斯加州，原先在当地的一家小报社工作。该报社的所有者在1907年金融危机后需要现金，豪威尔从他手里买下了一家小经纪公司。当发现自己置身于经纪业后，他下定决心要搞明白他所买下的这个东西,因此他开始尽其所能地了解商品价格。公司在芝加哥期货交易所外面按照纽约的股票场外交易市场的方式运营。这只是一个开端,但肯定不是他的目标,因为不久他就在芝加哥期货交易所交易大厅里的交易池内默默地为自己交易,其沉默寡言的举止倒让亚瑟·卡顿显得相对健谈了。

让豪威尔在交易池中一鸣惊人的交易出现在 20 世纪 30 年代末开设的玉米交易池中。尽管从 20 世纪 20 年代中期起,作为一个神秘的交易商,他就已经非常著名了,但是当他在玉米期货上取得巨额的多头头寸时,他的声名顿时大振。具有讽刺意味的是,这件事发生在美国政府据说正通过农业委员会卖空玉米期货的同一时间。对于这一政府行为,唯一确切的解释就是,它希望价格稳定。然而,豪威尔继续积聚玉米期货,然后注视着市场慢慢醒悟并认识到满足交割所需的现货玉米不足的事实,而这正是豪威尔想要的结果。豪威尔的妙举成了芝加哥交易池中谈论的话题。除了豪威尔新获得的名声之外,这一交易中最有争议的部分就是,农业委员会在胡佛总统和其他人正对卖空的罪恶大为不满时进行了卖空。

当农业咨询理事会(Agricultural Advisory Council)指责他在卖空时,豪威尔一改以往言简意赅的作风。"这里有一个令人不可容忍的卖空罪恶的例子,"理事会说,"它促使价格下跌,对玉米种植者绝对没有任何好处。"豪威尔要求理事会收回这一声明,理事会也这样做了,但此前一些通讯社就在全国播发了这一声明。愤慨之火在种植玉米的各州迅速燃起。电报如雪片般涌入华盛顿,质问胡佛,政府是否已经卖空玉米。豪威尔公开表明其观点,谴责政府对期货市场的"两面派"态度,随后他利用这种对交易所有利的干预为交易商们赢得了高分。当被问及经济复苏的可能性时,豪威尔悲观地说:"不,我看不到任何好转的迹象。但是,让市场恢复信心的最可靠的途径就是消除政府的影响。"[18]

随后的信息显示,在这次交易中,豪威尔既是多头又是空头,展现了他操纵市场的不可思议的才能。通过卖空,他促使其他许多同样期待价格下跌的场内交易商们同样地卖空。然而,同时,他又在囤积现货玉米。当他用自己的多头头寸交割了空头头寸后,他就锁定了两种价格之间的价差。其他卖空的交易商则被迫交割,尽管这会抬高玉米的即期交割价格。另外,他持有净多头头寸(net long position),这意味着他从价格上涨中得到好处。他在两个方向上都抓住了市场,从价格上涨和价格下跌中获利。当交易真相被揭露时,鉴于农场和整个全国的经济情况，管制者们大发雷霆。管制者声称，豪威尔在这场卖空交易中获利100万美元。对此，豪威尔反驳说，他实际上做多了800万蒲式耳玉米。两种宣称都是正确的。

罗斯福政府追着亚瑟·卡顿不放，并终于在1934年禁止他从事期货交易。亨利·华莱士不是期货投机者的朋友，他正式指控卡顿在1930年和1931年没有披露头寸，并设法禁止卡顿进入全国所有的期货交易所。在宣布这些指控时，华莱士开玩笑地把卡顿称作"供求规律和自由放任政策最伟大的支持者之一"——拐弯抹角地提到卡顿和克拉伦斯·赫夫牧师(Reverend Clarence Huff)之间在报纸上进行的论战。作为农场主国营粮食公司(Farmers National Grain Corp)的总裁，赫夫最近表示，谷物交易池是不必要的，应当关闭芝加哥期货交易所。玩世不恭者们自然要问，公司是否在1931年豪威尔论战的时候，经过一番艰难困苦而了解了交易池。一向沉默寡言的卡顿开始感觉到谷物交易池的许多恶意批评者们制造的压力，他回击说，赫夫的这番话有资格"因其无知而获得'傻瓜奖'……当赫夫变得粗暴无礼时，牧师的头衔简直是对神圣的亵渎，完全丧失了它的社会地位和重要性"。他继续说："经济学家们认为，任何年产商品(commodity of yearly production)远期交割交易的取消都将导致垄断……难道说赫夫牧师已经放下了他慈善或者仁爱的兄弟情谊的衣钵？或者已经抛弃了'金箴'(Gold Rule)[1]本身，而把垄断当作自己的最终目标？"[19]多年来为了捍卫期货市场已经进行了大量的辩护，但没有一种辩护意见声称取缔期货市场将会导致垄断。这种评论存续多年，让卡顿非常沮丧。

按照华莱士的指控，卡顿在1930年和1931年多次未报告自己的实际头寸。查账的结果表明，卡顿从1931年开始申报的数字与政府声称是他的实际多头和空头头寸的数字之间有很大的出入。然而，更重要的是，农业部不想放过他，因为他在小麦价格将要急剧下跌时还在维持空头头寸。在1930年初到1931年底之间，小麦期货价格从每蒲式耳1.34美元下跌到56美分，除期货交易商以外，每个人都认为这样的下跌是不道德、不爱国的。卡顿因不服对他的禁令而提出上诉，当罗斯福政府开始讨论一项新的商品法律以加强《谷物期货法》的实施和惩罚力度时，政治最终卷入了这场争论。

---

〔1〕"金箴"是指,《圣经》中教导说一个人要别人如何待他，他也应该要求自己一样待别人的箴言。——译者注

在华莱士指控卡顿之后不久,谷物期货委员会(Grain Futures Commission)就召开了会议。会议期间做出了决定,两年内禁止卡顿在所有期货交易所进行交易。他认为这一行动是"令人不可容忍的",发誓要上诉法院继续斗争。他的辩护声称,他只不过是因为名气太大,才被当作了出头鸟。在华莱士宣布委员会的决定时,他称卡顿为"这个国家有史以来最伟大的投机者"。委员会同时指出,1930年他在卖空问题上对海德的回应是欠妥当的。几乎每个人都希望他把上诉进行到底。他追查数年最终破获的入室盗窃事件,证明了他的坚强决心。然而,上述指控证明,罗斯福政府以胡佛为榜样,决心清理那些充斥着它所认为的过度和有害投机的期货市场。

类似的命运不久就落到了豪威尔的头上,华莱士在指控卡顿之后不久就指控豪威尔违反了《谷物期货法》。与卡顿一样,对豪威尔的指控也集中在1930年和1931年他进行的交易上。有争议的是玉米囤积问题。受到指控的不仅有豪威尔本人,还有他的几个家庭成员,包括他的妻子和女儿。华莱士声称豪威尔利用其家庭成员补进大量头寸,以避免其违反《谷物期货法》和芝加哥期货交易所的规则的行为被发现。诉讼声称,豪威尔及其同伙在1931年5月持有当年7月份玉米的所有未平仓合约的32%,但是到了7月30日就持有这种合约的85%。由此引起的挤轧空头使每蒲式耳玉米的价格增加了14美分。由于空头们急忙补仓,在全国可得到的小麦供给量减少。[20]这一交易是通过挂名账户(dummy account)完成的,这些账户是为了规避《谷物期货法》的披露规定而编造的。

这些指控令豪威尔大为光火,他在联邦法院提起诉讼,要求审核《谷物期货法》的合宪性。他的律师声称该法授予了谷物期货委员会"准宪法的权力",尽管他发现该委员会并不是一个真正的法院。虽然提起了起诉,但豪威尔还是决定在位于佛罗里达州的自己的游艇上兜风,对于起诉,他很少有评论,这是他一贯的做法。在随后的谷物期货管理局(Grain Futures Administration)的听证会上,豪威尔的律师扭转了局势,他称自己的当事人是"公众的恩人",并说豪威尔在市场下跌时,在多头头寸上实际损失了100多万美元。尽管辩护已经很清楚了,但豪威尔还是拒绝回答做空是赚了还是亏了。豪威尔坚持说,要证实他犯有被指控的罪,管制者们就必须当场抓住他——但他们当时什么也没有做。因为这些指控是在事后才提出的,因此豪威尔认为它们实质上是没有意义的。

豪威尔的轻慢态度在法律上不是毫无根据的,正如他后来的上诉所表明的那样。而且，在20世纪30年代的美国，富有的商品交易商们开着豪华游艇在佛罗里达州海岸边兜风，而数十万名佃农们正离开他们的家园、过着缺吃少穿的生活。小J. P. 摩根(J. P. Morgan Jr.)喜欢开着他的豪华游艇"海盗号"在哈得逊河(Hudson River)上兜风，不远处就有许多临时搭盖的贫民窟，也就是胡佛村，这些贫民窟是沿着河边草草搭建起来给无家可归者居住的。美国成为一个对比鲜明的国家，再也没有什么比商品期货交易商们与农场主们之间的巨大差异更显著的了。在20世纪30年代中期，佃农们的年平均收入大约是400美元，假如他们恰好还有活儿干的话。这一数字只是诸如卡顿或者豪威尔这样的成功交易商1小时的收入。

期货市场开始受到趋势变动的影响。1933年芝加哥期货交易所席位的价格降到了6 000美元，第二年就又涨上去了。芝加哥期货交易所随后暂时剥夺了纽约证券交易商杰西·利维摩尔在交易所交易的权利，他因把交易所当作其在股票和商品两个方面进行投机的又一个通道而声名狼藉。1935年，芝加哥期货交易所最大的一家交易公司——罗森巴姆谷物公司(Rosenbaum Grain Corp)——申请破产并寻求重组。每年总有大大小小的交易商们被开除出交易池，他们要么是因为明目张胆地违反交易所的规则，要么是因为偶然参与投机商号的交易。然而，直到卡顿抵触《谷物期货法》，还没有一个大交易商因为违反500 000美元的合约最高限额而受到制裁。

到20世纪30年代中期，形势无疑正朝着有利于管制的方面转变。自由市场体系看来似乎不能使经济恢复平衡，偶尔的政府干预似乎也不成功。商品价格从1931年的低位开始上涨，但是价格波动依然十分剧烈。被谷物交易池所吸引的新闻报道超过了对农场主们成群结队地大批离开他们在大草原和中西部的家园的报道。罗斯福政府指出，期货交易需要受到管制，这种管制与《1933年证券法》和《1934年证券交易法》被通过之后股票市场受到的管制大致相似。期货交易商们无法逃避落到其他人身上的同样的命运。通过立法帮助清理市场的时候就要到了，充当政府运动先锋的正是华莱士。

需要制定一部适用范围能囊括所有期货市场的新法律，以防止交易商们扭曲必需品价格，就像《证券交易法》被设计成包括所有证券交易所一样。1936年通过了这样一部法律。这就是著名的《商品交易法》(Commodity Exchange Act)，它取代了那些已经存在的零零散散的法律，旨在适用于所有的期货交易所。棉花交易所声称,1915年《棉花期货法》的管制已经很充分,拼命想让国会将它排除在法案适用范围之外。南卡罗来纳州有个绰号为"棉花埃德"(Cotton Ed)的参议员史密斯(Smith)充当了他们发动的这场攻势的先锋,为了将棉花交易所排除在外,他有效地进行了游说。但是,他最后应政府的要求放弃了游说,而这部法律的适用对象也就包括了所有的交易所。与此相似,芝加哥商品交易所寻求将黄油和鸡蛋交易排除在外的活动也没有获得成功。在许多方面,新法律都与《证券交易法》相似,但缺少证券法的强制力。

根据这部法律,成立了商品交易委员会(Commodities Exchange Commission),委员会包括3名内阁成员——农业部长、司法部长和商务部长。这3名内阁成员对期货交易所拥有最终管辖权。他们要求经纪人在该委员会登记注册。他们也可以限制特定交易所任何一天的交易量,要求经纪人把客户保证金与经纪人商号资金分开,以免出现搞不清经纪人到底把谁的资金投资在市场上的情况。委员会公开宣布,其宗旨是减少期货市场上自1929年底以来已有的那种猖獗投机。

最重要的是,《商品交易法》禁止农产品期货期权交易。[21]自19世纪以来就给期货交易所投下了阴影的期权市场终于被禁止了。商品交易委员会保留了审查所有开设新期权交易的请求的权利,尽管这个问题在之后的30多年中再也没有出现。

交易商们自然不喜欢这部新法律。许多人预言,由于有了被他们视作政府干预的这些措施,期货市场很快就会消亡。芝加哥期货交易所的管理层声称,现行规则已经足够了,看不出有何必要制定这部新法律。其场内交易商中大约70%的人把这种想法推进了一步,他们拒绝在这个新成立的委员会登记注册,宁愿像往常一样进行交易。芝加哥商品交易所的管理层不愿意将黄油和鸡蛋交易纳入法案最终版本之中,声称《商品交易法》本质上是谷物交易法案,黄油和鸡蛋交易不属于谷物交易,不应当以那样的方式去执行。然而,他们的抗议只是马后炮。交易所最终不得不面对现实。1936年新法律通过之后,他们不得不忍受对新法律的愤慨,他们把它看作政府对他们事务的毫无理由的管制。无论如何,这部法律也存在不少缺陷,许多人都认识到这一点。

与1933年和1934年的证券法不同,期货交易所没有专职管制者对它们进行监管。根据《1934年证券交易法》建立了证券交易委员会,这是一个由5个委员组成的小组,他们的专职工作是监督一级和二级证券市场的交易行为。证券交易委员会效仿最初的美联储而设计。从其成立时起,美联储就配备了银行家,其专门职责是负责监督别处尤其是地区层面银行的活动。在1929年证券市场崩溃前后,纽约地方联邦储备银行的成员就全部是深深卷入股票市场的银行家们。然而,《商品交易法》不是以同样的方式制定的。管制和监督权被交给了政务官(political appointees),这些政务官还有很多其他职责和义务。

最后的驴叫声

在20世纪30年代大萧条持续期间,主张促进农业利益的进步党人的呼吁超出了社会和政党路线的界线。农业利益促进者们被证明是对新政有用的,因为他们的主张与罗斯福的许多政策是一致的。然而,总统和他的内阁成员在其他方面是否对作为一个团体的农业利益促进者们也大有用处,是值得怀疑的。把农场主们的利益放在第一位并把这个国家的大多数社会和经济弊病都归咎于华尔街银行家们的朴素的意识形态,也使他们与其他挑动争端者,包括绰号为"电波牧师"(Radio Priest)的查尔斯·考哥林神父(Father Charles Coughlin)[1]以及休伊·朗(Huey Long)[2]这些人牵扯在一起。20世纪30年代,这些花言巧语很受听众欢迎,尽管有时它听起来与多年以前的《迪尔伯恩独立报》的煽动性言论非常相像。

农业利益促进者们的奄奄一息出现在1936年初。北达科他州参议员杰拉德·P.奈(Gerald P. Nye)要求召开听证会,旨在最后一次对银行家们和金融家们进行调查。调查的主题一定要把公众撩拨得兴奋起来,对于像几年之前"佩科拉听证会"那样耸人听闻的听证会,公众现在已经感到习以为常了。然而,委员会似乎正急切地想抓住"救命稻草"。他们的话题并没有激发起公众的想象力,它已经远离了公众的心理。银行家们会仅仅为了向美国的欧洲协约国盟友们出售战争物资和商品以赚取超额利润,就把美国引入第一次世界大战吗?被他们

---

〔1〕 考哥林,查尔斯·爱德华(1891—1979年),加拿大裔的美国教士和政治活动家,在布道广播中赢得许多观众。1924年因其布道变得越来越亲法西斯而被修道院院长阻止。——译者注
〔2〕 休伊·朗(1893—1935年),1928~1931年间担任路易斯安那州州长,1932~1935年间任美国参议员,提出公共工程计划和福利法案,反对富人拥有过分特权,参议员任内提出分享财富计划,最终遭到暗杀。——译者注

作为主观臆测根据的原始资料明确断言,银行家们就是这样做的。

听证会的根据是1935年出版的、由纽约《先驱论坛报》(Herald Tribune)记者沃尔特·米利斯(Walter Millis)撰写的一本题为《战争之路》(The Road to War)的书。按照米利斯在这本书中的说法,希望从战争融资中渔利的银行家们硬是把美国拖入了这场战争。众所周知的是,兼任美、英两国战争努力的采购代理人和供给主管人的J. P. 摩根公司,赚取了3 000万美元以上的利润。随着20世纪30年代的推移,对银行家的怨恨又一次浮出了水面。1933年《格拉斯—斯蒂格尔法》对银行家的限制并没有满足人们对那些看来似乎是对银行家们进行报复的措施的渴望。需要附带说一下的是,20世纪30年代美国社会有积极反省的本性。当欧洲政治再次变得反复无常时,美国似乎正采取中立的态度。美国国内的问题太多了,已经无暇关心欧洲的重大事变了。

具有讽刺意味的是,这本书中的论点与共和党内显赫的老进步党人、内布拉斯加州的参议员乔治·诺里斯持有的观点相同,而诺里斯早在1917年就阐述了这种观点。当时,诺里斯是唯一为抗议银行家们对伍德罗·威尔逊的影响而大声疾呼的人。正如《时代》杂志所说:"1917年,参议员诺里斯几乎是唯一一个解释美国为什么会走向战争的人。到了1936年,一大群人和政治家们依然沉浸在对他们国家已经经历的事情的回忆之中而感到不舒服甚至痛心,他们很乐意认同诺里斯的看法。"[22] 1933年,田纳西河流域管理局(Tennessee Valley Authority,TVA)成立,诺里斯在促进其成立方面出了很大的力。田纳西河流域管理局建造的一个大坝甚至以他的名字命名。这些新的主观臆测表明,嘲弄金融家们仍然可以得到某些好处。

差不多20年后,针对银行家们的批评再次出现并且拥有很多支持者。以北达科他州参议员奈为首的1936年参议院委员会主要听取了包括J. P. 摩根公司在内的银行家们的证词。奈是20世纪30年代进步党人留在国会中的最后几个成员之一。奈以前做过一家小镇报纸的编辑,1925年他最初来到参议院是为了填补一名刚去世的共和党人留下的空缺。在这之前,他曾经担任的最高职位的公职是他所在地方学校董事会的成员。在参议院缓慢起步之后,他凭借自己的实力赢得了改选,并以"野驴之子"之一而出名,尽管他大部分的演讲和举止是克制和理智的典范。代表北达科他州是一项费力的工作。在华盛顿的大多数政客瞧不起北达科他州,其中一个特别的原因是,它因其独特的大草原社会主义而变得众所周知。这个州是美国的一个小麦主产区，并且据说在芝加哥那些池内交易商们的控制下已经蒙受了重大的损失。有人在第一次世界大战期间已经变得富有，可是尽管战争期间银行家们为协约国（Allies）采购了数量空前的商品，然而农场主们从来没有因为这一采购计划而变得富有。他们所得到的最好的结果莫过于，在1920年经济衰退前有了几年像样的价格和需求。

1936年的这次听证会被称为"奈委员会听证会"（The Nye Committee Hearings），主要由奈和法律总顾问（General Counsel）斯蒂芬·劳申布什（Stephen Raushenbush）主持。劳申布什非常详细地询问了一些银行家。委员会成员们怀着浓厚的兴趣详细阅读了许多银行家在战争期间的私人信件，但是当出现疑问时，他们所得到的答复是，J. P. 摩根公司怎么也记不起差不多20年前发生的事情了。这非常符合商品销售的实际情况，银行家们被指控安排商品销售贷款给英国人，以让这些商品可以与来福枪和其他物资一起卖出去。银行家们赚了大钱——从战争债券发行的银行费用和摩根的采购费用两个方面赚了大钱——是这一指控的核心所在。然而，听证会从未取得实质性的进展。银行家们忘记了他们过去的交易，因此听证会只能在枯燥无味的声调中结束。如果没有确凿的证据或者对串通舞弊的完全供认，委员会所做的只不过是对那些记性不好的银行家们的一次平淡无味的交叉讯问。

就连新政计划的强有力的支持者纽约《每日新闻》（Daily News）和针对银行家们的严厉批评家都断定奈根本不能证明什么。"参议员奈再一次翻出那些陈年老账并且跨过证人席炫耀它们，真不知道他认为这样做到底证明了什么？"《每日新闻》问道。"让我们说句公道话吧。摩根和其他银行家并没有使我们卷入那场战争。而奈暗示说他们这样做了，他的这种暗示是不公平的，是不符合历史事实的，也是不真实的。"[23] 鉴于当时的政治气候，20世纪20~30年代肆虐的阴谋论依然流行。在20世纪30年代快要结束前，一部影响公用事业的重要法律获得通过，关于美国商业垄断形成方面的研究就要开始了。第二次世界大战最终将减轻施加在商业、华尔街和拉萨尔街之上的压力。

洗 冤

经过多年的上诉，1936年，最高法院终于审理了卡顿的案子。裁决结果并不令政府或期货市场的反对者们满意，因为法院驳回了这项指控。法院谴责了《谷物期货法》的用语，法院判定，该法要求对头寸过大的交易采取预防性措施，而不是在交易之前就采取惩罚性措施。"(《谷物期货法》)第6条(b)款的用语是清楚的，"布兰德斯法官写道，"它的用语是简单明了、确定无疑的，实际上，政府所要求的不是对法令的解释，而是通过法院对它进行扩展，因此，大概（或者说可能）由于疏忽而被省略的内容，也许可以纳入其适用范围之内。"[24] 因此，指控被驳回，而卡顿又可以自由交易了，没有了必须通过其他经纪人进行交易（在他和豪威尔被迫暂停交易时，芝加哥期货交易所先前已经允许他们这样做）的麻烦。坚持不懈的努力又一次得到了回报。

一个月后，豪威尔也摆脱了对他的指控。一家美国联邦巡回上诉法院(U.S. Circuit Court of Appeals)驳回了谷物期货委员会对豪威尔发布的禁令，驳回的依据与最高法院裁决卡顿案的依据是相同的。但是，到1936年年中时，这些诉讼很快变得过时了。最高法院对卡顿的无罪宣判，有助于为《商品交易法》提供推动力，尽管当该判决下达时，《商品交易法》已经顺利地获得通过。上诉表明，《谷物期货法》的用语含糊不清，以致不能处理交易违规问题。国会中的大多数议员们都意识到了这个问题，并因此提议制定一部新的法律，卡顿案只不过帮助扩大了这种需要。没有得到回答的主要问题是，《商品交易法》是否具备必要的手段以阻止这种问题再次发生？《商品交易法》无疑是朝着更多的管制方向迈出的一步，但是它足够强有力吗？

《商品交易法》一经通过，猎杀空头(bear hunt)就正式结束了。卖空是最终促成这部法律出台的催化剂，尽管它只是侥幸发现的东西，这种侥幸让期货市场能像它们所做的那样长期逃避有针对性的管制。20世纪20年代末，期货市场处于次要地位，这对交易池无疑是有好处的。佩科拉听证会披露的事实和理查德·惠特尼在纽约证券交易所遭遇的痛苦——因被指控欺诈和贪污而入狱——以及《证券法》《证券交易法》和《格拉斯—斯蒂格尔法》所导致的华尔街的令人痛苦的变化，全都凑在一起使池内交易商们得以摆脱他们不想得到的关注。而国会在创建一个专职管制期货市场的证券交易委员会式机构方面的不情愿，无疑导致了后来在华盛顿与期货市场之间发生的斗争，尽管后者再次得以避开立法者们的盛怒。

在大萧条后期的几年里，芝加哥商品交易所也感受到了交易不振的压力。

不像芝加哥期货交易所,这家小得多的产品交易所从来没有参与20世纪30年代早期的那些空头袭击,也没能把一流的投机商吸引到它的交易大厅。事实上,它只吸引了很少的投机者。因此,这家交易所开展了公关活动,邀请其他经纪人和股票交易商加入并成为它的会员。芝加哥商品交易所的席位价格只有几百美元,它希望借此能够吸引到产生收益所必需的投机者和抢帽子者(scalper)。这一活动运作得很成功。截至1939年,相当大比例的黄油和鸡蛋合约由从事黄油和鸡蛋以外业务的交易商持有。这意味着,这些交易商是投机者,而不是套期保值者。[25]然而,1941年之后由于短缺变得非常普遍,第二次世界大战再次使芝加哥商品交易所交易的这些商品遭到冻结。

20世纪30年代末,商品价格再次暴跌。小麦和玉米的价格跌回到1931～1932年的水平。尽管《农业调整法》努力限制产量,但农业产量始终略高于需求,对农产品价格存在抑制效应。欧洲的战争也抑制了进口需求,阻碍了美国农产品的出口。由于生产过剩、需求疲软,联邦政府发现自己不得不竭尽全力支撑农产品价格,可是一旦战争升级,被压低的价格又会迅速反弹。在价格上涨的背后是一个几十年来都没有碰到的因素——战争经济,其特征是,对各种各样商品的需求都很强劲,从制作降落伞所需的丝织品到制作定量配给给士兵们的巧克力所需的可可豆。

在多年不懈的努力后,华盛顿终于把那些规章制度强加给了证券和商品期货行业。在两者之中,1936年期货立法不及华尔街的那些规章制度,尤其是不如《格拉斯—斯蒂格尔法》和《证券交易法》出名。尽管在投机和丑闻方面拉萨尔街肯定比得上华尔街,但在传统上,期货业总是与拉萨尔街连在一起,纵然纽约在19～20世纪初期货业也很繁荣。只是在第二次世界大战后,期货业与华尔街的联系才变得更加紧密。战前,人们错误地把期货业仅仅与中西部及农业区的那些政治呼声不入主流的立法者们联系在一起。从20世纪20年代末到30年代中期,人们可以清楚地听到批评赌博和投机效应的洪亮"声音"。然而,在猎杀空头行动结束后,另一些话题赢得了全国的关注。

下 半 旗

到1940年,被压低的价格和更严厉的管制形势已经给交易池造成了损失。

芝加哥期货交易所的席位价格降到了750美元,是19世纪90年代以来的最低价。一年之内,席位价格就下降到了200美元以下。在1940年,交易是如此冷清,以至于交易所在12月改为半日交易,以弥补交易的不足。许多富有的投资者,如安纳伯格(Annenberg)家族出版公司,把他们的席位当作注定要失败的东西而不再心存希望,他们出售席位所换得的钱相对于他们的财富而言只是一点零花钱。此中所传递的信息似乎已经很清楚了。如果没有价格的剧烈波动、空头袭击和囤积居奇,交易池就既不值得投机者们花费时间,也不值得他们耗费精力。套期保值本身既不是一项有价值的行动,也不是一项有利可图的行为。

随着第二次世界大战的加剧,商品价格在20世纪40年代早期至中期再次出现反弹。小麦和玉米的价格在1939～1941年之间创下了上涨70%的纪录,但是价格的上涨对期货交易商们来说并不意味着成功。两个政府机构进入了市场,以确保价格欺诈(price gouging)和猖獗的投机不会把价格拉得更高。这通常会引起池内交易商们对政府干预他们交易的抱怨。然而,在1940年,却没有人抱怨,至少没有公开的抱怨。

在战争初期的几年中,商品信用公司(Commodity Credit Corporation)比它在20世纪30年代期间的表现还要突出。最初,它是根据总统的行政命令而组建的一家贷款机构,从复兴金融公司(Reconstruction Finance Corp,RFC)得到资金。1939年后,它被划归农业部。20世纪30年代期间,它给农场主们提供了上亿美元的贷款,以支持棉花、玉米、小麦和其他商品。支撑贷款的理念是,让农场主们储存他们收获的农作物,而不是马上到市场上去倾销,从而有助于稳定价格——在池内交易商们看来,这种行为将会妨碍他们对市场供给做出判断的能力。1933年成为复兴金融公司负责人的得克萨斯州商人杰西·琼斯(Jesse Jones),描述了这一计划是如何启动的。"1933年的一个下午,"他回忆说,"罗斯福总统叫我到白宫去。我一进入总统的办公室,他就说,'杰西,我想让你以1磅10美分的价格发放棉花贷款'。"[26]琼斯回忆说,他当时感到要满足这一请求是有困难的,因为当时每磅棉花只卖9美分。然而,总统的意图很明显。以高于商品实际价格的价格发放贷款将有助于抬升商品价格,而且如果利息费用足够低的话,将使农场主们能够收获并储存农作物,而不是被迫马上到市场上以低廉的价格出售以筹集现金。

甚至在1941年12月日本战机偷袭珍珠港之前,商品期货交易所就因为过度投机而遭到抨击。1941年5月,商品交易委员会主席J. M. 梅尔(J. M. Mehl)警告18个期货市场不要过度投机。他说,如果投机继续,期货市场就有被关闭的危险。尤其是两家交易所——纽约农产品交易所和新奥尔良棉花交易所——由于允许对它们的产品过度投机而被点名批评。他写信给它们说:"交易所不能轻视它所承担的必须设法使这种情况(市场有可能被关闭)不会发生的责任。"[27]尽管对投机的警告是针对大交易所的,但一些较小的交易所也交易被认为对战争至关重要的商品,因而也被认为是易受投机攻击的。当时在物价管理局(Office of Price Administration, OPA)工作的约翰·肯尼斯·加尔布雷思(John Kenneth Galbraith),被派遣去与几个交易所磋商。作为防止投机的内部变革的一部分,交易所被要求把它们的额定保证金提高到高于通行最低限额的水平。

物价管理局成了期货交易商们真正难以对付的机构。它是一个战时机构,建立这一机构的目的是对大多数商品的价格进行监控并强制实行最高限价——采用1942年3月记录的价格作为基础,并且它有权对短缺消费品(包括轮胎、汽车、汽油、咖啡、肉和加工食品等)实行定量配给。物价管理局花了几年时间才把价格控制住。这对期货交易商们来说意味着什么,是一目了然的。战争期间,摇摆不定的价格,特别是那些迅速上涨的价格,是不能容忍的。事实上,直到1947年中期,商品价格才从1942年的水平上正式解脱出来。

稳定的价格和定量配给制对国民精神也有影响。多年的萧条已经造成了损失。在多年缓慢的经济活动之后,公众对投机和赌博的态度明显变得保守了。1930年后,没有一个州的彩票还存在,许多州的宪法还因此增加了修正案,宣布发行彩票是非法的。1941年的一项盖洛普民意测验显示,在接受调查的人中,只有大约一半的人同意发行国家彩票来帮助负担战争费用。同年进行的另一项民意测验给人以更多的启发,在这项民意测验中,接受询问的人中只有24%的人承认购买过教会有奖销售的奖券或彩票机构发行的彩票,并且只有14%的人声称曾经在赌博游戏中赚了钱。[28]虽然池内交易商们未必受公众意见的限制,但是这一时期已经不容易引发通常的空头袭击和囤积居奇了。在战争期间,公众不会容忍市场操纵行为。正常的供求因素都被打乱了,只有最勇敢的多头才敢在这样的条件下尝试囤积居奇。空头们多半承认市场状况太稳定了,卖空不可能有利可图,而物价管理局的指导方针只不过使问题变得更复杂。

战争期间的劳动力短缺最终说服了交易所向女性敞开大门,但只限于一些辅助性的职位。1941年,芝加哥期货交易所取消了不雇用女职员的禁令,尽管她们在交易所大厅工作时必须穿合适的制服。然而,池内交易仍然禁止女性进入,她们被指派到后台,从事电报员或电话接线员这样的工作或职位。股票市场同样放宽了规则,允许妇女在证券交易所工作,其中大多数交易所在其历史上还是头一次这样做。

在整个战争年代,谷物交易所设法继续开门交易,尽管从外表看,它们实行了一些限制措施。一些更专业的交易所关门了,直到战争结束才恢复营业。丝绸期货交易在1940年中断;铜和咖啡期货交易在1941年暂停;橡胶和糖期货交易在1942年初中断;而皮革和生皮期货交易则在1942年底暂停。许多农产品期货交易,其中包括棉籽油和黑胡椒的期货交易,在1943年开始感到处境困难;而黄油交易则完全停止,黄油已经从常见的基本食品变成某种决定战争成败的稀罕的美味佳肴了。肉制品也变得稀缺,这样的状况一直维持到1946年。尽管有许多不便,但没有听到交易商们有多少异议,他们明白,影响市场的正常因素已经严重失常了。

尽管谷物交易所在战争期间逃脱了被关闭的命运,但其中一些在战争结束后还是关门了。1946年6月,由于实行临时性价格管制,一些主要的谷物交易所的交易暂停了。然而,1个月之内,这些交易所又重新营业,并报告几乎所有商品当日价格上涨的最高纪录。由于物价管理局的价格管制被废止,价格再次放开,谷物价格的上涨幅度有时会达到每蒲式耳40美分。在物价管理局终结后的几个小时内,许多交易所就放宽了物价管理局对它们规定的保证金要求,以便使投机恢复到战前水平。

期货交易所大吹大擂地恢复营业了,尤其是那些平时不那么有名而对战争努力至关重要的商品的交易。纽约商品交易所的皮革交易在交易中断4年半后于1946年11月重新恢复。非常巧合的是,一个世纪以前,正是皮革市场首先吸引了年轻的杰伊·古尔德,让他第一次尝到了期货交易的滋味。尽管只有为数不多的合约在交易,但开盘价几乎是1942年收盘价的2倍。纽约商品交易所当时主要交易金属期货,它注意到,自交易中断以来,交易所席位的价格几乎上涨到原来的5倍。在交易中断时,其席位的交易价格是600美元,到了1946年,一个席位要卖到3 000美元。

杰伊·古尔德把华尔街当作保龄球道［1882年3月29日该画刊登于 Puck 杂志德文版上，由F.奥柏（F. Opper）绘制］。

图 3.1

几乎在交易所重新营业的同时,池内交易商们就恢复了他们以前的交易策略,试图为他们自己或者其他人囤积居奇。1947年,大西部食品经销公司(Great Western Food Distributors)试图囤积芝加哥商品交易所12月份的鸡蛋期货合约。该公司的多头头寸超过了芝加哥12月份可获得的鸡蛋的全部库存。一家公司企图成为囤积居奇者而不是池内交易商,这并不是头一次。20世纪30年代期间,芝加哥期货交易所就因为类似的滑稽举动而暂停了卡吉尔谷物公司(Cargill Grain Co.)的交易,尽管此后不久它就恢复了该公司的交易。1940年,芝加哥期货交易所因大西部食品经销公司企图囤积黄油期货而暂停其交易,1949年又因其企图囤积鸡蛋而中止其交易。芝加哥商品交易所对这一刚刚过去的囤积居奇感到如此惊慌,以至于它暂停了10月份的鸡蛋合约交易,而未平仓合约则必须以特定的价格交割或者转让。[29]

　　第二次世界大战后,在20世纪40年代末,由于消费者的迅速增加以及批发价格的迅速上涨,原有的交易策略在交易池中又被采用。在多年来对交易进行的限制被取消之后,价格的反复无常又回到商品市场,再次将投机者们吸引到交易池中。大多数其他金融市场未对价格波动做出很好的反应,但是期货市场证明,它们由此兴旺。如果没有价格波动,它们的功能就不可能得以实现。如果没有能够进行抢帽子交易的可能性,那么套期保值者们就没有任何理由去套期保值,投机者们也就会消失。第二次世界大战后的那段时期,并不是这一古老的法则第一次得到证明的时期,尽管它的确突出了这样的事实,即期货市场只会按照它自己的节拍前进,在这段时期也依然不能例外。

　　在20世纪30年代以及战争年代期间,联邦机构的出现并不是对期货市场的控诉。尽管期货市场已经能够为农场主们赢得某种价格稳定性,但是其他的农业问题依然不在它们的影响范围之内。产量的不断增加、供给的周期性波动和消费者嗜好的改变全部影响着市场,而所有这些都是大大超出期货市场影响范围的因素。作为生产过程的中介,期货市场的主要任务是提供有益于农场主们和农产品加工者们的远期交割价格。它们的这些服务提供的程度有多好,要取决于使用者的意图和现金市场即实物市场[1]的状况。然而,对于期货市场如何提供其基本服务,仍然存在普遍的不满。期货价格正本末倒置且反常地影

---

　　[1] "现金市场"(cash market)、"实物市场"(physicals market)即"现货市场",在本书其他地方统译为"现货市场"。——译者注

响着现货价格,而不是相反,就像是尾巴摇动着狗而不是狗摇动着尾巴一样,这完全是一种僭越。

在正常情况下,人们指望期货价格不仅是对商品当前现货价格的反映,而且是对其他因素诸如储存成本和对短期的预期等因素的反映。然而,当空头们或者囤积居奇者们聚焦于特定远期交割月份并开始他们的交易时,现货市场常常会出现剧烈的价格波动,同时,其他的交易商尽力想确定这些交易会对他们产生什么影响。空头们常常被迫在现货市场上买进以补进空头,或者多头们可能被迫在现货市场上开始卖出。在战前的多年里,几乎从芝加哥期货交易所与其他交易所开始交易时起,期货市场和现货市场之间的联系就超越了理论上的关系。这种联系是显而易见的,它屡次给农场主们带来灾难,尤其是在最意想不到的时候。而头等重要的问题是,在战后的多年里,这种联系是否还会继续存在,或者说,期货市场是否会发展成为更加复杂的套期保值和投机市场。只有时间才能告诉我们这个问题的答案。

注 释

1. *New York Times*, September 21, 1930.

2. Ibid.

3. Ibid.

4. Ibid., September 23, 1930.

5. *Magazine of Wall Street*, November 29, 1930.

6. Ibid., September 27, 1930.

7. Reported in the *New York Times*, January 13, 1935.

8. *Magazine of Wall Street*, November 29, 1930.

9. [Clinton Gilbert], *The Mirrors of Wall Street* (New York: Putnam, 1933), p.255.该书为匿名出版。

10. Bernard Baruch, *My Own Story* (New York: Holt, Rinehart & Winston, 1957), p.51.

11. Walter Lippmann, *Interpretations*, 1931—1932 (New York: Macmillan, 1932), p.325.

12. Charles R. Geisst, *Wall Street: A History* (New York: Oxford University

Press,1997),p.210 ff.

13. Peter Bernstein, *The Power of Gold: The History of An Obsession* (New York: John Wiley & Sons, 2000), p.321.

14. Harold L. Ickes, *The Secret Diary of Harold L. Ickes: The First Thousand Days* (New York: Simon & Schuster, 1953),p.566.

15. Willard W. Cochrane, *The Development of American Agriculture* (Minneapolis: University of Minnesota Press, 1979),p.141.

16. Herbert Hoover, *The Challenge to Liberty* (New York: Charles Scribner's Sons, 1934),p.88.

17. Gallup polls of January 5, 1936, and December 19, 1937. See George H. Gallup, *The Gallup Poll: Public Opinion 1935 — 1971* (New York: Random House,1972),pp.9,79.

18. *New York Times*, September 13,1931.

19. *New York Times*, August 24, 1932.

20. Ibid., November 17,1934.

21. Commodity Exchange Act, US Code, Title 7, Section 6.

22. *Time*, January 20, 1936.

23. *Daily News*, January 13, 1936.

24. *Wallace v. Cutten*, 298 US 229(1936).

25. Bob Tamarkin, *The MERC: The Emergence of a Global Financial Powerhouse* (New York: Harper Business,1993),p.62.

26. Jesse H. Jones, *Fifty Billion Dollars: My Thirteen Years with the RFC* (New York: Macmillan, 1951),p.88.

27. *New York Times*, May 14, 1941.

28. 1941年2月19日和10月4日的盖洛普民意测验。关于国家彩票的2月份的民意测验在东北部受到最强有力的支持,60%的人赞成发行国家彩票。在中西部,国家彩票最不受欢迎,在那里仅有39%的人赞成发行。参见:Gallup, *Gallup Poll*,pp.264,300。

29. Tamarkin, *The MERC*,p.85.

第四章 增加交易品种

尽管多年来声名狼藉并受到批评家们的抨击，但期货市场在经历了第二次世界大战管制非常缺乏的时代之后依然继续存在下来。1936年的《商品交易法》确定了期货市场管制者的地位，但它的效力却受到了怀疑。只有在不满意见增加并且再也不能不予理睬的时候，政策制定者们才会重视期货市场。如果出现民族危机，就像两次世界大战期间出现的那样，那么政府总是能够有效地关闭期货市场或者管制价格。这些年来，期货市场简直太幸运了。股票更为流行，引起了大部分公众的注意。尽管期货市场在保证约定价格下的商品流量的稳定性方面具有重要作用，但是人们仍然认为它们对一个进一步远离农业的工业化国家来说并非那么重要。

朝鲜战争后，金融市场不再接受管制。终止物价管理引起商品价格上升，联邦储备系统放开对利率的管制，标志着自第二次世界大战开始就束缚着市场发展的特别措施的终结。

朝鲜战争后，股票市场经历了自20世纪20年代以来的第一次大牛市，经济前景似乎好过近20年来的任何时候。尽管期货市场很繁荣，但它仍苦于应付政治因素带来的波动。反期货势力在《哈奇法》通过60年后赢得了第一场重大的胜利。此情此景下，胜利是实实在在的。

20世纪50年代初，华尔街在法庭上获得了大胜，当时法官援引司法部存档的反托拉斯诉讼案指控17家投资银行,声称他们违反了反托拉斯法。这桩诉讼案是奈听证会的翻版,奈听证会上就曾起诉第一次世界大战后投资银行家之间的相互勾结。然而,由于缺少决定性的证据,起诉被驳回。结果,华尔街在社会和政治两方面声名鹊起。股票经纪人不再像20世纪30年代那样不光彩,它已成为受人尊敬的职业。商业环境比以往大幅改善,增长再次成为一个可以接受的市场术语,不再是市场泡沫的同义词。

拉萨尔街和纽约商贸市场的环境也在改善。商品价格开始上升,国内消费再次激发了人们对农产品的需求。然而,期货经纪人还是远远落后于他们的华尔街同行。与小投资商交易还不是一门容易掌握的艺术。20世纪50年代,那些大的"电报行"经纪人,如美林(Merrill Lynch)、休顿(E.F.Hutton)、贝奇(Bache)和添惠(Dean Witter),都快速把自己的业务扩展到全国,以满足蓬勃发展的投资基金来源——零售投资商——的需要。不过,日用品经纪人仍然固守专门渠道。他们的业务在20世纪50~60年代大幅增加,但这不过是华尔街的10年,繁荣并不属于拉萨尔街。

华尔街和拉萨尔街之间长期存在的比较贯穿了20世纪50~60年代。当时证券业务仍然是男人的天下,这些人拥有成功所必备的良好关系网和教育背景。另一方面,拉萨尔街还是一个乱糟糟的地方,在这里教育程度高与成功并没有必然的联系,只有靠阴谋才能生存。退役运动员、卡车司机、医生、大学老师等就像工商管理硕士(MBA)和交易商一样,拥有同样的经商手段。虽然华尔街的场内交易不太有秩序,但它仍然比拉萨尔街的公开叫价场内交易(open-outcry pit trading)要好得多。当拉萨尔街的交易红火时,偶然的殴斗还是会出现在交易场中。日用品期货市场毫无秩序可言,交易就是一切,根本找不到投资银行或企业金融的影子,有的只是阴谋。

当时局变得艰难时,市场就更混乱了。长期以来,期货交易人员就毫无政治影响力,与华盛顿也没任何特别关系。过去每当国会施加压力时,交易人员总能幸运地逃脱。在20世纪30年代早期佩科拉委员会指控华尔街银行家时,期货市场虽远离他们的摩擦,但无法置身事外。甚至1936年的《商品交易法》偏袒证券市场时,期货市场依旧毫无作为。期货市场对经济总体的重要程度(尤其与华尔街相比)才是问题的重点。经过100多年的发展,期货市场在协调物价发展方面不可或缺的地位已经确立,但除此之外,它们还没被视为合法的金融市场。作

宾夕法尼亚州牛肉承包商:"想要牛排?天哪,世界怎么啦?哎,我的好哥们,如果你得到牛排,你让承包商咋活呀?告诉我啊!"

1986年8月17日该画刊登于《哈勃周刊》,由托马斯·娜斯特(Thomas Nast)绘制。

图 4.1

"卖空"男人哀叹自己的不幸［1873年10月18日该画刊登于《哈勃周刊》，由托马斯·娜斯特绘制］。

图 4.2

为二级市场,期货市场不能筹集资金投资,它们的影响力也仅局限在农业中心地带一隅。与华尔街相比,拉萨尔街的影响力顶多仍是局部性的。

将期货交易拓展到广大的投资民众并非易事,其实不难理解,要知道期货市场交易中巨大的合同数额对小投资人而言是令其畏惧的。尽管保证金要求很低,但多数有远见的零售商意识到他们必须迅速结清自己的账户,在这方面,他们更像是交易池中的投机商,而不是一个长期投资者。结果,除非交易的风险收益易于测算,否则期货合同就很难签订。投机商号的光辉岁月已一去不复返了,如今的投资商需要知晓交易中存在的各种问题。

不过,期货市场操作却取得了进展。很多大的股票经纪人并购期货经纪人和贸易公司,把他们融入自身的业务操作之中。1941年,美林并购了芬宝商品经纪公司(Fenner & Beane),并融合双方业务成立新公司,命名为美林—匹尔斯—芬宝公司(Merrill Lynch Pierce Fenner & Beane)。从此,美林获得了商品交易所中较小公司的席位。尽管美林为其客户提供商品经纪业务,但使用期货市场为公司自身利益而非客户利益进行产权交易也是其战略的组成部分。如美林的董事长唐·里根先生所言,商品交易所获得的收入常用来补交返利业务中的佣金收入。与公众进行期货交易不会获得很多佣金收入,这是因为,与股票交易相比,期货交易的佣金常常很少,而且成本也会随着与零售投资商交易值的增加而成比例增加。大的期货交易商要求并且获得了随合约数量增加而按比例减少的平均佣金率。只有最活跃的交易商为经纪人赢得了利润,这种结构异常状况成了20世纪60年代早期市场的痛处,从而导致了历史上最大的金融诈骗案。

除了失误和高增长,期货市场在第二次世界大战后时期开始笼罩着一种更凝重的氛围。研究机构和经济学家开始研究期货的价格,并老调重弹,说期货市场面临着困难。现货价格与期货价格之间是如农业集团强调的有关联的,还是如期货市场过去几年经历所表明的相互分离的呢?期货市场开始像股票价格行为领域一样吸引研究人员的注意力,同时严格的审查也有助于培育市场急需的诚信体系。然而,交易丑闻却依旧如同过去10年里一样不时出现,丝毫没有减少的迹象。

洋葱盛宴

多年来,新的期货合约不停地被引入交易所的混合交易中,这其中有成功的也有失败的。要检验一项合约的生存能力,唯一的方法就是将其投入交易之中,看交易商是否会采用它。通常而言,一项合约的交易方式反映出商品自身的重要性以及交易所制定的合约条款。1942年,芝加哥商品交易所引进了一种让人琢磨不定的合约来开展洋葱期货交易。

芝加哥商品交易所企图通过洋葱合约来重振自己在战争期间的地位。芝加哥商品交易所的两个传统业务支柱——鸡蛋和黄油业务——遇到了困境,其中黄油交易因战争而停止了交易。黄油交易从此一蹶不振,随后引进的其他合约的效果也不理想。结果,市场开始疯狂进行洋葱交易,活跃程度远超其在农场上的经济作用。在厨房的时候,洋葱只不过是普通的农作物。但在期货市场,它们成了最抢手的合约,价格剧烈波动,经常超出涨跌停板限制。虽然现场交易员喜欢这种交易,但洋葱的种植者却对此有严厉的批评,他们认为这种交易会对现货价格产生不利影响,从而会损害他们的经济利益。

起初,《商品交易法》并不支持洋葱期货。新合约很难快速获得《商品交易法》的支持,获得支持的速度取决于交易形式。尽管在20世纪50年代早期价格管制仍然盛行,但洋葱价格波动还是比较大。美国商品交易中心(CEC)发布通知说,它将要在1952年开始监控洋葱价格,并且到那时他们已经将每袋洋葱的价格提高了1美元。大批黄色洋葱从出产地——得克萨斯州和加利福尼亚州——运往芝加哥交货,因为这个因素黄色洋葱价格奇高,尽管它只是普通的家庭用品。交易商本能地发现,他们可以通过预测洋葱供给从而进行投机交易。加利福尼亚州的3家洋葱种植商很快发现,交易洋葱远比种植洋葱更有利可图。但由于他们自己种植的洋葱收割期要晚一些,于是他们在1953年晚冬从加利福尼亚州来到芝加哥大量购买洋葱。难以想象,几个月前洋葱还是供大于求,以至于很多超市为了降低库存把成包的洋葱作为赠品免费发放给顾客。种植商试图买断芝加哥商品交易所中总值100万美元的洋葱存货,接着再出售一半的存货,以便用每包2.80~3.00美元的价位购买3月期货。他们的到来碰巧促成了芝加哥商品交易所创纪录的交易。由于天气极度潮湿,影响了洋葱的供给,于是洋葱价格急剧上升。这样他们合约的价格也就很快增加到了每包4.30美元,于是10天内净赚18万美元,合约价也成为历史最高纪录。

各类商品红火的交易量提高了各交易所席位的价格。1952年,芝加哥期货交易所席位的价格是4 000美元一个,但仅在一年内这个价格就翻了一番。同样,芝加哥商品交易所单个席位的价格也在1954年内提高到了4 500美元。二者都是大萧条后的最高纪录。此外,商品交易所也开始提供食品交易,这是传统批发销售农业商品的新起点。纽约商品交易所于1954年引进了童子鸡合约和冻家禽合约,其他交易所也快速跟进,20世纪30年代后期货交易还从没有这么红火过。

在洋葱价格上涨的一年内,参议院批准了一项法案,允许商品交易管理局(CEA)管制洋葱期货交易。洋葱价格的波动使得美国国会把洋葱像其他商品一样同等对待,以便商品交易管理局在必要的时候可以监控市场和交易者的活动。咖啡也要接受同样的审查。爱荷华州民主党参议员盖伊·吉利特(Guy Gillette)在国会坚持要把咖啡并进洋葱法案,从而使得两种商品都被管制。咖啡的价格也一直在上升,吉利特提出,咖啡价格每上升5美分将会造成消费者10亿美元的额外开支。当咖啡的零售价达到每磅1美元时,家庭主妇和其他消费团体将不能承受这样的开支。人们也开始关注食物合约。纽约的一名咖啡烤制商利用咖啡的高价格而向咖啡中添加豆类食品,结果因欺骗罪而锒铛入狱。

在洋葱交易很红火的时候,芝加哥商品交易所雇用了一名年轻的"跑腿者"(runner)——利奥·梅拉米德(Leo Melamed)——来应付繁忙的局面,而梅拉米德则想靠这份工作顺利读完法律夜校。梅拉米德靠着自己兢兢业业的工作逐步获得提升,最终成为芝加哥商品交易所的主席,从而成为期货市场上能呼风唤雨的人物之一。但当国会讨论取缔洋葱期货时,像其他很多芝加哥商品交易所的高级官员一样,他也无能为力,只好瞪大眼睛密切关注事态动向。对洋葱期货合约的过度投机使期货交易几乎崩溃,而这些洋葱期货合约对加利福尼亚州农场主很有吸引力。在1955年以每包2.5美元高价交易的长期合约,在快到交割日时跌了15美分。洋葱跌到了类似大萧条的谷底,再收割洋葱根本就不划算。消费者和农场主等对连年的投机活动甚为不满,最终促使国会立法。在参议院对可能的禁令投票表决时,来自缅因州的共和党国会议员克利福德·麦金拖尔(Clifford McIntire)试图火上浇油——企图让爱尔兰马铃薯也能适用该法案,因为他认为爱尔兰马铃薯的价格也极其不稳定,但最终被裁定为事实不清。[1]

芝加哥商品交易所的立场是,它已不能控制基层交易活动,交易商只会随他们感受到的供需变化进行交易活动。芝加哥商品交易所的主席埃弗里特·B.哈里斯(Everette B. Harris)对议院的洋葱期货调查小组委员会说:"期货市场不会以任何方式设定价格。我们仅仅提供交易的必备条件,我们追求的是公正、公平的价格……我们就像仅仅记录体温的体温计一样。你不会仅因为我们出现了短暂的冰点天气就立法禁用体温计吧,或者说,不能仅因为气压下降就打碎气压计吧。"[2]

不幸的是,这样的辩论毫无新意,根本不能说服批评家。然而,没有人会预料到这次最新一轮反期货热潮的结果,尤其是市场发展100年后的结果。

最终,那难以想象的一幕还是发生了,1958年5月国会立法取缔了洋葱期货交易。这场关于洋葱的争论使一些人的名字永留历史。伊利诺伊州民主党参议员保罗·道格拉斯(Paul Douglas)也是一名经济学家,他公开支持期货交易并且不赞成缩减任何商品的交易。希望终止投机活动的密西根农场主得到了共和党代表杰拉德·福特(Gerald Ford)和明尼苏达州民主党参议员休伯特·汉弗莱(Hubert Humphrey)的支持,他们一起寻求禁止洋葱交易并且说服了美国洋葱种植者协会,使其相信到处都是洋葱投机活动,洋葱的价格已经被进行卖空交易的农场主的投机活动破坏了。禁止洋葱交易让芝加哥商品交易所和纽约商品交易所震惊不已。在期货市场繁荣的发展史上,这是第一次取缔具体商品交易。洋葱不该会那么招人妒忌吧,但1959年上诉法庭还是维持了原判。

芝加哥商品交易所聘请阿奇博尔德·考克斯(Archibald Cox)作为他们的顾问和辩护律师(考克斯后来作为尼克松总统"水门案"的辩护律师而扬名四海)。考克斯在研究芝加哥商品交易所的案例后,建议交易所不要上诉了,否则会带来很多不必要的关注,甚至可能带来很多麻烦。芝加哥商品交易所毫无政治影响力,而其他交易所除了提供精神支持外,也毫无实质行动来反对禁止交易法案。[3] 作为一个团体,交易所既缺少强势的行业协会,也没有游说团向华盛顿陈述他们的理由。出于现实的考虑,芝加哥商品交易所收缩战线,仅进行单一商品交易,此时鸡蛋是它仅有的成功合约了。如果交易所想要生存下来,它必须快速获得新的合约。于是它的众多成员开始在20世纪50年代后期着手研究新的商品。

期货市场的快速发展使得芝加哥期货交易所在1956年聘请了一名全职付薪首席执行官(CEO)——罗伯特·利本诺(Robert Liebenow)。利本诺那年33岁,是一名律师,也是前董事会秘书。他是第一位以非成员身份获得这个职位的人,他的薪资是保密的。20世纪50年代经济的显著改善证明了芝加哥期货交易所的明智选择。1955年,芝加哥期货交易总交易额超过320亿美元,其中有超过4亿蒲式耳的谷物现货交易和1 300万蒲式耳的谷物期货交易。而成员数量要比20世纪初少了一些,全球各地大约有1 450名成员,包括生产商、批发商、交易商和仓库保管员。此外,它还雇用了200多名提供各类支持的职员。[4] 尽管其他交易所也获得了快速的发展,但芝加哥期货交易所是当时主要商品期货交易的地方。

到20世纪50年代后期,尽管做期货交易的主要是套期保值者和投机人员,但期货交易却越来越红火。一些小的投资商也开始参与进来,但他们的数量没达到能吸引股票投资增加的数量。零售期货投机商是一个相当特别的团体,他们通常很清楚投机的风险与回报。利润率因交易形式不同而有所变化。套期保值者的利润率比投机商的利润率低很多,因为对投机商而言,交易活动的内在风险性使得他们不得不投入更多的现金。而买空卖空交易者(Straddlers)[5] 的利润率比二者的都要低,因为他们同时做多和做空,多头和空头仓位加在一起降低了交易风险。然而,在多数情况下利润率都很低,因不同交易活动所产生的利润差异大多是名义上的,他们要受商品交易管理局管制。

随着经济的发展,市场的成功很大程度上取决于套期保值者的盈利状况是否成为趋势,这是由套期保值者能用期货交易来保证稀有商品在已知价格下的稳定供给来决定的。在期货市场上有广泛交易的谷物制品精炼公司(Corn Products Refining Co.),在20世纪30~40年代以对冲操作来抵御给交易商和农场主带来很多麻烦的大萧条时期的价格循环。它是美国最大的豆制品制造商之一,产品包括淀粉、果汁、糖和动物血等。

20世纪30年代中期,谷物价格剧烈的波动使得谷物制品精炼公司开始购买谷物期货合约,以提前保证未来几年谷物的稳定供给。如果该公司随后发现它购买的合约太多,那么它就会卖掉过量的合约以便保持多头交货的均衡。该公司从20世纪30年代后期到40年代初期采用标准农作物产品处理方法,平均每年使用大约6 500万蒲式耳谷物。后来,该公司声称其盈亏账目包括固定资产,而非短期交易盈亏。通过这一声明,它获得了优惠的税收待遇。然而,地级法院对此并不买账,无奈只好上诉到最高法院。以前,最高法院在确定期货市场作用方面起到了很大的作用,这次也不例外。

最高法院宣判如下:该公司的交易只是普通盈亏。通过这种方式,最高法院确立了几项在接下来的几年里常常使用的描述期货市场作用的条款。大法官汤姆·克拉克(Tom Clark)写道:"对于可作为应对原始谷物价格上涨的一种保险形式的公司业务来说,期货交易尤其重要……难以构想一个与制造类企业密切相关或对成功业务很重要的计划体系。"[6] 简单地讲,进行期货交易只是公司正常业务的一部分,并不能被区别对待并给予特别税收待遇。

这件案子成了期货市场发展史上的里程碑事件。它表明,买卖期货合约在市场交易中已经确立,而这种市场交易只不过是普通业务交易的一部分而已。由于最近几年对冲操作已完全成为农业综合类企业的期货交易的一部分,可见公司的声明确实是一种时代错误。奥斯陆决议(Christie decision)之后的50年里,法庭的语言很好地阐释了期货市场在成为制造和加工流程中不可分割的部分方面所取得的进步。

20世纪50年代后期,华尔街的牛市为纽约商品交易所提供了机会。1959年,纽约商品交易所决定开设附属证券交易所。于是国家证券交易所(National Stock Exchange)建立,它只用来交易比纽约证券交易所小的股票,目的是发展成为美国证券交易所的竞争对手。此次并不是国家证券交易所的名字第一次被使用。南北战争后,丹尼尔·朱(Daniel Drew)和科尼利厄斯·范德比尔特(Cornelius Vanderbilt)曾建立国家证券交易所,使之与纽约证券交易所竞争,但没多久就倒闭了。然而,这次的证券交易所优势更明显。其辩护律师詹姆士·M.兰蒂斯(James M. Landis)是美国证券交易委员会的前主席,他的支持将确立交易所的合法地位。他声称,新的证券交易所适合进行很多小公司从事的场外市场(OTC)证券交易,因为新交易所少不了它们,而且要让美国证券交易委员会更多地参与管制。[7] 在纽约证券交易所六亲不认的30年代中期,兰蒂斯的声望使得人们对其建议坚信不疑。兰蒂斯因支持对证券市场进行严格管制而成名好多年了。他的建议是成功的,但新交易所从未成为一级证券交易所,至今仍是为二流公司服务的小交易所。

当时纽约商品交易所席位的价位仅仅为4 300美元,而每个纽约证券交易所的席位价格是13.5万美元,所以交易商对席位进行投机性投资很少会亏本。商品交易所意识到了这一点,于是规定,拥有商品交易所的席位是拥有证券交易席位的前提条件。就这样,席位的价格接着上涨了。然而,由于纽约证券交易所和美国证券交易所历史悠久,加之它们在市场上有较高的知名度,所以新交易所要与它们竞争是不太容易的。此后,非常凑巧,新的丑闻产生,给所有市场都蒙上了一层阴影。

色拉圣徒

第二次世界大战后的几年对期货市场而言是至关重要的。期货市场经过洋葱禁令的洗涤越发成熟，种种市场发展的迹象表明，此时的期货市场比 20 世纪任何时候都更向金融市场靠拢。场内交易商的活动不只是市场的唯一顾虑，这一点很快就被发觉了。一个来自新泽西州贝永港（Bayonne）的牛肉包装厂厂长为期货市场带来了历史上最严重的集体性侮辱事件，几乎毁掉了期货市场的声誉。

安东尼·"蒂诺"·德·安吉利斯（Anthony "Tino" De Angelis）1915 年出生在纽约市布朗克斯区一个传统移民家庭。由于缺少学习天赋，他在 16 岁时辍学当了一名牛肉包装工人。经过锻炼，他的刀法越来越灵活，其名声也就不胫而走。例如，德·安吉利斯可以轻松地肢解流水线上的猪肉，这也让他快速发现了自己在肉制品处理业务方面的天赋。于是他以借钱的方式在经济萧条时期创立了自己的肉制品加工公司，并且在第二次世界大战期间成功地为政府提供了所需的供给品。战争结束后，他将公司从纽约搬到了新泽西州，开始向外国政府提供肉制品。但是事情并非一帆风顺，几乎从一开始，他的公司就涉及很多法律纠纷，客户很不满意其产品的配送和质量。

德·安吉利斯体格健壮，他身高 5.5 英尺，体重达 250 磅，但由于缺少教育并且不太健谈，即便是在公司开创的初始阶段，他也没有特别关注公司业务中的闪光点。结果，他因提供不合格的肉制品而被外国客户频繁起诉，加上公司的税务问题，他的公司在 50 年代初宣告破产。其后，在 50 年代中期，他发现了因农产品生产过剩而产生的机会（这对从事该产品生意的其他人而言通常是麻烦事）。当时，美国国内植物油衍生品过剩，而其他国家却供不应求。这种油类衍生品（包括豆油和棉籽油）虽然被作为添加剂而广泛用于各类食物中，却因为色拉油而为人们所熟知。正是由于德·安吉利斯发现了这样的机会，从而为美国历史上最大的金融诈骗案奠定了基础。

在组建了天然植物油提炼联合公司（Allied Crude Vegetable Oil Refining Corp.）后，德·安吉利斯开始在新泽西州贝永港从事诈骗活动。通过少量的资金,他获得了大型石油储藏罐,然后经过翻新把它们变成植物油储藏罐。这样他就能在贝永港把植物油海运到国外买家那里。很快,公司的销售额就开始直线飞升。德·安吉利斯极其成功,他以竞争对手觉得是毁灭性的价格将油卖往海外。联邦政府由于正在推行食品换和平计划而对出口业务尤为支持。这项计划是通过将美国过剩农产品卖往国外而间接减轻国内的过剩情况,德·安吉利斯充分认识到了这一点。通过认真估算,德·安吉利斯占有植物油出口市场75%以上的份额。

联合公司并不亲自生产油,它只是从经营多年炼油生意的传统中西部生产商那里买油。为了快速获得植物油,德·安吉利斯会以略高于市场价的价格购买植物油。一名主管人员曾说:"他会为植物油支付'难以想象的价格',相比其他交易,他为豆类色拉油每磅支付0.25美分。"[8] 德·安吉利斯显然在高买低卖,这应该已经足够让他破产了。但各种情况表明,他的公司非常成功,声音洪亮、爱咯咯笑的德·安吉利斯似乎不缺少可支配现金。虽然不是最显眼的商人,但他似乎使植物油的买卖双方都坚信他确实是"色拉油之王"。

到20世纪50年代晚期,除小麦外,所有商品都有了一个新的经营之王。尽管德·安吉利斯也买了芝加哥期货交易所的席位,但他仍然只是一名供应商而不是场内交易员。人们把注意力投向他巨大的购买力而非商品业务方面。然而,他无法逃避他的历史。因肉制品包装生意,证券交易委员会和美国国税局(IRS)定期催促他完成相关手续。他自己也被一些讨厌的人所打扰,这些人像艾滋病或行政助理一样出现在纳税花名册上并在他眼前晃来晃去。一些外国客户偶尔也会因联合公司向其提供次品或不能吃的色拉油而投诉,看来他的这些劣迹一如既往,但人们却不在乎,德·安吉利斯依然被看作最成功的色拉油供应商,并且受到诸如食品加工商和银行家的追捧。很明显,他的操作手法是反传统的,但只要他一如既往地从中西部处理商那里购买大量的植物油,又有谁会在乎呢?

德·安吉利斯有能力取得表面看来似乎不可能的成功,如他成功骗取了美国万国宝通银行(American Express Co.)数千万美元。美国万国宝通银行的一家支行从事存货资金融通业务。在商品类业务中,融资以发行存货收据的形式进行。贸易公司会基于手头存货(这桩案子中是新泽西州贝永港的色拉油存货)把商品作为抵押开出收据。如果公司需要贷款,收据就可用作抵押。如果公司拮据，可以清算存货来支付贷款。20世纪50年代，很多银行拒绝了来自德·安吉利斯的担保请求。但美国万国宝通银行却恰恰相反，它根据联合公司宣称的油库油量竟开出了收据。

问题是，德·安吉利斯夸大了他现有的库存油量。当债权人派出检查员前往贝永港核实油量时，德·安吉利斯对库存油量做假，他把装满水的油罐放在特别的车厢里。当检查员把量油计插入装满水的油罐中，他们竟然登记成油。令人难以相信的是，多数联合公司的借款人从来不坚持到那些没被检查过的仓库去检查，看看是否真如德·安吉利斯所说的那样——"在贝永港装满了油"。虽然联合公司是合法的色拉油出口商，但它的操作手法不合法。很难说联合公司是从一开始就腐化，还是在生意成功后才开始腐化，但这并没有太大的差别。德·安吉利斯的狡猾加上借款行的失察，令联合公司蒸蒸日上。截至1961年，美国万国宝通银行已经开出了超过1.7亿磅的植物油收据，而此时的联合公司仓库里仅有6 000万磅的库存。不过，那1.1亿磅的差距被抵押为贷款，总额高达数千万美元。当时，联合公司的银行账户超过1.65亿美元，而且全部是以现金垫款的形式抵押收据。[9] 不客气地讲，联合公司基本上是在用美国万国宝通银行的担保来印刷钞票。

这种欺骗行为贯穿了整个50年代后期并且一直持续到60年代。尽管德·安吉利斯明显觉得团体组织开始盯上他，但他还是成功地将色拉油卖往海外。他特别不相信天主教组织——主业社团（Opus Dei），尽管主业社团对西班牙尤其对佛朗哥专政期间的西班牙有实质影响。他一直觉得社会和政治力量正合谋反对他，而且这种合谋力量越来越成功。这种狂想症最终引发了导致他垮台的事件。

像很多商品经销商一样，德·安吉利斯在60年代初期开始介入期货市场而且很快开始从事交易。他首先在纽约商品交易所和芝加哥期货交易所开始交易，这两家交易所是色拉油交易的主要地点。德·安吉利斯根本不怕作为市场监察员的商品交易管理局。在60年代初，商品交易管理局人员短缺，总雇员数不足120人，而且当中仅有25人是巡查期货市场的调查员和审计员。[10] 事实证明，即使将调查员人数加倍，也不能阻止德·安吉利斯主宰市场。于是产生了大量理论来研究他交易的特征。鉴于他从事的是色拉油生意，很多人认为他是套期保值者。然而，他的教育和经历表明，他不是一个按常理出牌的人。

第四章 增加交易品种

正当他关于库存收据的欺骗活动进行得如火如荼时,德·安吉利斯又开始在纽约商品交易所和芝加哥期货交易所投机色拉油交易。他同西班牙政府签订了大额的订单,但由于其库存不足,德·安吉利斯需要补足差额。不幸的是,西班牙人后来毁约了。于是,德·安吉利斯觉得主业社团专门和他作对,并且这个保守社团根本没看到他的才气。当时,他在期货市场上做多头,但出售合约会造成亏损。因此,他采用他所认为的最佳策略持续买进。

联合公司最初只打算做期货市场上较小的芝加哥期货经纪人,但没多久他们就开始涉足华尔街。走进德·安吉利斯视野的是伊拉豪普公司(Ira Haupt & Co.),这是一家股票市场经纪业务比商品经纪业务更出名的经纪公司。它与当时很多华尔街经纪公司一样采用合伙人制度。可事实上,这家公司对期货市场一无所知,正像它的高管人员所说的那样,他们既不理解经纪业务,也没去参观他们自己的商品部。他们唯一感到欣慰的是,德·安吉利斯是期货市场上的大买家,由其带来的佣金业务将有助于改善公司的财务状况。证明期货佣金业务成功的唯一方法就是进行大额交易,从这一点来看,德·安吉利斯显然是出类拔萃的。

芝加哥期货交易所的交易是实实在在的,联合公司已经为其开了3 000多张合约的头寸。这代表着2亿磅的植物油,但德·安吉利斯却没打算交货。为了预防交货问题,他稍微亏本地转手了一些合约(及时转换远期期货的交货日期),同时伪造印有美国万国宝通银行背书的库存收据,以此筹钱购买更多的合约。最终他成功说服伊拉豪普公司接受库存收据来弥补他账户的差额,这样他就不用为其投机活动预付任何现金。换句话说,他基本上是在用无价值的收据来赊购利润。一些比较知名的经纪人如美林和谢尔逊(Shearon)都放弃了相同的融资手法,于是他们将目标锁定小公司,以此来打发时光。就在伊拉豪普公司接受收据的那一刻,就注定了它末日的到来。

1963年春天,德·安吉利斯的交易惹了麻烦,他被芝加哥期货交易所通知暂停交易。几个月后,他因未经授权的交易被芝加哥期货交易所没收席位。芝加哥期货交易所很快指出,德·安吉利斯是他们的交易会员,但联合公司不是。在此之前,商品交易管理局已发现他在用虚假账户掩盖其交易活动。然而,只有芝加哥期货交易所采取了行动,商品交易管理局没有立刻采取措施反对联合公司,在这一点上,商品交易管理局要为其失察而负责。在此期间,大量的投机活动使得植物油和大豆的价格上涨,从而损害了德·安吉利斯的生意。由于价格上涨,外国客户不愿意买他的产品,由此他使自己陷入双重危机。

场内的经纪交易表明,安吉利斯正面临着更大的困境。德·安吉利斯过去常要求他的经纪人在每个交易日结束时大量购买,以此提高收盘时的价格。通过这种方式,他不会收到保证金通知,因为每天结束时的价格只高不低。然而,并不能忽略由此传达的危险信号。到 1963 年 8 月,德·安吉利斯拥有纽约商品交易所 79% 的棉籽油期货和芝加哥期货交易所 40% 的豆油合约。[11] 于是依照哈钦森和卡顿的惯例做法,他垄断了油类市场。通常,那些一流的场内交易员在进入场内开始交易时都有清晰的计划,但德·安吉利斯从来没做过任何计划,他只希望有奇迹可以帮他摆脱困境。

德·安吉利斯很熟悉传统的垄断手法,这表明他有一定的专业知识,但也不清楚是否会对他的业务有所帮助。在交易圈内开始流传一个谣言,说是由于苏联计划从联合公司购买大量的植物油,因而出现高价格现象或许是可信的。后来发现这是德·安吉利斯自己散布的谣言。大豆和棉籽油方面的垄断企图反映了商品交易管理局存在的缺点。商品交易管理局用了亚瑟·卡顿时代众所周知的方式宣布,只有确定德·安吉利斯确实违法,否则它将无能为力。但是,没能找到德·安吉利斯垄断或操纵市场的直接证据。在商品交易管理局看来,虽然虚假的账户表现了垄断的迹象,但设定较大比例并不违反任何法规。当然,比例大小已经是足够的证据。到 1963 年秋天,德·安吉利斯拥有总值达 1.6 亿美元的 22 600 张合约,由此带来的不稳定性是显而易见的。市场价每下跌 1 美分,会使他在每个交易日结束时缴纳超过 1 300 万美元的追加保证金。这就不难理解,为何他在每个交易日结束时大量购买了。联合公司的交易占有纽约商品交易所 90% 的未平仓合约,仅伊拉豪普公司就为他购买了超过 70% 的棉籽油合约。[12] 商品交易管理局向交易所通报了这一比例。显而易见,商品交易管理局设定的透明原则终究还是起作用了。

德·安吉利斯最终耗尽了时间与金钱。商品交易管理局的调查员通知他,管理局正启动对其交易活动的调查。当时,他的欺骗行为很快就要东窗事发,但由于他根本来不及抹净劣迹,结果耗尽了时间与金钱。于是,他想要宣布联合公司破产,以此来逃避债务。然而,老天不帮他。他惹上麻烦的消息已经传到交易场内,色拉油的价格急速下跌。巨大的亏损使德·安吉利斯根本交不起追加保证金。

多米诺骨牌效应很快传到伊拉豪普公司,它无力偿还商品交易管理局委托给经纪公司的预付资本金,它惊奇地发现,所拥有的所有库存收据全都是废纸,于是宣布破产。由于伊拉豪普公司实行的是合伙人制度,它的资金(即合伙人基金)不够偿还债务,于是纽约证券交易所经过认真讨论后,要求其破产清算。伊拉豪普公司被列入了过去几年有相似遭遇的公司名单中。纽约证券交易所用行动向公众表明,局势尽在掌握之中,它可以向伊拉豪普公司的客户和其他人保证,尽管该公司破产了,但生意可以照常做。虽然有点亡羊补牢,但与其他涉案期货交易所相比,纽约证券交易所的举措还是值得称道的。

此案的披露发生在美国历史上一个危机时刻。正当德·安吉利斯事件占据各报刊的头版头条时,肯尼迪总统在1963年11月22号遇刺,引发了国家危机。德·安吉利斯丑闻的消息首先冲击了期货交易,色拉油和其他商品的短期交易量疯狂增长。纽约商品交易所在肯尼迪遇刺前就暂时关闭,去评估它自身的问题了。芝加哥期货交易所的状况要更为严重一些,价格持续下跌,并且由于德·安吉利斯的经纪人关闭多头刺激融资销售,进而使得交易所交易商排名浮动。商品交易所没有采取什么行动减轻公众的恐惧,但期货交易所毕竟是交易商的交易所,所以交易商的座次一经排定,就不允许再有异议。

罗伯特·利本诺(Robert Liebenow)认为,芝加哥期货交易所的事情不能用丑闻来解释。他在1963年12月也就是事件造成损失后特别强调说:"公众因与现已破产的新泽西州贝永港天然植物油精炼联合公司做交易所受到的损失,与商品交易所无关。"[13]尽管芝加哥期货交易所在丑闻发生后就公布了一些新的管理条例,但似乎依旧不能让人放心。最明显的例子莫过于库存收据了,现在它不能用来做保证金出借的凭证,除非存货可以很容易被盘查。在与联合公司合作时,美国万国宝通银行虽有机会,却从来没有质疑过德·安吉利斯,尽管贝永港存货距离其纽约总部并不太远。另一项管理条例对交易商可以拥有色拉油未平仓合约的数量进行了限制,但并没提到做假账的问题。迄今为止最大的商品交易诈骗案促使期货交易所或商品交易管理局制定了一些不切实际的管理条例。商品交易管理局仍然是人手不够,并且要向农业部汇报,而农业部总是关心管理条例可能对农业总体上产生的影响。

当丑闻波及德·安吉利斯的生意时,他损失巨大。联合公司倒闭时,它欠美国万国宝通银行差不多1.44亿美元,欠大陆伊利诺伊银行(Continental Illinois Bank)3 400万美元,欠大通曼哈顿银行2 500万美元,欠伊拉豪普公司约3 200万美元,欠纽约证券交易所约1 000万美元。另外还欠谷物公司、食品处理商、仓储公司及其他银行总共大约2亿美元。前后总共有50多家银行卷入此案,实际净损失估计高达2亿美元,其中美国万国宝通银行是迄今为止最大的输家。

作为该案的结果,德·安吉利斯成了工人阶级民间英雄一类的人物。在1964年正当德·安吉利斯等待审判时,他仍然通过他的其他相关公司进行小规模的色拉油交易。尽管此案危害甚大,但他只是被看作最新的白领犯人,是松散的银行系统和商品交易市场的产物。虽然法官在1965年对我们的"色拉油之王"进行了严惩(多少有些留情),但法官在判前宣言中对德·安吉利斯充满了同情,最终只判他坐了10年牢;而对于他冒犯公众的罪行,则判到了坐牢的极限——185年监禁,这几项判罚同时执行。然而在法庭外,民众却觉得德·安吉利斯不一定就是该事件的主谋。这种事太复杂,它需要主谋对期货市场非常了解,但德·安吉利斯却没有这样的理解能力。一名评论员在审判后评论说:"说德·安吉利斯是主谋,但他倒更像是替罪羊或配角。"[14]但是,德·安吉利斯并不安分。当他在宾夕法尼亚州的监狱里服完刑后,他搬到了新泽西州的尼瓦克,并在1990年时想要写回忆录。但这本书并没有出版,这让与德·安吉利斯曾有合作的银行家们舒了一口气。

撇开德·安吉利斯在案件中的身份不谈,联合公司的交易反映了期货市场存在的一些严重的组织缺陷,这使得期货市场可以提前几年解决这些问题。德·安吉利斯垄断了纽约商品交易所的棉籽油交易,同时他在芝加哥期货交易所的头寸(虽然在总体中占的比例小)仍然举足轻重。各交易所看到了这种垄断状况,却没有采取任何干预行动,只是希望这会促进它们的交易。在经历了数十年糟糕的公共关系甚至连洋葱期货合约都被取缔之后,交易所仍然在进行着多样的"赌博"交易,而联合公司是迄今为止最大的赌徒。所有未涉案的金融市场团结起来祈祷交易商的不良行为不要影响市场的诚信,然而不幸的是,祈祷不太灵验。

这一事件对纽约物品交易所具有灾难性的影响。这一交易所位于百老汇,一度是众人向往的地方,但在联合公司事件后受到了极大的创伤。它本来已经和纽约棉花交易所谈完了合并的事,但德·安吉利斯的丑闻发生后,合作构想在

1963年秋天成了泡影。它在期货市场世界里不太大,拥有50名全职员工,除了棉籽油外还交易豆油和黑胡椒。然而它的业务范围太狭窄,特别是在德·安吉利斯垄断了大量的色拉油合约后,它的名誉大受影响。到1965年,它已经奄奄一息,交易所门可罗雀。考虑到它的处境,为了生存,它确实需要与大一点的交易所合并。

2年后,纽约物品交易所通过向纽约商品交易所借力,从而解决了自身问题。它建议自己经营股票,并向证券交易委员会提出申请,准许让它经营普通股票,而当时纽约商品交易所自己才经营20个品种,且以"鲸鱼"牌电子产品(Whale Electronics)和"唷嗬"牌巧克力饮料(Yoo-Hoo Chocolate Beverages)为主。华尔街对这份提议并不欣赏,正如一位经纪人评论的那样:"我认为美联储不会批准这份提议,因为获得要求保证金才是关键。"[15]当时,中央银行为减少股票投机活动,将普通股的期望利润定为70%,这个比例与50年代相比已经大大提高了。允许商品市场经营股票业务会分掉股票管理机构的利益,证券交易委员会负责管理制定美联储放弃的利润比例,却不能控制期货市场。

色拉油诈骗案的余波持续了数年,其影响远远超出了关于德·安吉利斯本人的令人称奇却又狂妄自大的经历。一个知名的华尔街经纪人随之垮台,这名丑闻案的主谋仅仅在监狱里待了一小段时间去思考其诈骗的波及范围。这一事件也使得从华尔街到拉萨尔街的经纪人对"认识你的客户"这一口号记忆犹新。美林的唐·里根曾写道,以这一诈骗作为先例,让华尔街和纽约证券交易所知道,要建立储备基金来帮助陷入财务困境的成员,好让公众保持对股票市场的信心。里根后来还说道:"整个纽约证券交易所的成员一致同意,按他们的毛收入征税来赔偿破产公司的客户。"[16]具有讽刺意味的是,在20世纪60年代晚期当华尔街遭受其最严重的危机时,这笔储备基金却帮了大忙。德·安吉利斯丑闻使公众对经纪人信心不足,这种状况在此后的10年中都没得到缓解,而由其引发的危害也远远超出了期货交易所的范围。

鸡蛋类物品和熏肉

经历了色拉油事件,期货交易所开始快速成长。股票市场和国外交易市场因交易量的增加变得越发重要。随着时间的流逝,金融市场整体上也变得更加成熟。然而，期货市场仍然相对弱小，只是交易基本的农产品和食品，即便在此狭小的空间里，也深刻感受到需要新的期货合约；否则，一些小的交易所就会倒闭。

以芝加哥商品交易所为例，当没有洋葱合约时，交易所仅剩下鸡蛋合约以供交易；如果没有新的交易品种，其经营时间自然不能长久。所有期货合约要想获得成功，需要两个基本要素。第一，交易的商品对经济而言一定要很重要，这样卖方、生产方就会认识到通过买卖活动维护产品价格的必要性；第二，买方、消费方一定要认识到，通过购买可以预防未来不可预测的价格上涨，否则他们的经济利益将会受到损失。此外，另一个重要因素是，环境一定要复杂多变以使市场充满不确定性，从而买卖双方都信服市场机制自身的优点。

到20世纪60年代，农产品产量非常高，以至于其差点让期货市场关闭。由于许多商品供给充裕，因而只有不可预测的事情发生才可能扰乱供需定律，减少交易需求。具有讽刺意味的是，这正是芝加哥商品交易所自身在鸡蛋合约上的问题所在。作为一种重要的原材料，鸡蛋的生产量高得史无前例，如果没有供给威胁或不可测的外部力量介入，他们就会理所当然地认为期货市场变得不必要了，这种想法是很危险的。对满足普通需求而言，现货市场的剩余量比鸡蛋剩余量要大得多，所以若没有新产品用来交易，芝加哥商品交易所的存在看起来就没那么冠冕堂皇了。

芝加哥商品交易所开发的新期货合约是猪肚合约。这个合约于1961年春正式对外发布并引发了一些混乱。猪肚是做熏肉的猪肉材料。起初没有人理解和在乎这个新合约，该合约被冷落了一年多后交易才开始增加。芝加哥商品交易所也考虑了其他食品合约，像橙汁、冻鸡等，但最终都被否决了。很快，人们开始关注猪肚合约，交易量也比较合理，这给交易所的复兴带来了希望。与其他合约相比，这种合约要求实际交货（如果买卖双方需要商品交割的话）。受其意外成功的鼓舞，芝加哥商品交易所和芝加哥期货交易所引进了新的合约来保障期货市场的稳定。

1964年初，芝加哥商品交易所引进了一种关于活牛的新的合约。交易所认为，由于当前牛肉价格偏低，因而牛类行业需要这种新合约来振兴自己的前景。这对交易所来说是充满风险的，因为没有人断定牛类行业是否了解期货市场或者是否希望交易所插手他们的生意。芝加哥牲畜交易所(Chicago Livestock Exchange)主席写道:"农场主不了解期货,他们根本就不懂市场买进卖出的特性。我们发现我们的客户也没多少兴趣。或许他们缺少有关期货交易方面的教育和知识吧。"[17]这是一句世纪性警言,即便在60年代中期也仍然警钟长鸣。

1965年,芝加哥期货交易所采取相反的策略引进了牛肉合约,但由于缺少利润,很快就被淘汰了。然而,活牛期货开始受到芝加哥商品交易所的套期保值人员和投机商的青睐,没过多久,交易就红火起来了。市场波动不能阻止人们把它与纽约证券交易所声名狼藉的丹尼尔·德鲁(Daniel Drew)做对比,后者是南北战争前纽约最知名的投机商。在从北部搬到纽约城之前,德鲁就因卖注水的牛给农场主而为人所熟知。他把瘦牛放在开往纽约州农场的列车上,给它们灌水,希望那些牛在到达目的地之前不要患膀胱炎。一旦新合约完成交付,它就成了芝加哥商品交易所最流行的合约之一,不久芝加哥期货交易所也引进了自己的活牛合约。芝加哥商品交易所在1966年增加了活猪,同年,纽约商品交易所通过引进水银期货而增加了一些新奇的品种。芝加哥期货交易所也持续增加新合约,1968年品种加入了冻鸡,1969年加入了夹板和白银。白银合约是交易所第一个贵金属合约,在接下来的10年里受到了很多不必要的关注。

活物的交付是期货市场史上的里程碑事件,因为传统的商品容易腐烂,要依赖于储藏技术。除去这些不同外,其实所有的商品,如果愿意的话,无论是死的还是活的,都可以以非合约形式交付。新合约仍然是基于农场上生长或饲养的实实在在的物品,它们的成功交付极大地照亮了交易所的前景。交易所席位的价格很好地反映了这一点。1967年末,芝加哥商品交易所的席位卖到了23 000美元,而同期纽约商业交易所的席位价格是18 000美元。两年后,由于很多新合约渐渐浮出水面,这两个交易所的席位价格都翻番了。全新一代的期货合约及其衍生品在60年代晚期被开发出来,这将偏离传统的农产品范畴,开辟一个全新的天地。期货市场将进入一个前所未有的大规模创新时代。

自从19世纪以来,期货交易所尤其是小麦交易所和商品交易所已经在很多方面交易相似的合约。然而,不同的合约在不同交易所之间是不可以互相交换的,所以要想在不同交易所之间实现套利是不可能的。例如,一名交易商不能在芝加哥出售小麦合约,而在明尼阿波利斯交割。尽管过去几年来交易所越来越大,也越来越成熟,但在这一方面它仍然是区域性的。"标准化的合约"这一说法仍然是不准确的,现有合约只是在其交易的交易所是标准的,并不存在全国统一的标准合约。

性别障碍在1965年终于被打破,当时纽约商品交易所招了一名女士做场内交易员。穆里尔·埃德尔斯坦(Muriel Edelstein)成为商品期货交易所的第一名女交易员,在此之前,她为做了多年场内交易员的丈夫工作。当进入场内时她已经做祖母了,她专门做缅因州的马铃薯交易。当有人问她在快速移动的场内从事交易感觉如何时,她说:"噢,这比我住在西切斯特时参加的家长和教师联谊会(P.T.A. Meeting)有意思多了。"其他的商业交易员职位也乐于接受她,似乎没有人会介意她的性别。一名交易员认为女人在场内并不是威胁,因为"我们不会再像旧日那样凭第一印象",另一名交易员解释说,这样做的原因或许是"现代女性倾向于抵制男性活动"。[18]芝加哥期货交易所在1969年接纳了两名女性交易员。

随着市场的扩展,旧有的争论再次浮出水面。在20世纪60年代最引人注目的争论是,期货市场是否确实会影响现货市场价格或仅仅是一些人想要确立对冲价格或调节交付的舞台。这场讨论吸引了大量的学术评论员和市场参与者,他们竭力想表明,期货市场确实有正统的经济价值,尤其是作为洋葱合约所带来的令人尴尬的结果。人们对现货、期货价格与决定期货价格的储藏成本之间的关系做了基本定论。技术分析像交易商和分析员研究图表一样也迈出了重要的一步,试图找到可以大为推广的交易模式。

20世纪60年代晚期的华尔街股票交易清算室——或称密室——危机是德·安吉利斯丑闻带来的后果,这些威胁到市场的诚信体系。由于伊拉豪普公司的失败,纽约证券交易所设置了储备基金来帮助其陷入财务危机的会员。60年代后期的牛市行情给市场带来了激励。股票交易所的交易量如此壮观,以至于很多后台操作被无情地甩在了交易量后面。多数证券交易商没能把结算部门经营好,因为他们根本赶不上交易活动增加的步伐。于是,纽约证券交易所在1969年呼吁在交易日内设定交易假期来让他们跟上。然而,这一招没起什么作用。调查显示,一些证券交易商的盗窃活动猖獗,股票和基金都无端丢失了。

由于交易量和诈骗的增加,华尔街遇到了数十年来最严重的危机。随着主要的证券交易所要求救援,伊拉豪普公司清算时所设立的2 500万美元储备基金被用到了其他地方。古德伯第公司(Goodbody & Co.)和海登斯通公司(Hayden Stone & Co.)都要求从基金中取得援助,F.I.杜邦公司(F.I.DuPont & Co.)和贝奇公司(Bache & Co.)也遭遇到困境。美林的较有实力的经纪人充当起临时代理人，以高价提供援助。古德伯第公司要倒闭了，美林接手了它的账目，以便纽约证券交易所不会面临要自身提供援助的黯淡前景。后来，国会提供援助，它在1971年设立证券投资者保护公司(SIPC)，为证券交易账户持有的证券提供保险。

在市场诚信体系被彻底摧毁前，纽约证券交易所采取了其他一些纠正措施。除了形成一个强有力的经纪人团体来帮助弱势群体脱身外，还制定了其他一些普通但必要的改革措施。为了清除可能毒害行业的犯罪分子，所有的证券和商品的经纪人开始让职工按指纹。即便是在危机爆发前，芝加哥期货交易所还是在1966年为商品经纪人引进了第一场资格考试，把他们与那些已通过他们自己的资格考试的证券经纪人同等看待。这个考试不是行业要求的，而是芝加哥期货交易所特别要求的。老实讲，华尔街和拉萨尔街只有在行动后才会对危机做出回应，但这也必然是在国会对他们做出回应前所做出的。

一体化

期货市场的真实价值只有在混乱时刻才体现出来。当价格波动时，套期保值人员需要确立已剔除核心业务不稳定性的期货价格。尽管买方希望预防未来价格上升，而卖方希望预防未来价格下跌，但谨慎的套期保值者确定一个价格，不管是长期的或是短期的，也不管未来市场走势会如何，只希望市场在这个价格下可以进行潜在的交付。20世纪60年代晚期，市场出现了场内交易员梦寐以求但套期保值人员痛恨的价格波动，虽然波动的缘由对多数交易商来说还很陌生。

股票和商品市场在20世纪60年代晚期也很不稳定。对此，很多人用众所周知的原因来解释。对越战争助长了通货膨胀，反战声浪加剧了政治和市场的不稳定性。与国防工业有关的市场新技术层出不穷，大的通信公司及其联盟正在为把无数小公司纳为其潜在的收购对象而狂喜不已。每股收益率都创了历史新高，却很不稳定。由于通货膨胀，物价一直在上涨，整个国家就像芝加哥期货交易所夹板合约所呈现的繁荣景象一样，处于房地产开发狂潮中。尽管有了《1964年民权法案》(The Civil Rights Act of 1964)，但种族问题依然存在，此外，政治暗杀也给政治进程投下了长期的阴影。

由于面临这么多的问题,因而没有人对与商品市场最青睐的产品——黄金——相关的问题感兴趣。罗斯福新政不允许美国人用金条来投资,所以黄金交易只有在国外进行,并最终成为这个经济和政治不稳定时代最受欢迎的投资。美元以每盎司黄金35美元的价格绑定黄金,尽管在货币市场不安定时这个价格有所变动。由于金属仍是货币制度体系中的重要一环,所以它对国际货币组织和主要银行家是至关重要的。然而,自从本杰明·哈钦森把黄金当作小麦市场的推动力后,在美国这个日趋复杂的世界里,黄金并不是特别吸引人的项目。

随着骚乱开始扰乱外汇市场,这种状况在20世纪60年代晚期开始转变。包括英镑和美元在内的几种货币被当作主要的储备货币,这意味着中央银行将把它们当作资产。储备货币反映了一国经济的实力及其在国际交易圈中的地位。如果一国与美国有实实在在的业务往来,那么该国中央银行通常都要保持一定比例的美元储备来降低其进口成本。然而,如果一种货币不再受人追捧,那么它会在市场上狂跌不止,这表示这个国家在国际交易圈的地位开始下降。

1964年初,英国遭遇了经济问题,结果英镑遇到了困难。英国政府被迫在1964～1967年这3年里几度贬值或力挺英镑,特别是1967年,贬值高达14％,每英镑从2.8美元跌到2.4美元。几年来,英镑的价值几乎跌了50％。例如,在1929年股市大崩盘时,英镑的价格还是4.8美元。最近的危机表明,货币在购买力方面已经跌得很惨,更不用说其国际地位的丧失了。

在1967年那次贬值期间,一个新名词"苏黎世银行家"(gnomes of Zurich)开始出现在货币市场。一位英国外交大臣首次用这个名词来形容瑞士的外汇交易人员,这些人的投机活动已经压低了英镑的价值。此后,这个名词在英国和全世界的外汇交易人员中快速流行起来。那些无名的货币兑换商正通过压低英镑价值来给英镑施压。紧接着,黄金在市场上开始波动起来;没多久,美元也开始面临压力。

尽管美元是主要的国际交易货币,但即便在此时,它也无法摆脱价值波动的影响,而当时的固定汇率制度是由第二次世界大战结束后在美国新罕布什尔州建立的布雷顿森林体系确定的。由于欧洲的政治、经济骚乱使得黄金变得极其流行,1967年布雷顿森林体系遇到了挑战。美国货币官员担心如果黄金一直涨价,那么外国政府就会把他们手中的美元转换成黄金。如果事情果真如此,那么美元最终将不能再与黄金挂钩,这将破坏20世纪40年代就确立的整个国际货币体系。即使事情并非如此,那么这套体系也会存在鼓励套汇人员先以每盎司35美元的固定价购买,然后再在市场上高价卖出的局限。[19]于是,国际金市在1968年闭市几个月以稳定黄金的价格。然而,美国持续不断的贸易问题给美元造成了很大的压力,从而导致了70年代初更严重的问题。

在黄金和货币市场混乱不已的时候,通常深奥难懂的外汇交易市场进入人们的视野,得到了20世纪30年代以来最多的关注。不像期货市场那样,外汇交易市场规模庞大而且是无形的,它基于场外交易市场,根本没有中央位置。相反,其交易大多是在国际银行间通过电话完成的。这些制定价格的银行被称为做市商。那些公司或政府客户交易货币时要么进行即期交易,要么进行远期交易。多数从事货币业务的大型银行在市场上交易那些他们最熟悉的币种。外汇交易市场在很多方面都非常像期货上旧有的到货市场(to-arrive market),它在南北战争期间由原来的行业委员会经营。

外汇交易市场不像期货市场,它从来没有培育出传奇的交易商。它最初只是在银行与银行既有客户之间存在,虽然被叫做市场,但它过去是——而且仍是——一种向客户提供的银行服务。与一些期货市场一样,即期市场和远期市场都是在同一个地方——银行——进行交易。所用利率是由通过电话彼此进行交易的做市商决定的市场利率。在公司化的环境中,知名的交易商凤毛麟角,交易也不会在报纸上宣传或刊登。只有由政府支持的大型外汇交易才会见诸报端,例如,当中央银行代表自己的货币插手交易时就会这样。

远期市场和期货市场最重要的区别在于买卖双方所签合约的义务责任性质。即期外汇买卖在外汇交易中立刻交割,每日都要披露价格。而像远期那样的远期成交价则可以在360天内交割。然而,计算时间总是从成交日开始算起。例如,一个90天的远期意味着从今天算起的90天交割,并不是在当月的标准交割日交割。远期不存在二级市场,一旦成交就要在同一天交付,不能转手卖给第三方,银行和客户也不能取消它。

如果投机人员想要在市场上买卖,他们可以交易不可取消合约。因为它不可以转卖,所以抵消其效力的唯一方法就是开启另一张合约,这就给市场带来了大量的交易。当市场不稳定时,由于要做新交易来取消旧合约,交易会大量增加。这种远期合约的不可协商性是远期市场和期货市场的主要差别。19世纪时期货市场有了交易合约,其最初设想是不可以转手给第三方。然而,由于市场对交易弹性的需要,加之交易商渴望经常买卖固定合约,于是这种设想很快就被抛诸脑后了。

远期合约用户的问题是,他们不能满足现有合约的一些规定,例如,需要相对较大、标准数量、通常为100万美元的货物或外汇等价物。因为没有小合约,所以小生意不能在远期市场上交易,虽然它们可以像跨国公司那样启用远期合约给予保护。其实允许规模较小的套期保值人员或投机人员介入的小合约市场只会补充远期市场,而不会与之竞争。期货交易商意识到这是一个机会,他们可以借此寻求新产品来扩充他们现有的产品。

20世纪60年代晚期美元不太稳定,这就要求小合约要比远期合约有更大的弹性。英镑贬值后,美元遭遇到压力。1968年约翰逊总统没能实现收支平衡,这在当时是很严重的问题,美国的贸易支付差额出现了赤字。美元的地位开始下降,美国突然发现它自己处在需要贬值的尴尬境地。国际货币基金组织规定,在固定汇率制度下,一国货币无论是要贬值还是升值,都需要与基金组织以及其他主要的贸易国协商。国际货币基金组织的存在目的就是为了避免诸如像30年代那样的单方面货币贬值发生,从而造成严重的贸易扭曲和国际问题。期货市场对这一时期记忆犹新,因为当时谷物出口严重减少。

由20世纪60~70年代不确定性产生的不稳定性,使期货市场重生了。然而,好处并不是立即可见的。这种不稳定性刺激了套期保值人员和投机人员的交易活动,市场因此而繁荣。但是,国际不确定性时期并没有在农业和国内市场上表现出来。由通货膨胀引发的货币不稳定性对多数商品交易商而言是一种新现象,虽然他们也快速从混乱中看到了机会。当证券市场还处在价格持续下跌的恐慌中时,期货市场却不断地从不稳定性中发现新的机会。

通货膨胀成了困扰尼克松政府的主要问题。随着通货膨胀持续加剧,工人开始要求增加工资来弥补损失。通用汽车的工人通过谈判使其综合工资上涨了20个百分点,同期投资人使国库券的收益率达到8%的历史新高。于是,尼克松和他的幕僚在1971年8月实施了一揽子反通胀措施,包括冻结工资90天、冻结价格以及征收特别消费税等。就在当年的春天,政府管理当局还信誓旦旦地说美元贬值是不可行的选择,黄金也将维持在每盎司35美元的官方价格。

在1971年8月的全国电视演说中,尼克松在快结束时还论及其政府实施的黄金政策。好像没经过大脑似的,他抛出了足以令金融市场为之震荡数年的重磅炸弹:"在过去7年里,平均每4年就有一次国际货币危机。那么,如今谁是这些危机的受益人呢?不是工人、投资人,也不是财富的真正创造者。受益人是国际货币投机人员,他们因危机而发达,又反过来助长危机。"[20]这种言论很快起到了暂时性的解释作用。并不是哈罗德·威尔逊的贬值论对投机人员及其预谋产生了直接影响,而是期货交易商过去实在听了太多有关这种言论。

尼克松演讲的最后一部分对外汇交易市场是至关重要的,在这部分内容里,他切断了黄金与美元的联系。在1971年12月的史密森学会(Smithsonian)上,美元被大大低估了,当时主要贸易国之间的一份协议将黄金的价格提到了每盎司38美元。美元平均下降了10个百分点。由于美元与黄金脱钩,国际货币基金组织的固定汇率制度寿终正寝。在尼克松8月演说结束后的18个月内,主要货币之间开始彼此浮动。通货膨胀是动摇国际金融体系根基的罪魁祸首。此外,国内的金融问题也起到了推波助澜的作用。华尔街陷入了信心危机之中,结果股票市场也是相当低迷。20世纪60年代聚集起来的股市热情丧失殆尽,许多增长了好几年的股票也纷纷贬值。另外,到处是欺骗行为。除了密室丑闻,股票市场也受到了重创。股市原来的宠儿——公平融资公司(Equity Funding Corporation)——被爆涉嫌欺诈,这使得市场和其他保险类股票应声下跌。道—琼斯指数跌破1 000点,证券投资人开始放弃这块市场。

正当一切似乎不顺的时候,芝加哥期货交易所想要在20世纪60年代的牛市状况下重新进入股票交易市场。芝加哥期货交易所曾在1928年和1953年间交易了几只在芝加哥股票交易所挂牌的股票,但从来没有成为证券市场上的主流力量。1969年时,芝加哥期货交易所宣布,想通过交易普通股票的看涨和看跌期权重新进入证券市场。芝加哥期货交易所主席亨利·威尔逊(Henry Wilson)说,他们正在考虑这样做,但还需要得到批准。股票是由证券交易委员会管制,但它并不管期货市场。尽管没有人觉得经营股票就会盈利,但在华尔街丑闻缠身时要想让它准许芝加哥期货交易所这样做根本是不可能的。要想让公众放下戒心,芝加哥期货交易所需要向大众解释,其提议是如何不同于以往的特权交易的。

金融市场的状况使得开发新产品虽然希望尚存,实际操作起来却相当困难。看涨和看跌期权已经在欧洲交易数年,华尔街的公司也在场外交易市场基础上向大客户提供看涨和看跌期权。然而，这块市场还远远没有开发。在美国很多州进行期权交易仍然是违法的，《商品交易法》也禁止该交易。任何新的微小发展都会被严密监视。除了法律障碍，芝加哥期货交易所面临的主要问题是教育问题。期权是一种很深奥的东西，交易商和投资人在适应它之前需要良好的教育基础。

黄金组合

当尼克松总统切断黄金与美元之间的联系时，他也抛弃了已使用数十年的35美元官方价。旧有的黄金标准有点神秘，尽管以美元—黄金链为基础建立起了国际金融体系。一旦这样的基础崩溃了，全世界就开始寻找新的美元标准。等大家完全认识到这一点时，整个金融的前景改观了。不稳定性成了股票和货币市场的正常现象，一成不变的利率也成为过去。

几乎从一开始，期货交易商就认识到了机会，并开始开发新的金融合约，这是一种应付新环境的新工具。然而，合约创新要想成功，传统的期货惯例就需要修改。一个多世纪以来，他们熟知的期货和商品在同一市场开展交易，现货和期货市场也没有实实在在地分离。芝加哥仍然是农产品中心，而纽约是金融中心。如果芝加哥想要交易诸如股票期权或金融期货等交叉产品，那么使实物产品可以实际交货的传统方法就必须进行调整。

期货交易商有两个选择。如果他们不仅想要交易农产品，还要交易金融工具，他们必须尽可能地确保顺畅、完美的交付。简言之，他们需要证明他们擅长日元交易，就像擅长豆类交易一样。交易商也要有交易合约不可交付的概念。金融期货就是这样，比如基于股市指数或通胀指数的股指期货。因为这些合约是数学上的构成指数，它们只能以现金形式交付而不能以实物形式交付。如果能在这方面取得成功，那么市场的扩充潜力是无限的。

20世纪60年代晚期，芝加哥期货交易所正在研究股票期权，此时芝加哥商品交易所试图交易外汇期权。如果说芝加哥期货交易所因为过去交易的几只股票而有少许经验的话，那么货币对芝加哥商品交易所来说根本就是新鲜玩意。但是，芝加哥商品交易所得到了芝加哥大学的知名经济学家米尔顿·弗里德曼（Milton Friedman）的大力支持，米尔顿·弗里德曼在60年代的混乱中看到了货币交易的优点。机会的增加为小交易商带来了大量远期市场所不能提供的金融好处。芝加哥商品交易所面临的真正问题是,已经习惯了农产品期货的交易商是否可以成功转型进行货币交易?在芝加哥商品交易所因交易商缺少兴趣和充分的教育而失败的合约,根本不可能起死回生。

在60年代追赶芝加哥期货交易所的过程中,芝加哥商品交易所取得了巨大的进步,到60年代末期它已经在交易合约和金额上与芝加哥期货交易所相匹敌。当芝加哥商品交易所在1969年取得空前的繁荣时,利奥·梅拉米德在任。推动交易所开发创新合约成了明确的目标。在货币危机的巅峰时刻,米尔顿·弗里德曼于1971年12月给芝加哥商品交易所提交了一篇名为"期货市场需要货币"(*The Futures Markets in Currencies*)的研究报告,这份报告是由芝加哥商品交易所委托米尔顿·弗里德曼应对尼克松1971年8月演讲而写的。弗里德曼在文中写道:"尽可能创建一个全面、深层次、灵活的外汇期货市场以满足这一需求(需要外汇交易对冲工具),这是非常有意义的……为响应这一需求,一定要开发这一广阔的市场。这就是问题的症结所在。美国是合适的地方,这一计划非常合乎美国的利益。"[21]

受弗里德曼支持的鼓舞,并且已经获得华盛顿的默许,芝加哥商品交易所的最新创造——国际货币市场——慢慢发展起来。它最初只交易除美元外的最流行货币,保有大约50 000美元等价物的适量合约。从1971年开始,当传统的农产品交易商开始尝试货币交易时,这个新的交易所一年内每天交易几千张合约。然而,它被当作不同于芝加哥商品交易所的独立操作部门,席位和交易设备都是分离的。

新合约再次引发了那个经久不衰的争论:期货交易对现货市场的影响。这些市场(引人注目的芝加哥期货交易所和后来的芝加哥商品交易所)一直认为,期货市场只是交易商寻求成交价格然后交付的舞台。它们对实物商品所做的唯一贡献就是,提供一个可以容易地交易合约的场所。换句话说,期货市场对现货价格没有影响。几年来,对期货市场的批评声被希望能出现不同的声音。平民党党员、进步党党员、国会中农业集团共和党党员都强调期货市场确实影响价格,而且卖空会有负面影响。经过数年的垄断、批评和抗议,期货市场只是交易场所的说法好像已站不住脚。20世纪20~30年代,起伏不定的价格似乎肯定了批评方的观点。

新合约让交易所的辩解得到了认可。当金融期货开始交易时,不再有关于期货对货币是否有影响的争论。不论交易量有多大,任何相对较小的期货交易所都不可能影响货币的即期利率(spot rate)或远期利率。人们相信,期货对货币的真正影响可能会演变成远期市场的套利交易,但这也需要非常大的交易量。于是,期货市场第一次成了他们口中常说的只是交易场所而已。

芝加哥期货交易所不想被对手超越,于是开始交易新产品,并计划开发一个新的普通股期权市场。这两个交易所开始开发令拉萨尔街和华尔街都耳目一新的新产品,他们向外界提供确实对证券和外汇交易市场有贡献的衍生工具。农业依旧很重要,但农产品交易却是有限的,而且看起来也没有 50 年前那么重要。这些新产品会测试出华尔街对竞争和新的对冲工具的忍耐程度,并且会把拉萨尔街带向一个更加成熟的金融世界。

到 20 世纪 60 年代晚期,所有金融市场的创新都是必然的。由通货膨胀和不确定性引起的不稳定性令投资人感到不安,于是他们不可能长期持有证券。像过去一样,这种状况会衍生出新产品,导致赚取短期利润的交易活动增加。同样,它们也会引发投机热,从而激起南北战争以来最大规模的投机活动。20 世纪 60 年代末 70 年代初的美丽新世界存在的不稳定性潜藏在历史幕后,这段历史将见证在接下来的几十年里,金融界的不稳定性依旧清晰可见。

注 释

1. 美国种植的爱尔兰土豆在《商品期货交易法》中的名称用的是拉丁文:Solanum tuberosum。
2. Bob Tamarkin, *The MERC*:*The Emergence of a Global Financial Powerhouse* (New York:HarperBusiness, 1993), p. 103.
3. Ibid., p.114.
4. *New York Times*, December 5, 1995.
5. 买空卖空交易者是指用同样的价格买入和卖出合约的交易商。因此,他能够利用价格的上涨或下跌谋利,尽管维持这样的头寸要比单纯地买入或卖出合约需要更多的保证金。
6. *Corn Products Co. v. Commissioner*, 350 US 46(1955).
7. *New York Times*, September 17, 1959.

8. Norman C. Miller, *The Great Salad Oil Swindle* (Baltimore: Penguin Books, 1965), p.21.
9. Ibid., pp.94, 96.
10. Ibid., pp.67—68.
11. Ibid., p.133.
12. Ibid., pp.147—148.
13. *New York Times*, December 21, 1963.
14. Lesie Gould, *The Manipulators* (New York: David McKay Co., 1966), p.111.
15. *New York Times*, December 29, 1967.
16. Donald T. Regan, *A View from the Street* (New York: New American Library, 1972), p.113.
17. Tamarkin, *The MERC*, p.135.
18. *New York Times*, February 17, 1965.
19. Robert Solomon, *The International Monetary System, 1945—1976* (New York: Harper & Row, 1977), p.115.
20. Quoted in the *New York Times*, August 16, 1971.
21. Tamarkin, *The MERC*, p.185.

第五章　金属和货币

　　随着20世纪70年代临近，两起震惊金融市场的骇人事件在金融史上永远留下了它们的烙印，即华尔街密室危机和国际金融体系震荡。二者孕育的金融市场不同于之前几十年的状况，它拥有不同的风貌和结构。后布雷顿森林体系的大环境给金融市场带来了新的挑战，期货市场把自己塑造成合人心意的金融市场的能力受到了严重的质疑。如果不能解决这个问题，期货市场的前景将会一片灰暗。

　　金融市场在第二次世界大战后第一次被置于会影响纽约和芝加哥的不稳定位置上。美元疲软、通胀肆虐、外国的制造业竞争力日盛，这一切都让人开始怀疑美国的经济强权地位。由通胀因素带来的投机活动加剧了这种状况。于是很多允诺短期高回报的投资计划扑面而来，试图对付通货膨胀。当然，很多计划是有关商品市场的。金融杂志和报刊充斥着反通胀计划，内容涵盖传统商品和贵金属。由于美国长期的限制，金属变得尤其吸引人。投机金属被看作能与试图控制美国的外国人相抗衡的一个方法。

　　当股票和债券的价格下跌时，商品开始被世人所关注。人们预期物价会随着通货膨胀而升高，所以无论对错，投资商都坚信期货的价格在未来会一直升高。很显然，这个看法忽略了很多个别商品最基本的元素，但美国投资者认为贵金属会特别惹人注目。黄金或白银中有哪些方面让人难以理解呢？供应商很知名,并且在某种程度上是有限的,库存可以证明这一点,加之他们很受人关注,所以黄金或白银的价值只会增加。很明显,黄金或白银的价格除了升高外别无他选。

布雷顿森林体系崩溃后,20世纪70年代引起很多不确定性的大事件是石油价格的快速增长。1971年8月的美元宣言好像来得正是时候,石油输出国组织在宣言发表后立刻提高了石油价格。1973年12月,每桶石油的价格上涨到11美元。由于美国是一个石油净进口国,所以石油价格的上涨对美国物价和通货膨胀有着致命的影响。在很短的时间内,全国的汽车加油站的石油供应就告急了。美元在货币市场上也受到了重创。在石油价格上涨后的6个月内,美元对其他主要货币大幅贬值。尽管期货市场直到70年代末原油价格逼近每桶30美元时才开始交易石油合约,但这种石油不稳定的状况也引发了人们对于不同类型的石油期货的讨论。

美国人不能持有黄金,但是他们可以购买黄金期货。这一简单的事实使得黄金期货成为最受欢迎的投资工具,而且众多投资人不用交付。白银就不同了。白银的期货市场也确实存在,但普通市民完全可以持有白银。与黄金不一样,白银是很容易囤积的贵金属。它可以充分供应,而且在世界部分地区的受欢迎程度不亚于黄金。然而,它的受欢迎程度毕竟是局部性的,常被看作二流投资。

抗击通货膨胀在20世纪70年代成了美国的一个事业。金融世界按照它在第二次世界大战后的样子建立起来。然而,状况很快发生了变化。布雷顿森林体系崩溃后,利率开始上升,投资人与储户不再愿意把钱留在由联邦储备系统控制利率的银行里。华尔街开发了一种新的共同基金,即货币市场共同基金(MMMF),以出售给追求高额利润的投资人。这个基金会支付接近9%的货币市场利率,而银行利率比前者大约低3个百分点。这让人眼前一亮。于是大量的钱从银行流向基金。到70年代末期,1 000多亿美元涌向货币市场,很多银行、储蓄、贷款协会对此感到紧张。普通投资人表示,收益率的上升在通胀时代有特别的意义。没有人再愿意接受固定利率。

回顾1973年,《纽约时代》把通货膨胀当作当年的年度问题。同时,它还给读者提供了一个人人可以玩的"经济游戏",把它和通货膨胀并列放在一起。然而,并列和齐头并进不一样。越是冒险的投资者,对付通货膨胀的可行性计划就越多。这类方法中很多涉及各种形式的商品。在主流商业出版物上出现了很多教授读者如何对付通货膨胀的畅销书。很多出版物宣传每年的投资具有指数增长收益,吹嘘得神乎其神。广告的年终审查发现,如果小报没有误导人的话,那么有记录表明在商品市场上每月可以获得20%的一次性收入,换算成一年的话就是240%的年利率。这个充斥着价差、跨式期权(straddles)和滚存(rollovers)的奇异世界,会为几千美元小钱的损失而大做广告。由于害怕未来的通货膨胀,投资世界完全改变了。

在投机的氛围中,有时根本没人在意商品市场的信誉问题。在这一方面,所有的市场都从学术机构获得了很多帮助,在这些学术机构里,新的投资工具强调其优于历史投资工具的内在质量和潜在绩效。股市现在被看作有效率的,这表明股市在以前根本不能决定证券的价格。所有的投资人从理论上来说是公平竞争的,因为没有哪个投资人能够获得会给他带来不当竞争优势的信息。这个理论最初只适用于股票市场,后来慢慢扩展到所有市场。在期货市场上,历史起到了超越所有人想象的作用。20世纪70年代的事件再一次突出了期货市场的重要作用。

所有的金融市场在过往几年都发生过丑闻。股票市场上也充斥着各类欺骗事件,但最终还是设法生存下来了。密室危机和公平融资公司丑闻是20世纪70年代两个最新的例子。当然,比起股市的遭遇,期货交易所中同样的欺诈和自私自利的行为不断发生。无论交易所如何包装自己,公众就是不太相信。尽管交易所在纽约占有很大分量,但散户不会在期货交易所进行大量交易,很多中西部以外的人甚至连交易所的名字都没有听到过。虽然期货市场已经决定要交易新的有意义的产品,但它们仍然是丑闻不断,这让它们本来就不佳的名声更加难堪。20世纪70年代也毫不例外。

在经历了一个世纪的成功和丑闻后,期货市场以丰富的交易品种和概念走进了20世纪70年代这个美丽的新世界。期货合约第一次囊括了非农产品,随着时间的推移,它们离农场主和经销商越来越远。当然,农产品的市场总是存在的,发达的工业社会需要认识到,除了小麦、棉花和豆子等基本商品外,交易品种也应该包括短期国库券、外汇和长期国库券。本杰明·哈钦森在19世纪认识到了小麦和黄金的基本联系。20世纪的基本联系产生在利率和市场之间,社会基本商品不再以蒲式耳来衡量,而是以基点来衡量。

在70年代的时候,这一切都是老调重弹。然而,通过采用货币、利率、股票指数的合约,期货市场渐渐承认,不稳定性已经走进先前不受关注的区域。期货市场需要不稳定性来生存、繁荣,并且在利率及其相关的工具方面发现了大量不稳定性。在20世纪40~50年代的大部分时候,利率波动是一个矛盾体。票据和债券的收益率相当稳定,银行存款利率受联邦储备系统管理条例的保护,这个管理条例可以调节支付给存款人的利息。货币被限定为黄金和美元,尽管当时的金融世界并不太平,但与20世纪70年代比起来已经很不错了。

如果新期货合约的推出不能令投资者感到兴奋,那么另一个10年来的新产品——期权——应该会与众不同。19世纪以来,普通股的期权就已经在纽约以场外交易的形式悄悄进行。商品期货合约的期权是两个期权中较为有害的一个,自从1936年《商品交易法》通过后就宣布它为非法。然而,股市的不稳定性要求二者都开放,向70年代晚期陆陆续续要放弃股市的投资人证明它们的价值。期货交易商喜欢不稳定性,而制造商和经销商则避之不及。股市出现熊市完全是另一码事。波动的股市烦扰投资人,既伤害一级市场,也伤害二级市场。如果投资人不购买,那么筹集资金的程序将会受人质疑,公司的资产负债表也将会偏向于支持债务而不是资产。任何可以抑制这一进程的工具都会被人立刻接受。问题是,期权能担当起如此重任吗?

伴随着呐喊和助威,期货和期权市场在70年代初期开始了它们仓促的实验。诸如展期交割、看涨期权、看跌期权和跨式交易这类术语变得异常流行,而且也突破了专业交易商的限制。投资人面对着具有奇特术语的大量新投资工具。然而,很多股票经纪人不能快速领会这些新生事物,因而没有通过由新扩大的衍生交易所适时举办的首次期权资格考试。不止一个保守人士觉得目前的趋势是暂时的,会很快烟消云散。农产品期货市场不再只是小城镇的游戏,"衍生品"(derivatives)这个普普通通的术语流行起来了。

纽约和芝加哥为了"期权之乡"的称谓展开了唇枪舌剑。虽然一些有意思的合约相继涌现,市场越来越不可靠,但期货被视为芝加哥市场的产物不再遭到怀疑。从这些争论和自夸拥有期货的"领域权"中可以看到,期货市场的美好往昔似乎一去不复返了。在美丽的新世界中,丑闻似乎从人们的视野中淡去了。新兴市场采用高等数学来设计复杂的交易模型和套期保值模型。亨利·华莱士因预测20世纪20年代的大萧条而名震四海,他用"hog-to-hog"比率来解释他的预测。50年后,交易商开始用回归分析和其他统计工具来预测期货的价格趋势。

有两位经济学家因解释期权价格的模型而获得了诺贝尔奖。很显然,这些市场是不太容易被操纵的。

以前的期货市场总会出点丑闻,70年代时还是这样。在60年代有令人唾弃的德·安吉利斯,70年代有另一桩丑闻与其匹配。这次的犯案主角不是来自新泽西州贝永港的无名工人阶级,而是来自与国际原油货币有联系的富裕家庭。除了背景外,这桩丑闻也是典型的19世纪手法的翻新。新产品正层出不穷,但旧习惯仍然顽固。

国会认识到,期货市场需要更好的监控,于是在70年代再次立法强制实行监管。股市在70年代之前还是相对干净的。尽管管理局不能避免丑闻和欺诈发生,但他们能在丑闻发生时立刻进行处理。期货市场流传着一个说法:商品交易管理局由于人员和预算有限,从而只能起到有限的作用。然而,一旦新衍生品过剩,管理就变得异常重要了。谁来为这些新产品负责?这些新产品应归于什么类别?70年代开始的管理争论一直持续了好几年。没有人愿意被人斥骂无知。尽管如此,虽然有时候人们准确地意识到了问题,但最终还是解决不了这些问题。

看涨期权和看跌期权

芝加哥期货交易所在1969年首次发布公告后,就迅速推进其提供普通股期权的计划。但是,这个计划很快遇到了管理难题。尽管期货期权显然不像前几年的特权经营一样,但人们仍然对其前景持怀疑态度。到底哪个管理部门拥有对新的期货期权交易的管理权限?现存的市场就像场外交易市场期权一样知名。虽然它存在于纽约的证券交易商中,但它依然是供专业人士和独立大规模操作的交易商操作的市场。

新期权与以前相比拥有的优势是,新型的看涨和看跌期权很适合销售,也就是说,它们可以在到期前自由买卖。而现有的场外交易市场期权像欧洲的一样,投资人只能买或卖,并一直持有到期满为止。它们只能在到期日当天交易,一旦过期就毫无价值,这种情况下卖方将持有收益。然而,规划中的新市场是一个连续型的市场,在到期日之前期权完全可以自由买卖。

无论是看涨期权还是看跌期权,每张期权合约都代表100股基本股票,所以让商品交易管理局来管理似乎不太合适,毕竟这一市场是股票市场的附属物。然而,证券交易委员会掌握了这一权限,它认为市场从事的是买卖证券衍生品,而只要投资人选择证券衍生品,就可以容易地转换成股票。1972年5月,证券交易委员会收到了一份正式申请,这份申请来自J.W.苏利文(J.W.Sullivan)领导的集团,它希望建立芝加哥期权交易所(CBOE),这是独立于芝加哥期货交易所的新的期权交易所。这家集团在1969年时就有了这样的行动,当时芝加哥期货交易所第一次表明了它的意图。结果,期权市场成了第一家也是唯一一家受证券交易委员会保护的衍生品市场。证券交易委员会最终批准了这份申请,1973年这家市场开张。

将新期权上市是一个缓慢的过程,证券交易委员会允许在一开始就让看涨期权上市,这是因为它担心有潜在的看跌交易操控效应。最初的16个期权代表着最广泛的持有股票。过去的交易丑闻令证券交易委员会审慎地推动新市场缓慢而有诚信地发展。然而,市场自身的反应很强烈。最初每天有15 000份看涨期权交易,后来甚至在交易所把交易扩大到32家上市公司之前,其交易量就蹿升到了每天20 000多份期权。

仅仅一年半的时间,芝加哥期权交易所的席位就高达35 000美元。截至1974年底,芝加哥期权交易所每天交易相当于400多万股(40 000份看涨期权)的等价量,由于交易空间已充分利用,它不得不开始寻找更大的交易地方。当这一切发生时,股票市场却由于华尔街迷失危机和大萧条处于低迷之中。可是,期权市场却开始向散户抛出橄榄枝。《华尔街杂志》称赞芝加哥期权交易所取得了"引人注目的成功,吸引了无数的个人投资者"。没过多久,其他的交易所也想到了经营期权的可能性,尽管当时股市还是一团糟。它们虽不是期货交易所,却是小型股票交易所。1975年1月,美国股票交易所宣布开始进行期权交易,费城和太平洋交易所紧随其后。股票交易所像芝加哥期货交易所1972年那样设立了单独的设备进行期权交易。从操作层面看,期权必须要在交易所上市,并且把它们称为"新期权"以区别于原有的场外交易类型。

芝加哥期权交易所必然会受到散户的欢迎,因为期权带走了部分投资风险。作为股价的一部分,投资人可以购买看涨期权,并从股价攀升中获得潜在收益。如果股市表现不佳,那么风险会受到投资人购买看涨期权的量的限制。这一简单的机制表现了期权和期货合约之间的差异。当投资人购买或卖出期货合约时,他们要承受合约总额高达数万美元的全部价值。期权就不同。投资人基于期权成交价买卖看涨期权,如果他们愿意的话,可以以这个成交价交付股票。买方支付的期权价格被称为"权利金"存在风险,仅此而已。期权一过期就一文不值,但期货合约不会这样。期货只要不清仓就必须交付,风险存在于合约自身的架构之中。

期权市场很快成为小型的股票市场。没人怀疑这种新交易会对股票市场产生负面影响。毕竟,每天40 000份看涨期权代表着400万股股票,这是一个庞大的数字,想想看,纽约证券交易所的平均交易量每天仅为大约5 000万股。尽管经济状况不太理想,但纽约证券交易所还是把芝加哥期权交易所看作潜在的竞争对手,并且已经给它带来了伤害。在1973~1974年间,纽约证券交易所的交易量有所下降,交易的股票价值也开始下降,席位价格也大幅下降,从190 000美元的高价跌到大约65 000美元。[1]同时,芝加哥期权交易所从无到有,发展迅速,到1974年末,其席位的价格达到了纽约证券交易所的一半。

华尔街感到了压力。期权似乎天生就是华尔街的产品,然而这些引人注目的成功工具却是在芝加哥交易。当很多华尔街交易员认识到在芝加哥期权交易所与股票交易所之间存在套期保值的可能性后快速购买,这样芝加哥期权交易所席位的价格自然会上涨。然而,对期权还是产生了一些抱怨,这些抱怨并不只是因为嫉妒。期权投资人似乎只对快速的买进卖出感兴趣,而不是为了长期投资。这种言论最早产生于20世纪70年代早期,并在接下来的几年里反响强烈。尽管交易看涨期权是实现长期投资的一种方法,但这样做却也是在关键时刻将资金从股票交易所抽走的方式。这种推理是合理的,但对散户者而言却不明显。投资人没有看到交易期权给股票带来的新问题,于是当很多公司去期权市场募集资金时,它们并没有取得大的成功。证券价格起伏不定,值得交易商进行投机活动。然而,他们并没有投机股票,相反都去从事期权交易了。这好像是学步儿童爬到了父母的头上,纽约证券交易所和其他的股票交易所感到受不了了。其他的交易所迅速开设自己的期权交易场来搭顺风车,但纽约证券交易所不这样干,因为芝加哥期权交易所已经抢走了它的彩头。

20世纪70年代中期,纽约证券交易所交易量大约占所有交易所股票交易量的70%~80%。更糟的是,场外交易股票市场这一最古老的交易所在纳斯达克体系下进行了重组,并发现存在两方面的竞争。纽约证券交易所通过出版一份研究报告来对此展开回应,这份报告预测将出现证券资金短缺,从而不能满足未来10年美国公司的资金需要。它预测全国经济在1975~1985年间将需要募集2 500亿美元,从而净短缺710亿美元。[2] 很明显,为了弥补短,缺必须募集到短缺量,其方式为发行债券或完全不要募集基金,而这将放慢资本投资的步伐,从而潜在破坏经济的长期繁荣。

然而,这种言论是不负责任的。股票交易所的职责就是交易已发行的股票,而不是向公司募发新股,募发新股的功能是由投资银行在初级市场以场外交易市场形式执行的。纽约证券交易所正试图依靠一个熟练的情形来对付未曾命名的新期权交易所。它担心管制和对期权的批评声,这些反对声音认为,期权市场只不过是剥夺了市场证券需求的赌博工具。芝加哥证券交易所已经听到诸如此类的言论多年了,但从来没有碰到像这次这么老练的手法。在19世纪时,赌博被人骂作"腐蚀公众道德",这和禁酒主义者在第一次世界大战后声称酒精腐蚀人的道德如出一辙。人们认为,这种新形式的赌博腐蚀了美国公司的资本基石,因此对资本投资和竞争有害。

早在期权市场刚启动时,3个学者通过研究个人期权的定价因素,从而对期权效力做出了巨大贡献。由费希尔·布莱克(Fischer Black)、迈伦·斯科尔斯(Myron Scholes)和罗伯特·C.默顿(Robert C.Merton)在1970年和1971年合作研究出的布莱克—斯科尔斯模型(Black-Scholes model)变得众所周知。但由于一些学术期刊对此反应冷淡,这个模型在1973年才公开发表。这个复杂的模型解释了股价越不稳定,期权的价格也就越不稳定的原因,从而阐明了期权持有人可以通过获得低风险的利润而拥有潜在收益。

这个模型依赖于一个基本的套利理论。该理论认为,由于股票和债券可以联合起来复制期权的支付,所以期权的价格一定要同证券的价格一致,否则投资者就会有套利机会。这个模型基于欧式期权的一些假设,欧式期权像芝加哥期权交易所那样没有二级市场。布莱克—斯科尔斯模型的算法非常精妙,以至于它成了各种期权定价的标准,并且成为金融领域最知名的模型,从而为斯科尔斯和默顿赢得了1997年诺贝尔经济学奖(布莱克在2年前去世了)。

所有这些因素使得看涨期权市场有了一个精彩的开场白。推出看跌期权是一件比较慢的事。在芝加哥期权交易所开业几年后,看跌期权仍然待字闺中。1976年3月,证券行业协会(SIA)的主席I.W."塔比"·伯纳姆(I.W."Tubby"

Burnham)举办了一个记者招待会,要求期权市场在引进看跌期权时要慎重,因为证券行业还没为此做好准备。然而,芝加哥期权交易所正催促证券交易委员会批准尽快推出看跌期权。看涨期权令人诧异的成功刺激了交易所的胃口,它想要更多的成功。然而,使证券交易委员会相信看跌期权的价值并不是一件容易事,一年后证券交易委员会才为此开了绿灯。

有两个原因使得看跌机制非常诱人。决定卖空股票的投机商会以保证金账户来出售。这样做意味着,交易商需要抵押保证金(通常是股价的50%),这样他就会希望股价下跌,从而可以以较低的价格把它买回来。如果有看跌期权,这个交易商就可以买入看跌期权。如果股价跌了,那么看跌期权就会增值,这样就可以把它卖出赚取利润。在期权(看跌和看涨)中没有保证金。期权只要求现金,但买入看跌期权策略仍然比卖空股票便宜,而且不担风险。如果该策略失效,投资人赔掉的不会高于所付看跌期权的价格。经过一个多世纪来人们对卖空操作的批评,不可能期望看跌期权的推出很快就能完成。

认股期权的双边上市不像期货合约,它已成为期权交易所主要的争论源。期权的流行使得交易所开始上市相似的期权,接下来的期权战争把这一行业搞得鸡犬不宁。证券行业协会的主席爱德华·奥布莱恩(Edward O'Brien)呼吁期权交易所"认真思考一下自己在干什么",并称之前对期权生意的包装是弊多利少的。[3] 当美国证券交易所宣布开始交易芝加哥期权交易所最受欢迎的期权之一——自然半导体公司的看涨期权——时,期权战争开始了。芝加哥期权交易所立刻通过挂牌交易一些美国证券交易所的期权展开报复行动。当时,芝加哥期权交易所占有期权市场60%的市场份额,美国证券交易所排名第二,占有25%的份额,地区性的股票交易所占有剩余的市场份额。

证券委员会帮助解决争端,使其脱离了交易所的控制。委员会早就对这两家报告虚假交易的大型交易所的场内交易商甚为不满,所以当这两大交易所之间的交易战就要爆发时,委员会就介入进来声称要对它们展开调查。调查(相当于"冰冻令")对于阻止新的期权上市起到了立竿见影的效果。只有这些在1977年7月15号之前已经上市的期权被允许继续交易,但要保证令证券委员会感到满意。看涨期权是整件事情的关键。证券委员会在一个月前刚批准了看跌交易,所以"冰冻令"对其伤害最大。证券委员会花了将近5年时间才批准这些新期权。

苏联人和国际银行家

尽管美苏两国的小麦大战过去了好多年,但 20 世纪 70 年代早期美苏两国又开始了新的论战,与 20 世纪 30 年代的事件处于相对秘密中相比,这次的论战更加直白。1972 年的交易是公开的,似乎要坦诚得多。但当牵涉池内小麦交易时,事情就没有表面上看到的那么简单了。

1972 年苏联小麦歉收,与上年相比产量下降了 50%。于是,苏联政府希望从美国购买大量粮食来渡过难关。7 月 8 号,尼克松总统启动一个 3 年计划,决定卖给苏联至少 7.5 亿美元的小麦、玉米和其他谷物,这是两国迄今为止金额最大的交易。这些粮食将向美国私人粮食交易商购买,但美国仅给苏联 5 亿美元的出口信贷。美国不是唯一的小麦出口国,苏联也不是唯一的买家。印度、中国、巴基斯坦也向其他的主要小麦产出国(如加拿大、阿根廷)下了订单。这一做法很符合尼克松政府试图与苏联和中国友好接触的外交政策。当时唯一能预见的就是,俄国人似乎在使用其一贯的手法。与 30 年代小麦丑闻的不同在于,这一次更正规。尼克松政府不知道这笔交易将成为公共关系的噩梦。

一年后的 1973 年,财政部长乔治·舒尔茨(George Shultz)承认在那笔交易中美国被涮了一把,苏联人把刚购买的小麦以高价卖给了意大利人。肯塔基州民主党参议员沃尔特·哈德尔斯顿(Walter Huddleston)将手中披露交易细节的意大利《时报》(*Il Tempo*)丢在地上,以此给政府难堪。这份报纸上还印着与这笔交易有关的词语。这笔交易也不受美国普通民众的欢迎。当农场主正在数钱时,大批反对与苏联交易的示威者聚集在纽约示威游行,他们说苏联在迫害当时的犹太人。

哈德尔斯顿也加入了反期货立法的队伍。他于 1926 年出生在肯塔基州,毕业于肯塔基大学。从军队退役后,他曾在几家广播站工作,随后于 1965 年当选肯塔基州州参议员,1972 年当选美国参议员。哈德尔斯顿虽是一个温和的民主党人,但他反对尼克松多数的国内政策,并不止一次出言抨击期货市场。然而,当他 1984 年竞选失败后,其影响力受到了限制。

这次小麦丑闻后,原来的担忧再次浮出水面。芝加哥期货交易所的交易员担心国会最终会采取行动控制交易。交易所主席弗瑞得里克·G.尤尔姆(Frederick G. Uhlmann)写道,交易所过去几年苦心经营的形象和政治影响处于被忽视的危险境地,因为民众强烈反对现在的食品价格以及与苏联之间的交易。当他在"家庭小型企业委员会"(House Small Business Subcommittee)作证时,他老调重弹,认为由于食品价格飞涨,农产品的交易商和投机人正成为"代罪羔羊"(whipping boys)。[4] 他认为,交易商不应为高昂的食品价格负责,倒是高利率和通货膨胀应该为此负责。对于与交易所无关的经纪人将未上市的商品期权卖给公众的行为,他也感到愤慨。他的言论使人仿佛回到了反投机商号运动的日子里。虽然期货市场经过多年的发展已为人们逐渐接受,但它们依然处在世俗的怀疑中,只不过这种怀疑是"新瓶装旧酒"而已。

幸运的是,这种对期货市场的质疑很快就结束了,新的金融产品让它们有了光辉的形象。货币市场因新的芝加哥国际货币市场(IMM)而取得了巨大成功,从而激起了交易所开展更多金融期货的胃口。新产品开发背后的逻辑很简单:交易任何含有潜在不稳定因素的产品。到70年代初,不稳定性是证券市场的永久特征已经很明显,于是把金融工具当作商品一样交易就成为可能。这一旦成为共识,期货市场的前景就一片光明了。为了保持自己的地位,纽约商品交易所宣布,它将在1974年8月推出货币期货。

由于美元的浮动,在货币交易中还存在特别强的国家因素。国际银行家也聚集到了西部的芝加哥。芝加哥国际货币市场的主席利奥·梅拉米德这样讲道:"可以预测,我们的市场经历了众多重要转变。新的金融工具的应用使得我们每日的交易产生了变化,以前只有苏黎世、伦敦、法兰克福的银行家是这样的。为什么我们会问,就应该这样吗?凭什么欧洲古老的市场是美元价值的唯一决定者?"[5] 绝不可以,芝加哥人是不会答应的。然而,这种迁移效应被夸大了。货币期货市场是很有用,但还不能成为外汇市场的替代品,只能是附属品。

货币市场和期货市场到此时为止都出现了不稳定性。在金融界,人们知道汇率和股价受利率影响。这一点在外汇市场可能比在股票市场更容易被接受。货币即期和远期汇率直接绑定利率,一旦官方利率变动,货币价值就会变动。传统经济学教科书告诉我们,货币供给的增加(后来被看作通货膨胀不可分割的一部分)对股票有利,因为人们有了更多的钱用来投资。通货膨胀和股票投机活动之间的联系还不清楚。如果通货膨胀增加是利率上调的结果,那么保证金率也会增加。在保证金基础上持有股票的成本就会增加,而这将会减少市场上的投机活动。由于动荡,利率和其他金融工具之间的关系变得清晰起来,但也为此付出了高昂的学费。

20世纪70年代的期货交易开始改变,交割流程也变化了。1970年,芝加哥期货交易所将其报告、数据处理系统交给了距离其15英里专攻数据处理的专业公司。这一举动对交易所而言是前所未有的,它标志着电脑开始介入报告和处理业务。不过由于交易量与日俱增,这一变化是必不可少的。

70年代早期金融期货已经占据重要地位,但还没有完全主宰市场。在尼克松政府的反通胀"战役"中,为不值钱的大豆闹得满城风雨。大豆在1973年成了美国的顶级商品作物,销量远超小麦和玉米。其重要性表现在,它既是主要的出口产品,也是很多食品必不可少的添加物。大豆价格很快就翻番了,这对通货膨胀的影响是毁灭性的。大豆成了当时最受欢迎的食物。1973年,虽然肉类爱好者反应不太积极,但第一个豆堡包(soyburger)还是出现在纽约。当年夏天大豆脱销,致使政府暂停一周大豆(连同棉籽一起)及其衍生品的出口。这样做主要是为了防止牛肉、猪肉等食品短缺,从而稳定主要食品的价格。禁令颁布后,政府试图重新评估这一策略,要求计划调控出口。不用说,一听到这个消息,期货价格就飞涨。顷刻间,人们即使不吃大豆,也开始谈论起了大豆。

尼克松总统把大豆争论抛给了其内阁。他在一场访谈中不慎透露,尽管他认为价格上涨是一个问题,但他不知道大豆是什么样子。一听到他这样说,密苏里州(主要的大豆生产州)的代表J. 利顿(J. Litton)就送给尼克松5麻袋哪里都能找到的大豆,好让他再也不要说他不认识大豆。

期货市场立刻有了反应。芝加哥期货市场暂停5天大豆交易,直到形势有所好转。纽约商品交易所也暂停了白银期货,只允许要清算头寸的交易商交易。白银也受到剧烈价格波动的影响。白银问题因大豆而暂时掩盖了,但最终演变成了70年代主要的金融丑闻。在一桩证券交易委员会介入有关商品问题的少有案例中,委员会在拉斯维加斯提起诉讼,要求处罚西太平洋金银交易公司(Western Pacific Gold and Silver Exchange Corp),因为该公司没有期货合约支持就出售金属投资合约。该公司利用"庞氏骗局"(Ponzi-style scheme),以新投资者的钱作为快速盈利付给最初投资者。公司承诺向客户购买金币和银币,但在上涨市场中其现金很少甚至根本没有,并且不愿意做合法生意。该公司的总裁曾经是内华达州州长的候选人,他通过抵押公司股票骗得了银行贷款,以此与证券交易委员会纠缠。由于白银不是农产品,从而不受1936年《商品交易法》的限制,因此证券交易委员会在这桩案子中无能为力。

走进商品期货交易委员会

快速发展的期货世界最终引起了国会的注意。由于10年前的色拉油丑闻,商品交易管理局遭到很多批评,说它没有清楚的规定,也没有人手来处理快速膨胀的期货市场。证券交易委员会在这方面没啥权力,因此需要一家新的机构来管理这块市场。1974年,国会通过了《商品期货交易委员会法》(CFTC Act),目的是在期货史上第一次给期货市场配备一个迫切需要的证券交易委员会式的管理者。从此,商品期货交易委员会成为包括农产品和金融产品在内的期货市场监督人。

尽管商品交易管理局从1936年起就存在,但人们觉得它没有成效,政绩很差。如果不是这样,也就不会找一个新的管理部门了。与证券交易委员会一样,商品期货交易委员会是一个5人组的机构,对16种期货市场拥有强大的管理权。《商品期货交易委员会法》中的"201条款"给予委员会对期货市场拥有独一无二的权力。它有权将委员会扩充至500人,对商品期货经纪人采取限制措施,隔离经纪人和客户保证金,禁止期货市场上的期权交易等。尽管期货期权已经被取消,但由于证券交易委员会无权管理非农产品合约,所以期货期权交易在一些金属期货合约中还时有发生。商品期货交易委员会不同于其他联邦机构,它拥有"日落条款"(sunset clause),即它在未来需要定期续期。刚开始时,这一条款对委员会造成了压力,其首次续期是在1978年。

很多期货行业反对商品期货交易委员会。反对理由都是老生常谈的了,认为它会抑制期货市场的活力,而且代价过高,官僚气十足,没啥存在的必要性。然而,交易所的高层管理人员意识到这样做是不祥之兆,因此决定接受它而不是反对它。其他市场已经接受了管理。利奥·梅拉米德这样解释这一举动:"有点像包办婚姻,因此我认为如果无法避免,对我们而言最好认命,然后参与到其创办过程中去。"[6] 交易商满腹怨言,但交易所高层意识到有新管理者是注定的事。很快,商品期货交易委员会制定出了自己的反市场操纵条例。

关于新机构的组成元素也有很多讨论,因为交易员知道委员们的性格特征会影响商品期货交易委员会的活动。前加利福尼亚州共和党州参议员威廉·T.巴格利(William T.Bagley)被福特总统任命为第一任委员会主席。《商业周刊》说他是"缺乏经验的业余人员",虽缺乏经验,但并没有妨碍他预言"我们会是管理界一颗闪耀的明星"。巴格利毕业于加利福尼亚大学伯克利分校法学院,在任职主席前从没有买卖过商品期货,人们都觉得他会很被动。47岁的他很清楚期货行业的期望:他会因缺少经验而制定出很多不干预政策,但他决定表现得强硬些。在他的议程上监督是第一位的,他公开声明,商品期货交易委员会不会制定像之前的证券交易委员会制定的那种未经审查就批准的政策。两个月后,巴格利办公室收到了交易所要上市的新产品申请。

第一批申请中有抵押期货申请。就其本质而言,新的抵押期货合约太复杂,因而不会是交易所开发的。原来这种新合约是由伯克利的金融教授理查德·桑德尔(Richard Sandor)设计的。抵押期货是第一个利率期货,于1975年引入市场,当时芝加哥期货交易所推出了政府国民抵押贷款协会(GNMA)抵押凭证期货合约。政府国民抵押贷款协会俗称"吉利美"(Ginnie Mae),实际上发行收益率略低于抵押贷款利率的30年期债券。"吉利美"将其长期债券卖给投资人,然后用这笔钱从银行买保证抵押,按照其遵守的条例,投资人成为住房所有者。简言之,"吉利美"按照美国住房及城市发展部(HUD)制定的条例支持城市住房抵押贷款。如果长期利率上升,那么贷款利率也随之上升,从而使得住房抵押贷款更昂贵。如果"吉利美"债券可以对冲,那么新期货合约有利于稳定抵押贷款市场。从而投资人就不会出售抵押债券,贷款利率也就会更加稳定。

"吉利美"和住房及城市发展部都是20世纪60年代通过的《民权法》的产物。它们的部分使命就是要在60年代中后期爆发的曾动摇了很多城市的种族骚乱之后,提供住得起的城市住房。它们发行的债券很快就流行起来。所罗门兄弟公司(Salomon Brothers)开发了这块市场,很快交易量就非常庞大。芝加哥期货交易所看到了既能赚钱又能做一些期货交易所很少能染指的事情的机会,它向房屋抵押投资人和城市私房屋主等提供一种特别的好处。尽管交易商以及像银行这样的房屋抵押投资人很欢迎期货合约,却从来没有取得预期的成功,最终在20世纪80年代停止交易。[7]不过,它的引入带动了很多在混乱的交易世界中生存下来的期货。

为了不被对手超越,芝加哥商品交易所申请同时交易美国国库券期货。"吉利美"合约等于10万美元面值的债券,票据合约等于100万美元。两者因各自的工具都被看作整数股(Round Lots)。这些合约代表着收益率曲线的起起伏伏,不过它们只是冰山一角。新合约正络绎不绝地被引入市场。除了金融合约外,还有棉籽、原油、煤合约以及海运运费合约的申请。《财经世界》评论说,希望商品期货交易委员会能够"给期货行业带来更大的可信度",尽管"华尔街害怕见到过分管理的后果"。[8] 然而,这却是允许期货市场快速交易和松散管理的代价。证券交易委员会反对"吉利美"期货被商品期货交易委员会管理。众所周知,抵押债券期货不是证券,因此应该由非商品管理者来管理。

从一开始,商品期货交易委员会面临的就是一条艰难的道路。巴格利在1977年对得克萨斯州的石油大亨尼尔逊·邦克·亨顿(Nelson Bunker Hunt)提出诉讼后卸任。亨顿及其家族没有遵守交易大豆合约的限制,使市场上的价格剧烈变动。商品期货交易委员会想要阻止他们继续交易,委员会的努力使得亨顿家族多花费了5 000多万美元。这一事件形象地展示了20世纪70年代期货市场的曲折与痛苦。

当富有传奇色彩的石油大亨H. L. 亨顿(H. L. Hunt)之子——尼尔逊·邦克·亨顿——在家族成员[包括他弟弟W. 赫伯特·亨顿(W. Herbert Hunt)]的帮助下试图垄断大豆市场时,大豆垄断拉开了序幕。对于任何交易员来说,可以累积的期货合约数量的头寸限制是300万蒲式耳或者5%的市场份额。亨顿的头寸要大得多,大于2 400万蒲式耳或者40%的市场份额。如果只有尼尔逊·亨顿一个人,那么他会在限制范围之内。然而,他用了垄断的经典手法,雇用了家族成员帮助他突破限制,加入尼尔逊·亨顿垄断行动的家族成员复制了很多尼尔逊·亨顿的头寸来避开头寸限制。

商品期货交易委员会对其提出控告来阻止其进一步交易,它引证说,大豆价格在一年内已经从5.15美元上升到了10.30美元,大豆及其衍生产品的交易量已经占芝加哥期货交易所巅峰交易量的50%。这场诉讼牵涉到尼尔逊·亨顿、其弟赫伯特·亨顿,以及兄弟俩的5个大多在上大学的孩子。亨顿家族成员所开的虚假账户既没有骗过商品期货交易委员会,也没有什么隐蔽性,因为他们都使用同一个通信地址。商品期货交易委员会的一名委员评论说,亨顿家族中唯一一个没有交易账户的成员就是他们家的狗。[9]

但是,每个人都很满意这样的结果。大豆价格上涨带来的利润估计达到

第五章
金属和货币

1亿美元。巴格利认为,同一个通信地址就是垄断的证明。尼尔逊·亨顿的回复是,巴格利"满嘴胡话",并反驳说,每个家族成员都是以相同方式独立交易,这是因为每个人都参阅相同的豆类研究报告。他们也确实有一个独立于多头的空头头寸。在最初的较量中,尼尔逊·亨顿指责商品期货交易委员会,"试图通过强迫投资人出售来操纵市场,我称此为勒索未遂"。对此,巴格利反驳说,芝加哥期货交易所应该采取更多措施来阻止如此大的头寸,只不过到底谁应该来管理亨顿还是个问题。与德·安吉利斯不同,亨顿家族在任何交易所都没有席位,他们只不过是"外来投资人"。然而,巴格利依然很坚决。他说:"我没有扮演上帝或者经济学家,只不过在履行国会赋予我的职责。"[10]

这件案子对商品期货交易委员会来说,似乎取得了一定的胜利,但在期货管理世界却没被看作既成事实。这桩诉讼在1977年4月开庭,商品期货交易委员会请法庭强制亨顿家族清算过多头寸以保护公众利益。委员会还批评说,亨顿家族"甚至在面对委员会及其成员关于'违法是严重的,是对市场的威胁'的再三警告时",依旧持续交易。委员会把他们的头寸公开,这激怒了亨顿家族。

这种案子的处理程序让人吃惊,对商品期货交易委员会的效力投下了长期的阴影。1977年9月,法庭宣判亨顿家族确实违反了管理条例,但法庭不会对其施加任何惩罚。换言之,施加惩罚是商品期货交易委员会的事情,而不是法庭的事情。商品期货交易委员会的成员后来承认他们需要有亨顿家族企图操控市场的证据,但他们没有有力的证据来支持他们。[11]这宗案子的结果是,投机商获得胜利,商品期货交易委员会遭受白眼。但是,这场战役并没有完全结束。

商品期货交易委员会觉得自己的名声遭遇了危机,于是在几个月后召开了一场管理听证会。高级法庭重新审理了此案,推翻了原有的判决。它中止了亨顿账户中超过限制的交易,要求亨顿返还非法利润。看来还是商品期货交易委员会最终获得了胜利。亨顿家族在1981年和委员会以一定的名义赔偿达成了和解,这样双方都声称自己获得了胜利。案子虽然解决了,但来自亨顿家族的指责(政府侵入私人部门并干涉他们无辜的意图)却挥之不去。大豆事件只是亨顿家族卷入的两桩案子之一,后面的一桩将使他们身败名裂。

对商品期货交易委员会效力的担忧快速传播开来。曾为委员会的一个政策层面的成员在1977年10月亨顿事件后评论说,"这种状况就像'泰坦尼克号',是一场灾难"。参议员德尔斯顿也持相同的看法。对这家年轻机构的抱怨不胜枚举。除了亨顿大豆案，还有非法旧债券换新债券征税案、商品期权问题、缅因州马铃薯丑闻、咖啡期货市场上所谓的价格操纵案等。美国总审计局（GAO）对委员会在1978年2月向国会汇报运作手法的调查，引得批评声四起。但支持者也说，委员会还很年轻，需要一些时间来磨合运作。规模是一个关键因素。商品期货交易委员会有500名职员，年预算1 300万美元，人们希望它监督当时一直在推出新产品的12个独立市场。相比较而言，证券交易委员会有1 900多名职员，年预算4 900万美元，只需监控美元流通量很少的几个市场。[12]

但是，证券交易委员会并不想对它的年轻同行做出任何让步。1978年初，证券交易委员会向美国总审计局递交了一份长达10页的备忘录来供其开展调查。令华盛顿吃惊的是，这个证券管理机构提议由它而不是商品期货交易委员会来管理金融期货市场。自从1972年推出金融期货以来，证券交易委员会一直对任何管理这块新市场的机构（除了它自己）表示怀疑，即使商品期货交易委员会已经建立，它也没有改变过想法。当备忘录的内容公布于众后，华尔街和拉萨尔街都吃惊不已，并惶恐不安。一名芝加哥期货交易所的官员评论说："有些人极力反对（备忘录），但我们中的其他人不能相信我们必须再次作战。"芝加哥期货交易所的主席罗伯特·威尔姆斯（Robert Wilmouth）说："我不喜欢证券管理机构的提议。只有一家机构应该管理商品行业，如果是商品期货交易委员会，那就应该这样。"[13]

芝加哥期货交易所以稍微不同的方式解释了商品期货交易委员会的难题。虽有威尔姆斯先前的评论，但当委员会在1978年申请再认可芝加哥期货交易所时，没有给它许可证。威尔姆斯直接支持任何提议将商品期货交易委员会划归为农业部下属部门的法律，也就是说，要回到原先商品交易管理局的状况。芝加哥商品交易所相似的建议被忽略。正如利奥·梅拉米德指出的，这将是"一大退步"。芝加哥期货交易所的这一举动不是对新管理机构投的信心票。如果任何管理者通过了授权听证会，那么期货行业将会处于进退两难的境地。甚至在面对商品期货交易委员会多变但短暂的历史时，芝加哥期货交易所似乎正在采用各个击破的战略。

对商品期货交易委员会而言更糟的是，美国总审计局向国会提交证明说，商品期货交易委员会的权力已经转移给了证券交易委员会。总审计局希望国会授权证券交易委员会管理代表证券类的金融期货，如股票、公司债券、政府证券等。

股指期货也包含在内,尽管它们还没有被用来交易。堪萨斯州城市贸易管理局接到了商品期货交易委员会关于交易股指期货的申请,正等待批准。费城股票交易所也提交了同样的申请,只不过是把申请递交给了证券交易委员会而已。

尽管面临诸多刁难,但商品期货交易委员会获得了重生,依然管理着期货交易所。期货市场只有一个管理者,而股票期权市场由证券交易委员会管理。一年内,商品期货交易委员会批准了金融期货可以扩展。1979年,美国证券交易所商品部和纽约商品交易所都获准交易国库券期货;芝加哥期货交易所和芝加哥商品交易所获准交易中期国债(treasury notes)。纽约证券交易所很快因申请自己的金融期货交易所——纽约期货交易所(NYFE)——而介入竞争。扩张被列在所有期货交易所的议事日程上。一年前,曾经风光无限的纽约商品交易所宣布交易汽油期货和货币期货。当时荷兰鹿特丹可以交易汽油期货,纽约商品交易所看到了在美国以小合约量交易相似合约的机会。它很后悔当初没有主动交易货币期货,其实它早在1974年就启动了货币期货,结果只能眼看着芝加哥商品交易所主宰这一市场。在解释为什么纽约商品交易所决定重新进入货币期货市场时,发言人说,货币市场的不稳定性让人看到了机会,并补充说:"我们相信我们会在纽约启动配套业务,而不是在远离芝加哥的地方从事非法业务。"较小的交易所由于害怕报复而不想直接与市场领导者交锋,因为这些报复将会严重阻碍它们的发展。

芝加哥的国际银行家

芝加哥国际货币市场的货币期货诞生于危机之中,自然而然地,危机也要考验芝加哥国际货币市场的毅力。1976年9月1日,墨西哥官方在第二次世界大战后最大的比索危机中将其货币贬值40%。作为美国最大的贸易伙伴之一,墨西哥从1954年起就将比索绑定美元。然而,由于比索普遍被认为高估,因而出现了贸易问题,墨西哥贸易正因此遭受损失。鉴于比索很受欢迎,芝加哥国际货币市场引进了比索—美元期货合约,并成功地交易了数年。当比索贬值时,芝加哥国际货币市场上的比索量呈指数级增长。在这拨混乱被平息前,交易所交易了几乎1亿美元的合约量。国际货币市场展示的稳定性促使列奥·梅拉米德写道:"虽然有1亿美元的成交量,但我们是安全可靠的。全世界都注意到,芝加哥国际货币市场盯住业务不放,依旧在持续交易墨西哥比索。"[14]

货币期货走红带来了不少问题。1976年,对芝加哥期货交易所、芝加哥商品交易所和芝加哥国际货币市场的延期交割纳税问题开始了调查。司法部和美国国税局从交易所调来交易文档,以查看交易商是否一直通过把即将到期合约转换成更长有效期的合约来产生期货盈亏。国税局估计在1972～1976年间因延期交割而损失了1亿多美元的税收收入,并据此认为,货币期货交易和农产品市场一直在逃税。交易所申请撤消这张传票,但联邦州法官拒绝了交易所的请求,并命令其提交所需资料。

在通货膨胀时期,贵金属总能吸引公众的目光。黄金期货最终在1974年推出,并开始在芝加哥期货交易所、国际货币市场和纽约商品交易所上市交易。白银一直在交易,期货市场现在有几乎可以用于任一金融需要的基本金融合约。对于黄金在国际货币体系中的地位,每个人都记忆犹新,它的老搭档——白银——在20世纪70年代中期曾抢占了很多新闻头条。几乎被人遗忘的金属丑闻几乎就是1869年杰伊·古尔德的黄金垄断事件的翻版,只不过换了名字和日期而已。

期权和期货在20世纪70年代都经历了起起落落,但芝加哥商品交易所在国际货币市场的发展过程中看到了问题。芝加哥期货交易所和芝加哥期权交易所各自独立运作,但互相讨厌对方,此时芝加哥商品交易所认识到,把国际货币市场带回到自己的围墙之内是符合自身利益的。于是,一份合并提议浮出水面,希望它们可以共享席位和设备。然而,会员们并不赞成这样的合并。国际货币市场的会员认为,他们不需要芝加哥商品交易所及其传统商品;而芝加哥商品交易所由于其自身久远的历史,则把金融期货交易商看作暴发户。芝加哥商品交易所想要扩展席位数量,发现如果吞并了国际货币市场,将会极大地提高未来的发展前景。经过一番讨论和艰难的谈判,合并提议在1975年10月被批准了。两家交易所的董事会很爽快地批准了合并,会员们也只好赞成。芝加哥商品交易所的会员以343票对23票批准了合并,国际货币市场的会员以396票对57票批准了合并。同时,设立了一个叫做联合商业市场部(AMM)的非活物股票市场交易鸡蛋、木材、黄油和冻火鸡。[15]尽管传统农业商品还在交易,但它们确实已经让位于金融期货,退居二线了。

尽管对于商品期货交易委员会的效力存在丑闻和争论,但产品开发却丝毫没有减缓的迹象。史上最流行的金融期货在1977年被引进市场,当时芝加哥期货交易所上市了长期国债期货。这些合约由理查德·桑德尔设立,允许交易商投机或对冲长短期收益曲线,抵押银行家和从事长期利率的职业交易商很快接受了这些合约。最初,期货是20年期国债,同年,财政部宣布它将发行30年期国债。结果,交付变得异常复杂,花了两年时间才找出所有问题。然而,没几年长期债券期货就成了最受欢迎的期货合约。尽管后来又推出了其他债券和短期利率期货,但很明显,利率及其他金融工具现在已经被当作商品了。

新产品的快速繁殖受到了批发投机商和零售投机商的热烈欢迎。到1977年初,纽约证券交易所基本上批准了期权交易,只是没有建立专门设施来交易。芝加哥期权交易所几乎交易了90种上市期权,所有的标的证券都是蓝筹股。《纽约时代》杂志根据国际货币市场成功应对几个月前比索危机的良好表现,把它称为外汇期货货币市场的领导者。然而,这样来形容国际货币市场多少会产生一些误解,因为真正的货币市场仍然在银行间操作。

纵观期货市场历史,真的是进一步、退一步。1976年,纽约商品交易所的交易商拖欠交付合约规定的5 000万英镑的缅因州马铃薯,从而引发了一大丑闻。纽约商品交易所通常对投机商设定150张合约的上限,但当1976年5月期货过期时,还剩有大量的未交付合约。通常,要求合约的平均交付量是3%,但当5月的合约过期时,还有1 900多张合约没有交付。由于马铃薯在美国很充足,而在英国和欧洲其他地方则短缺,因而怀疑声四起。农业部发言人把这种状况形容为可怕的历史重复。他评论说:"这令我们不禁想到1973年与苏联的谷物交易。"

调查显示,两家竞争性的集团在期货市场上进行相反操作,一家做多而另一家卖空。代表西北部农场主的一家集团卖给欧洲进口商15 000吨马铃薯。然而,当新闻机构报道这笔交易时,除了印刷错误即他们把15 000吨写成了150 000吨,其他都偏向买方。于是市场价开始攀升,尽管卖方向商品期货交易委员会强调,那确实是一个公开的错误。纽约商品交易所的主席理查德·莱维纳(Richard Levine)认真对待此事。他说:"这种状况是前所未有的,即使是一个疏忽,也是一件严重的事情,犯事方要承担严重的惩罚。"[16]很显然,理屈一方不会为高价埋单,他们只是决定顺其自然。

一年后,商品期货交易委员会的调查报告认为,1976年5月的合约案存在人为操纵,并得出了与纽约商品交易所一样的结论。莱维纳认为,问题是由误会产生的。商品期货交易委员会立刻说:"证据没有表明存在有意误导或有违反《商品交易法》的行为。"[17]交割完成后,商品期货交易委员会似乎想要掩盖它在整件事中的窘态。由于最初的疏忽和随后的结论,商品期货交易委员会的形象受到了损害。

享有特权

到20世纪70年代中期,股权期权快速发展起来,但期货合约期权由于受到1936年《商品交易法》的限制,仍然萎靡不振。仅仅因为金属不受该法的管制,金属期货期权已经发展成了小型专业化市场。然而,商品期货交易委员会有能力管制期货期权,并且由于参与管理而使得自己在某些地区很不受欢迎。

加利福尼亚州、纽约州、马萨诸塞州的经纪人把期货期权卖给相对不老练的投资人。在很大程度上,这些期权是在伦敦而不是在国内交易的。他们对于交付期货合约要么看涨,要么看跌,换句话说,是基于衍生的衍生产品。经纪人意识到,美国管理部门对这些产品已经是鞭长莫及了。由于很少有盲目的经纪人,所以没什么理由担心管理部门会很关注它。期权原本就是投机商号的产品,这些投机商号正以商品不稳定性和流行股权的名义进行融资。"投机商号"这个术语已经过时了,在处于"高压屋"的经纪人用高压销售策略结束销售后,"高压屋"这个词开始流行起来。

经纪人出售在伦敦商业交易所上市的期货期权。他们的客户中大多是美国人,这些美国人认为他们在买入流通期权,不过这些期权是欧式期权,因而对卖方而言在到期日尤其是在买方要求以标的合约交付时是很危险的。商品期货交易委员会了解这样的运作手法,但不会禁止期权交易。相反,它打算给交易商注册,这样交易商们就可以接受委员会的管理。在委员会刚开始运作的几年里,它喜欢管理而不是惩罚。然而,还没来得及颁布任何有效的政策,新的丑闻就又产生了。

1978年1月,商品期货交易委员会处罚了一个欺诈性出售商品期权的纽约经纪人。委员会宣称纽伯格公司(Neuberger & Co.)使用"高压屋"策略销售伦敦期权给不知情的小投资人,从而误导了交易过程中存在的风险。这家公司辩称没有竞争:"为了避免诉讼时间延长并且希望能够快点结束这件事情,我们没有承认或拒绝任何的言论,我们支持这种行动。"[18]然而,另一名处于"高压屋"的操作员却没有这么多怨言。詹姆士·A.卡尔(James A.Carr)经营的一家波士顿经纪公司——劳埃德—卡尔公司(Lloyd, Carr & Co.)——也受到了同样的处罚。当这家公司的背景被披露后,很明显期货市场要想不受腐败事件的影响,还有很长的一段路要走。

当卡尔被处罚时,他已经因欺诈罪被马萨诸塞州证券管理局控告。他的公司收到了暂停营业的传票,但仍然继续营业。卡尔然后不知逃到了什么地方,后来据说是带着大约200万公司基金躲到了加勒比海地区。美国联邦调查局的调查表明,他的名字不是卡尔,本名为艾伦·亚伯拉罕(Alan Abrahams),于1974年从新泽西州越狱。他有22年的犯罪活动记录,被几家执法机构通缉。卡尔最终在佛罗里达州被逮捕,并因违反1971年的税法被判了两年半的徒刑。此后,商品期货交易委员会开始重新考虑经纪人的注册程序,并做了一个尴尬的批示。它承认,从没有检查过卡尔在所有问题中的记录。这种解释并没有令商品期货交易委员会早期的批评家满意。由于所有针对经纪人的诉讼都是悬而未决的,商品期货交易委员会说它不想因坚持审查而增加更多的混乱。

商品期货交易委员会在其早期历史上还是设法确立了自己强硬的名声。1976年,它肯定地告诉纽约的交易所,要它们缩减交易量。委员会想要建立"能保护投资人与交易商的新规则并改进程序,而监督董事会应该是实在的,不应仅仅是代表支持交易所以及包括大众在内的一种象征性姿态"。[19]一些交易所顺从地请了一些知名的公众人物来加入其董事会。一名前联邦官员安德鲁·布里默(Andrew Brimmer)像前财政部部长威廉·西蒙(William Simon)一样成了纽约商品交易所董事会的一员。人们鼓励纽约交易所前往当时正在修建的世贸中心从事交易。然而,纽约交易所并没有止步于纽约,它随后给芝加哥传递了同样的信息。最终,1978年6月,纽约交易所禁止商品期货期权的销售,直到它有能力解决这个问题。

商品期货交易委员会对当时的商品期权问题做出了回应。1977年,它颁布条例,正式允许期权被重新引入已空缺了40年之久的市场。对这份建议,市场有保留地祝贺,多数交易商认为委员会的时间表太过于雄心勃勃。它操之过急,以至于不能用批准的合约取代场外交易市场期权从而消灭后者。这份建议是由商品期货交易委员会副主席约翰·雷恩博尔特（John Rainbolt）提出的,约翰·雷恩博尔特很清楚这个行业的历史和商品期货交易委员会在试图管理市场方面的新角色,他在公众面前展示自己的关心:"我在想,如果商品期货交易委员会退出历史舞台,期货行业是否能摆脱目前的困境。"[20]拥有管理者的期货市场布满荆棘,对于以后的发展,人们仍然拭目以待,是否会有什么好运来帮助期货市场摆脱困局。

商品期货交易委员会早期的很多问题只不过是来自期货行业成长道路上的曲折与磨难,期货行业(还有商品交易管理局)一个多世纪以来都有自己的路要走。然而,甚至在1974年法案中建立起来的独一无二的特权也没能解决这种由于证券交易委员会、州和联邦法庭,以及——最重要的是——新产品的开发这三者之间多年重合所带来的混乱问题。即使绝大多数州和联邦法院、立法机构和证券机构都同意这种对市场的特权,新产品还是碰到了管理的限制。尽管对观察家不太明显,但产品开发团队却正在设计让管理者分不清的产品。谁要对此负责?最初的布莱克—斯科尔斯模型对这个问题给了一些暗示。股票和债券可以联合在一起来达到期权的潜在收益,这意味着期权应该在证券交易委员会的管理范围之内。然而,如果衍生工具与证券无关,那么该怎么办?认为期货合约可以取得同样的收益?答案就很不明显了,而且很难解决。

20世纪70年代末,问题一下变得更加尖锐起来。詹姆士·M.斯通(James M. Stone),一名经济学家以及马萨诸塞州的前保险委员,在1979年接替巴格利担任商品期货交易委员会的主席。当他就职时,3家其他的联邦机构正积极地做着原本是委员会要做的事情,联邦储备系统和财政部在研究国库券期货对政府债务管理政策的影响,证券交易委员会在进行有关股票期权市场的另一项研究。商品期货交易委员会则在研究商品期权可行性的进程中,这项研究已经被推迟了2年,商品期货交易委员会实在应该感到汗颜。这些结果要比单纯的学术研究有意义得多,它们将被用在官方头寸报告中以规划未来的公共政策。

新产品允许经纪人对散户开放市场。新产品意味着更多的品种,经纪人可以设计散户支付得起的投资工具,使他们可以交易一两种商品期货。投资人可以用5 000美元买进有限的合作权或商品基金,充分利用基金期货合约中价格曲线的优势。另外增加了管理账户,这样经理们而不是投资人就能够靠自己的判断来交易合约。这种类型的账户吸引了很多经纪人从事这种生意。《货币》杂志提醒它的读者说:"投资人可能瞬间破产。商业伦理也不是很让人放心……在1979年由商品期货交易委员会记录在案的140家延期交付合约的公司里,大约30家要么倒闭了,要么已经改头换面了。"[21]

商品基金或组合成了培育欺诈的温床。如果一项基金少于15个投资人,就不要求它向商品期货交易委员会登记其活动内容。许多基金会向投资人收取服务费用,在计算损益之前会收取佣金。其他的一些基金会采用传统的投机商号技巧。它们会接受投资人的基金,侵吞一部分,在账面上做虚假交易,显示亏损。由于这些亏损是小额的,投资人不会因太计较而撤回投资。如果市场状况表现不好,小额亏损似乎说明基金经理管理有方。于是,基金会退出市场或转移到一个新地方重新投资。假设市场上有商品期货交易委员会,那么基金操盘手的活动就会赋予商品投资以坏名声。批评者开始要求"日落条款"不可重复使用,他们认为商品期货交易委员会是无效的或者说拥有不正确的优先权设置。

金融期货和投资工具主宰着20世纪70年代的市场,这让很多评论员认为传统期货已经退出历史舞台、一去不复返了。农业部门非常活跃和健康,但往日的批评再次出现。当金融期货和期权被引入市场时,很多评论员很惊疑地问场内交易员,他们是否能领会货币和利率的复杂多变。而他们发现,这一点也不困难。一名交易员回答说:"如果有标价或出价,我就能交易。"当农场主以及从事农产品生意的一些人发现,他们最爱的商品被那些喜欢金融期货胜过普普通通的大豆和猪胃的交易商漠然置之时,人们的传统观念被颠覆了。

农场主常常质疑期货交易所在制定有效价格方面的作用,但到20世纪70年代晚期,他们也开始质疑商品期货交易委员会的作用。没有一个委员有农业背景,商品期货交易委员会似乎乐意让不懂基本的农产品供给关系的交易商来设定产品的价格。[22]这种抱怨没什么新意,但这次却更加紧急,因为商品期货交易委员会即将再次得到续期权限。然而,华盛顿却因为1978~1979年间出现的另一桩垄断交易(这次是由商品期货交易委员会自己的会员造成的)而有理由担心市场上农业期货专家和交易商的专业水平。

1979年冬天,又一桩垄断交易在芝加哥期货交易所被掘出。商品期货交易委员会发给一名积压了巨额小麦头寸的投机人员一封警告信。这名投机人员艾伦·弗里曼(Alan Freeman)和芝加哥期货交易所的副主席莱斯利·罗森(Leslie Rosenthal)是罗森公司(Rosenthal&Co.)的合伙人,后者还是芝加哥期货交易所的董事。罗森也收到了相似的警告信。由于罗森在1979年1月被选为交易所的副主席,因而此刻芝加哥期货交易所处于窘迫的境地,其市场形象将会受到影响。当弗里曼和罗森拒绝执行芝加哥期货交易所的法庭宣判时,他们的头寸被公布于众。弗里曼控制了大约250万蒲式耳的期货合约,若把他的头寸和罗森的加到一块,他们则拥有90%的3月小麦头寸,握有一半的实物供给。二人的联合头寸总量对市场来说是经典的逼空,但当空头被迫回补时,他们却发现实体小麦供给不足。

芝加哥期货交易所内部展开了讨论,内容是如何有效回应商品期货交易委员会关注的问题,当罗森也成为讨论的部分内容时,人们发现存在广泛的利益冲突。芝加哥期货交易所并没有快速反应来满足商品期货交易委员会的需要,而是命令暂停3月的小麦交易。当时,3月期货的交易价是55美分,远高于接下来最近的交付月5月和7月的价格。暂停交易禁令一天后被芝加哥法庭解禁。商品期货交易委员会不再追求更多的禁令,因为它声称,其行动显然已经阻止了期货价格的大幅波动。[23]尽管芝加哥期货交易所还没有消除眼前的危险,但这一事件又是一个各方都宣布胜利的事件。

虽然各交易所在20世纪70年代都取得了进步,但这10年仍然见证了数量巨大的垄断与试图操控市场的行为。布雷顿森林体系的崩溃导致很多新的、灵活的期货产品问世,它也让人们不再怀疑美元的价值和未来。这种态度导致了10年来最大、最知名的垄断。具有巨大讽刺意味的是,当市场似乎在迈向诚信和管理方面取得重大进步的时候,居然发生了这种事情。

冲啊,白银!

20世纪70年代初的经济状况使大量富有的投资人进行投机活动,这是抵消资产的名义价值下降以及通货膨胀影响的一种方式。他们的交易趋向增加了市场的不稳定性,因为不断地买进卖出成了一种对证券和衍生品市场有自我实现预言能力的行为。发生这种状况并不是因为普通大众对期货市场又有了兴趣,而是因为拥有过剩时间和金钱的富有投资人决定在市场里闯一闯。

从精神层面来讲,他们并不孤独,因为大众要求博彩业——这种小投机者曾经的最爱——重现于生活当中。在被禁止了多年后,博彩业又慢慢地开始复活了。步入70年代后,新罕布什尔州、纽约州和新泽西州都成立了州博彩中心,其他几个州也竞相效仿。无论是大的还是小的投机者,现在都比以前有更多机会一夜暴富。人们对赌博和投机的兴趣与日俱增,并达到自南北战争以来的最大值,国内战争改变了美国人对赚快钱的态度。战争是引起人们对投机态度转变的第一个原因,通货膨胀则是第二个原因。

富有的得克萨斯家族的子孙们遭遇了大规模的冲突,这是自10年前德·安吉利斯事件扰乱市场以来未曾见过的冲突。尼尔逊·邦克·亨顿和他弟弟W.赫伯特·亨顿是石油大亨,他们从中东和北非的油田中赚到了大笔的钱。但是,自从利比亚油田被查封后,据报道,尼尔逊·亨顿损失了大约40亿美元的投资机会。

在很多方面,白银都是黄金的对立面。它使用范围有限,重要性正快速缩减。1965年《金属货币法规》排除了白银在10分硬币、25分硬币中的使用可能,并减少了它在50分硬币中的使用量。两年后,财政部放开了它对白银销售的管理,银价增长了大约60美分,到每盎司1.87美元。同时,财政部宣布它不再可能取回白银证书。一听到这个消息,银价就开始飙升,并给白银爱好者注了一针兴奋剂,他们认为白银获得了重生,可以用它来对冲通货膨胀。不由商品交易管理局管理的白银期货在同一时间被引入市场。结果,白银期货合约没有任何头寸限制,交易商可以按需要买卖随意数量的合约。白银交易主要在纽约商品交易所和芝加哥商品交易所进行。

甚至在大豆事件前,亨顿兄弟都一直在以极大的热情投机白银期货。早在1973年,尼尔逊·亨顿就在中东购买白银,很显然他们已经积累起大量的白银。同年12月,亨顿家族购买了价值2 000万美元的白银,而且以每盎司2.9美元的价格购买了另外3 500万盎司的合约量。[24]除了大量的期货头寸,还持有那么多实物白银,这意味着井喷正在形成。结果,白银价格在两个月内大幅上升到6.7美元。与过去一样,空头卖家面临着实物供给问题,所以价格开始攀升。如果没有过去10年政府的计划销售管理,市场上就不会存在稳定的影响。此外,价格上升与需求无关,纯粹是由投机引起的。市场上充满了谣言,严重的需求状况与井喷前的情形没啥两样。

典型的逼空和垄断正现端倪,亨顿家族显然是外部助推器。邦克在70年代中期曾多次去中东谋求富有的沙特阿拉伯投资者的帮助,他们不介意多花几美元。通过他过去良好的石油关系,他能够让一些有实力与他一起买白银的投资人信服他。在这些投资人当中,有3个地位显赫的沙特阿拉伯人:哈立德·宾·马赫福兹(Khalid bin Mahfouz)、沙特皇族中的阿布杜拉(Abdullah)王子和盖斯·法鲁恩(Gaith Pharaon)。马赫福兹家族控制着沙特阿拉伯最大的银行——国家商业银行,该银行与国际商业信贷银行(BCCI)有密切关系。国际商业信贷银行在20世纪90年代初因涉嫌洗国际货币被起诉,并因参与一桩丢失200亿美元资产的丑闻被美联储和英格兰银行关闭。约翰·康纳利(John Connally)把他们引荐给了亨顿家族,康纳利以前是得克萨斯州的政府官员,也是布雷顿森林体系崩溃时里查德·尼克松(Richard Nixon)手下的财政部部长。当时尼尔逊·亨顿给康纳利发薪水。

很多沙特投资人包括阿布杜拉王子都没有直接参与垄断,只是用亨顿家族安排的经纪人来保护自己的匿名行为。然而,他们确实提供了大量的钱。此外,流言一直存于市场中,说是沙特投资人对白银特别感兴趣,这些流言只会助长投机气焰。沙特人因他们大量的石油财富而成为当时世界上的财富新巨头。沙特货币局(SAMA)也和皇家有直接的联系,它的巨额美元储备一直是讨论目标和流言的来源。尽管投机商是个人,但他们的机构关系让市场相信投机是官方的,这使得价格上升。

利用一家看不出身份的相关公司,亨顿家族交付了2 000多万盎司的白银,这增加了他们既有的储备,使总额达到了5 300万盎司。1976年夏天的银价大约是4.3美元。由于知道有亨顿家族参与,商品期货交易委员会最终对白银市场的变化趋势变得感兴趣起来。他们的解释很简单。他们告诉商品期货交易委员会,他们正在一宗交易中用白银作为支付手段来购买菲律宾的糖。[25]由于货币市场还不成熟,基于商品的交易和物物交易在当时是相当普遍的,但他们的解释还是有些勉强。尽管面临白银井喷,但对商品期货交易委员会而言,大豆垄断才是他们最先面对的严重挑战,因为他们听说有关白银的恶作剧已经有几年了。

整个20世纪70年代,亨顿家族不断地在积累白银。白银市场,尤其是纽约商品交易所、芝加哥期货交易所以及欧洲市场,都很清楚亨顿家族的长期购买行为,但他们及其中东伙伴还能够不受阻断地积累白银。不像之前的垄断(德·安吉利斯除外),由于购买白银的活动始于交易所之外,因而这次期货交易所似乎无事可做。由场内交易员进行的垄断很容易识别并最终被阻止。然而,纯粹的客户订单很难处理，尤其是这种大批量的订单。另外，白银并没有被媒体太多关注，其他的来自中东的政治新闻（包括伊朗1979年的人质危机和1979年的苏联阿富汗战争等），成了新闻报道的头条，加之还有通货膨胀的持续影响和黄金价格的无情上涨。1971年，黄金是每盎司38美元，到70年代末，涨到了每盎司500美元，反映了国际政治局势的动荡与不安。

白银也不能摆脱黄色金属家族的阴影，它也仿效黄金开始上涨。亨顿垄断让人们认识到，白银也是反通胀金属，但很少有证据表明，除了亨顿家族和他们的阿拉伯投资商外，还有什么因素在影响白银的价格。黄金不可以被垄断，它是全世界中央银行最喜爱的非货币资产。亨顿家族无情的购买让人觉得有股看不见的力量对白银很感兴趣，尽管它主要是一个促使其他交易商购买的诡计。很多专业金属交易商对白银并不感兴趣，因为他们认为当白银的价格上升到顶点后，他们会因缺货而赔进去一大笔钱。疯狂的价格上涨会花费太多的成本，交易商不得不清算在其他市场上可用的空头头寸。

最严重的白银业务操作发生在1979年夏天。亨顿团伙对经纪人下了总额超过4 000万盎司的订单，价格几乎达到11美元。多数买进订单是由亨顿家族和其阿拉伯伙伴们拥有的国际金属投资有限公司（IMIC）完成的。这家公司位于百慕大群岛，为了弄清楚到底是谁拥有这家公司，商品期货交易委员会展开了调查。甚至在发现了亨顿家族是主要的负责人后，商品期货交易委员会还是不知道应该采取什么有效的行动。价格上升，大量的头寸使得纽约商品交易所提高保证金，但这一切还是没有阻止投机活动。如果一名交易商买了保证金合约且价格上升的话，他就能投资更多合约，并将获得的账面利润再投资于保证金，这就是市场上称为"金字塔式交易法"的完全合法的流程。然而，风险因素是另一个问题。万一价格下跌而交易商没有完全清仓的话，交易商会为头寸投入很多。

头寸的规模使得一家经纪公司——西尔森（Shearson）公司——非常担心，以至于它请亨顿家族把他们的账户挪到别处去。这家公司有充分的理由为参与的风险而担忧，因为它曾经在20世纪70年代初的密室危机中收购了一家比较差的公司。当听到亨顿家族是国际金属投资有限公司的后台老板的消息后，银价迅速上涨。很明显，垄断已经不可避免。甚至一些芝加哥期货交易所的场内交易员也对少数个人对市场有如此强的影响力而深感不安，谷物交易商害怕白银市场的垄断会对自身的市场产生溢出效应。里德·邓恩(Read Dunn)是一个密西西比州人,曾是商品期货交易委员会的委员,他回想起与芝加哥最大的也是最有影响力的谷物交易商之一沃伦·利比格(Warren Leibig)的一次会谈。利比格告诉邓恩说:"我们宁愿白银市场倒闭,也不愿看到垄断发生。"邓恩的反应令人难以置信:"太不可思议了!我作为一名联邦管理员,正被这些早期的自由放任主义者鼓舞着打算做些事。"[26] 然而,这种担心不只是关于市场的诚信问题。白银主要在位于纽约世贸中心的纽约商品交易所交易。它也在芝加哥交易,不过规模要小很多。过多的垄断会伤害国会的利益,在20世纪70年代晚期的期货市场上,没有人愿意和管理者扯上太多的关系。

邓恩和詹姆士·斯通(后者是商品期货交易委员会的主席,曾是哈佛的经济学讲师)讨论了可行的控制市场方案,最后决定采用最简单的一招——设定头寸限制。他们把自己的考虑讲给了芝加哥期货交易所的罗伯特·威尔姆斯听,后者又告诉了亨顿一家。当时不清楚的是,亨顿的孩子再次成为商品交易商,如今是白银方面的交易商。尽管有保险,但芝加哥期货交易所设定头寸限制,要求任何交易商不得拥有超过600张合约(无论多头或空头)的净头寸。这则对白银简单有效的新规定给亨顿家族予以重击,影响了他们的市场头寸。尼尔逊·亨顿尤其难以接受新规定,他严词回击芝加哥期货交易所的场内交易员:"事情的真相是,在市场上有业务的一些内部人员见不得别人在他们的地盘上赚钱。"[27] 或许他在一定程度上是对的,但自由竞争的资本主义并不意味着,世界上最有钱的投资商可以控制市场。

纽约商品交易所也第一次对白银设定了头寸限制。它规定,不论多空合约,净头寸总额不得超过500张合约。商品期货交易委员会没有行动,它比较喜欢把这些决定性的行动留给交易所自己处理。斯通写道,委员会没有权力设定限制,于是决定把亨顿家族头寸的命运交给交易所决定。白银崩盘后,委员会这种无所作为的行为成了各类批评家的众矢之的。在尼尔逊·亨顿看来,他对实现商品期货交易委员会的意愿是无关紧要的。如果他和他的弟弟W.赫伯特还有拉马尔(Lamar)(当时也积极地参与白银投机活动)被迫离开市场,那么他们持续收集白银的能力根本不会受到任何影响。《经济学家》对交易所这一系列行动的结果的评论是:"尼尔逊·邦克·亨顿将不能通过聚集大量的白银期货头寸来垄断白银市场。"[28] 但它忽略了一个要点,即亨顿家族已经垄断了白银市场。

即使面对着强大的反对压力,垄断还是在继续。1979年12月尼尔逊·亨顿交付了1 200张合约,他的沙特同伙也交付了合约。到同年12月末,银价已经达到了每盎司30美元而且还在上涨。囤积居奇的效益开始显现,他们当初是以每盎司4美元收购白银的。没有人知道亨顿兄弟当时的头寸数量。商品期货交易委员会估计,他们在1980年初拥有2亿多盎司。这样,他们就拥有纽约商品交易所一半的股票和芝加哥交易所70%的股票市值。然而,幼稚的问题还是一个接一个地冒出来了。商品期货交易委员会的一些人还在继续思考,他们是否真的垄断了市场这一问题。对商品期货交易委员会的委员大卫·加特内(David Gartner)而言,这是一个学术问题,他固执地说:"不管他们出于什么目的,如果他们垄断了市场,那就是操控行为。"里德·邓恩在银价上涨到每盎司37美元时再次算了一笔账,纽约的头寸价值22亿美元,芝加哥的头寸价值8亿美元。当他把这些数字写下来时,他在他的南部寓所里评论道:"我的笔在颤抖。"[29]

亨顿兄弟和他们的沙特同伙在收购白银的进程中,由于白银的特性而遇到了一个未曾料到的问题。1979年10月由吉米·卡特(Jimmy Carter)任命的经验丰富的中央银行家保罗·沃尔克(Paul Volcker)掌舵联邦储备委员会。他的重点在于控制通货膨胀,这就要把精力放在货币供给而不是利率上,因为通过减少货币信贷,供给利率自然就会上升。自此开始了与通货膨胀5年的搏斗生涯,从而把利率带回到合理水平。由于对信贷有了更多的限制,因而这些措施对金融市场的影响是非常严重的。

在第二年3月,当卡特政府和美联储为了降低通货膨胀而对银行和金融服务公司采取特别信贷控制时,信贷就更加受限制了。这两项措施导致信贷更难获得。银行和经纪人贷给亨顿家族用来投资保证金寸头的现金利息开始上升,近乎不可能再贷款给他们了。在1979年末,白银价格的上涨是这种金属最后一次升值,随后价格开始剧烈下降。

1979年末,亨顿家族开始在白银市场外寻求投资,他们从位于纽约的经纪公司——贝奇公司——那里买了3%的股票。这看似一个新的不相干投资,然而,很快就看起来像另一个策略了。贝奇公司是期货市场上的大经纪商,很多订单都是通过他们来完成的。据介绍,这家公司以保证金形式贷给亨顿家族2亿多美元,以帮助他们持续收集白银。这种策略很奏效。在1980年1月末,银价升到了每盎司50美元,虽然这样的价格没有维持多久。这是有史以来的白银最高价。

由于卡特总统缩减向苏联运输的谷物量，商品期货交易委员会命令暂停谷物交易，这分散了人们对白银的注意力。芝加哥期货交易所和其他谷物交易所严重抗议这种违背自由市场精神的行为，但商品期货交易委员会携总统的命令要求暂停。对斯通和商品期货交易委员会的批评并没有因时间和呐喊而平息。然而，斯通的支持者从这次行动中振作起来。他们认为，主席是有能力增加14个百分点的预算的，并且在其公认的小团队中增加了10个人。斯通的一个关于管理市场的强烈建议，成为期货行业的笑柄。1979年，商品期货交易委员会为了回应关于沙特阿拉伯支持亨顿垄断的流言，试图对在美国期货市场上交易的外国人执行严格的规定。委员会的一个主意是，要求外国人指派一名美国代表负责披露他们的寸头（如果需要的话）。这一招很像50年前苏联的谷物短缺案时的做法。然而，期货行业不会这样做。伦敦商品交易所的主席大卫·哈考特（David Harcourt）评论道："自由市场的本质就是每个人有权自由交易，并且业务是保密的。"[30] 在这场争论中，没有既得利益的批评家仅仅把这个主意看作毫无意义的。如果亨顿家族真的在垄断市场，那么是它而不是它的支持者应该受到处理。

这种状况对亨顿家族和商品期货交易委员会来说，都是取胜无望的。委员会似乎不能处罚亨顿家族，因为他们一直哭诉，资本主义正被一个四处插足的政府处处攻击。这一次又是交易所发起行动终止了白银泡沫。在银价达到50美元后，纽约商品交易所颁布了一项临时规定，只允许为了清算目的的继续交易，这样就可以避免继续建立新的净头寸。这一措施相当明智，但稍微有点晚，而且会让交易所优先保护它自己的交易商。效果是立竿见影的，白银开始一蹶不振。

1980年3月，亨顿家族的头寸被拆分，垄断结束。没有人会怀疑世界上最富有的家族承受损失的能力，却单单忽视了追加保证金的事情。像德·安吉利斯一样，众多的国内外银行参与其中。合约的金字塔式交易法从金字塔顶轰然倒塌，不知道谁在支撑着它。1980年3月中旬，贝奇公司要求亨顿家族缴纳保证金的要求未被满足，这家经纪公司不得不用自己的资源来满足部分需求以避免倒闭。另一家债主英格哈特金属公司（Englehard Metals Co.）的要求也未被满足，但《经济学家》杂志在介绍其整体市场策略时说，这家世界上最大的金属交易公司不会被亨顿家族支持。而现在是急需现金，却不会立即得到满足。

亨顿家族的问题这么严重，让人们不禁想起马克·吐温的著名格言："如果你欠银行1美元但还不起，你会有麻烦；当你欠银行100万美元但还不起，他们会有麻烦。"到了80年代，这句格言所描述的麻烦更紧急。乍看之下，亨顿家族似乎欠了8亿～10亿美元不能归还。由于这笔期货交易，8家经纪公司陷入财务危机；由于联邦政府施加的严格信用政策，银行拒绝贷款给兄弟俩。更复杂的是，商品期货交易委员会自己也不清楚问题的严重程度。

白银事件在1980年3月27日升级到顶峰，市场上俗称"白银星期四"。银价在以15美元闭市前达到了10美元的新低，与历史最高纪录相差35美元。尽管损失很大，但价格反弹足够挽救贝奇公司和其他与亨顿家族有业务往来的经纪公司。这些公司都在较高价位时关闭了多头头寸，以避免严重的损失。英格哈特金属公司需要追回卖给亨顿家族的合约的现金，认为这肯定会得到圆满解决。最后，它获得了亨顿家族在波弗特海20%的石油资产。很显然，亨顿家族缺少现金，更多的债权人在耐心等待问题的处理结果。

待一家国际银行集团贷给兄弟俩11亿美元的巨资后，问题获得了最终的解决。客观地讲，普拉斯德石油公司(Placid Oil Co.)是他们最成功的公司之一，由保罗·沃尔克要求的贷款条件是，亨顿兄弟应该停止在期货和商品市场上的投机活动，直至他们能自己赎回这家公司。看看它的卷宗，就可以发现它已经被抵押好多次了。亨顿兄弟的财产没有被完全披露并且他们有能力逃脱未来的麻烦，这一点尤其令人印象深刻。但没有麻烦似乎让亨顿家族受不了，他们宣称他们是整个事件的受害人而不是作恶者。尼尔逊和W.赫伯特告诉调查白银崩盘的参议院和国会委员，他们只是遇到不幸环境的投资人。

亨顿兄弟在由纽约民主党代表本杰明·罗森领导的众议院商务、消费者、货币事务小组委员会面前公开露面。他们讲述他们错误投资的不快故事，抱怨政府和交易所不恰当的干预行为。然后，一名前雇员威廉·布莱德索(William Bledsoe)现身说法，讲述他与亨顿兄弟相冲突的故事。在长达51页的证词中，布莱德索这名做了亨顿家族15年下属的管理人员全面讲述了亨顿兄弟从一开始是如何从事白银业务的，其中包括企图说服伊朗国王加入他们的生意当中。他说："在我当时看来，亨顿家族正密谋操纵或控制世界白银的供给。"[31] 亨顿兄弟俩不把他的证词当一回事，反而以他当年挪用和破坏信托人责任的两项罪名控告他。在这种常见的诅咒式证词中，布莱德索讲述了尼尔逊是如何把他的儿子和女儿们加入石油勘探交易中,以此来掩藏在 1977 年和 1978 年从大豆交易中获得的收入,尽管勘探合约已经终止了。罗森对此非常愤怒,他要求司法部核查亨顿兄弟的证词是否是伪证。

结　果

对亨顿家族和商品期货交易委员会而言,白银丑闻乱糟糟地结束了。商品期货交易委员会对于该事情的处理方法非常激动,这桩丑闻因为碰到委员会也是极其不幸的,因为它的续期权限到 1982 年就到期了。商品期货交易委员会的恶意批评者逮住每个机会来攻击它在处理主要问题时的软弱、落后和无效。

批评声还远不止此。对商品期货交易委员会以前的批评甚至在白银危机期间也从没有停止过。在 1980 年 2 月的国会听证会上,正值白银危机时刻,财政部代表、联邦以及证券交易委员会告诉小组委员会,综观期货交易可见,商品期货交易委员会引进了太多新颖的金融期货,并再一次提起谁应该管理"吉利美"债券、长期国债、国库券这三者的期货。斯通虽然也在小组委员会前作证,却没有机会响应这些言论,因为其他的机构都在他的证词结束后才提起这个问题。考虑到眼下的白银问题,一名财政部官员督促国会考虑商品期货交易委员会考察,是否有充分的资源来管理金融期货,他觉得这个问题的答案最多不过是合格而已。

作为对这些担心的回应,威斯康星州的民主党参议员威廉·普鲁克斯麦尔(William Proxmire)开始草拟法案,将众多的管理期货合约的权限转移给证券交易委员会以及其他一些机构。普鲁克斯麦尔也希望联邦仿照为华尔街证券账户设置保证金的方式,为期货市场设置保证金要求。商品期货交易委员会不同意这样做。然而,为表示诚意,斯通说他可以支持把保证金权限交给联邦的做法。商品期货交易委员会当时的支持者是来自佐治亚州的民主党参议员哈曼·托马奇(Herman Talmadge),他强烈反对任何可能对商品期货交易委员会造成威胁的提案。很显然,白银丑闻使得商品期货交易委员会处于弱势地位,并且在它可以确立任何永恒遗产前处于被肢解的危机当中。

就像一出好戏一样,期货市场和商品期货交易委员会及其公众形象的战争会持续到 80 年代。20 世纪 70 年代的冲突只不过是市场与其批评者之间持续不和的开始。然而,70 年代出现的一个明显的现象就是随着历史前进的管理机构。白银丑闻后,亨顿家族失去了他们的庇护物。即使是亚瑟·卡顿也在 30 年代和管理机构有很多纠纷,但他最终在与农业部的斗争中取得了胜利。在 40 年的历史以及经历了两家管理机构之后,期货市场仍然领先管理者一步。

白银风波平息后,亨顿兄弟继续做其他的投资生意。1981 年,在加利福尼亚州举办的投资研讨会上,尼尔逊发言说:"最重要的是,美国需要一个精神环境,这样我们就可以留住我们赚的钱。如果制度失败的话,仅仅挣钱就毫无意义。"[32] 尽管他的言论与时代并不相符,但很明显,他仍然在坚持那种几十年前就被场内交易员鼓吹的资本主义制度,这些交易员都曾成功地上演过垄断。问题是,期货市场是否正在背离大交易商精神,并趋向一种更加现代化的崇尚稳定和诚信的制度?

注 释

1. New York Stock Exchange, *Fact Book* (New York: New York Stock Exchange, 1984).
2. New York Stock Exchange, *Demand and Supply of Equity Capital* (New York: New York Stock Exchange, 1975).
3. *Washington Post*, February 28, 1977.
4. *New York Times*, September 26, 1973.
5. Leo Melamed, *Leo Melamed on the Markets* (New York: John Wiley & Sons, 1993), pp.56—57.
6. Ibid., p.108.
7. "吉利美"债券的一大特点就是,不适合进行期货交易。只要抵押物持有人决定偿还抵押贷款,这些债券便可随时被赎回。因此,它的价格从来没有出现巨额涨幅,不能给合约持有人带来期望的收益,最终不得不惨淡收场,停止交易。
8. *Financial World*, August 20, 1975.
9. Stephen Fay, *Beyond Greed* (New York: Viking Press, 1982), p.74.
10. *Business Week*, May 16, 1977.
11. Fay, *Beyond Greed*, p.76.
12. *Washington Post*, October 25, 1977.

13. *Washington Post*, February 11, 1978.

14. Interview published in *Euromoney*, October 1985.

15. Bob Tamarkin, *The MERC: The Emergence of a Global Financial Powerhouse* (New York: HarperBusiness, 1993), p.237.

16. *Business Week*, June 7, 1976.

17. *Washington Post*, March 4, 1977.

18. *The Global and Mail*, January 27, 1978.

19. *Business Week*, September 20, 1976.

20. Quoted in *Barron's*, November 14, 1977.

21. Patricia A. Dreyfus, "Commodities Futures for the Small Investor," *Money* (May 1979).

22. *Commodity Journal*, January/February 1981.

23. *Global and Mail*, March 23, 1979.

24. Fay, *Beyond Greed*, p.63.

25. Ibid., p.71.

26. Ibid., p.132.

27. Ibid., p.138.

28. *The Economist*, January 19, 1980.

29. Fay, *Beyond Greed*, p.152.

30. *Business Week*, January 21, 1980.

31. Quoted in the *New York Times*, June 11, 1980.

32. Quoted in Fay, *Beyond Greed*, p.285.

第六章 芝加哥的闹剧

20世纪80年代初期,对期货市场的关注并不是很强烈。一方面,对美国商品期货交易委员会举棋不定的态度以及在对更加开放的投资者导向的市场环境的认识中一直存在的问题,使得期货市场的一些根本性弱点凸显;另一方面,新的产品以及为期货产品创新而进行的一些大胆尝试,证明了为应对20世纪80年代出现的新金融环境的需要所作的努力。期货市场为了谁而存在——是为了公众还是期货市场本身?这一根本问题在经历了100年的动荡历史后,依然与内战结束时的情况一样,没有一个明确的答案。

复杂的问题是,新的衍生品在纽约和伦敦等地的一些投资银行的交易中心之外被开发出来。这种掉期市场出现在20世纪80年代早期,并在美元贬值的情况下迅速发展成为最大的金融市场。由于其特有的市场构架,期货市场在面对掉期交易发展的时候显得无能为力。交易中心的一些交易商不愿意承担银行以及一些跨国公司在市场上交易的补偿风险。因此,掉期交易是为那些通常进行5 000万美元规模交易的公司和政府客户而设计的。掉期市场上的一个客户拥有的大量债务通常使亨顿兄弟在白银市场上的表现相形见绌。很明显,这种市场不是交易中心所能够容纳的市场。

随着普通股票市场上出现了看涨期权和看跌期权,期权市场同样在20世纪80年代取得了巨大的发展。这种观点在其他金融产品上同样流行。例如,商品期权在国内市场上经历了几年的无所限制之后,最终在80年代早期受到法律的约束。然而,即使受到证券交易委员会的监管,股票期权市场仍然出现了一桩令人尴尬的丑闻,从而凸显了期权市场的根本弱点。一般而言,20世纪80年代被证明是金融衍生品市场的分水岭,虽然到80年代末仍无法明确,是否是时代的需要导致这些市场的出现。虽然期货市场淡忘了它周围发生的一些事情,但是对于一个接一个的丑闻事件来说仍毫无帮助。

市场仍然在高速发展。关于期权管理本质的争论仍在继续,当提到商品期货交易委员会时的情绪仍然很糟糕。在1980年夏天,《商品期刊》(*Commodity Journal*)强调:"在今天的商品期货市场上,存在着为少数交易商的利益而操纵价格的机会。在过去的一个世纪中,股票市场上一直存在着类似的机会,但是后来,操纵价格的努力越来越精细而其影响也越发深远……商品期货交易委员会所做的仅仅是把规则制定出来而已。"[1]《财富》也做出了相似的评论:"整个美国的商品期货市场几年来的运行状况与1929年证券市场崩溃之前的证券市场运行状况很相像……自我约束的情况往往会引起一场争论,但商品交易中心非常复杂和另类,使得外部的仲裁人员很难掌握。"[2] 虽然整个金融界不愿意看到亨顿兄弟在白银市场上惨败的场面,但是关于如何解决期货市场规范管理的问题,意见却大相径庭。在不考虑争论的情况下,几乎没有人希望在未来的几年内,交易中心的交易商中间夹杂着美国联邦调查局(FBI)侦探的身影。

关于管制的古老争论存在着一个困扰期货交易的制度性问题。市场管理当局认识到,使新的金融期货市场成功的正确方法应该是它们在结构性债务管理上的做法。持有债券的投资者可以利用期货的形式来套期保值,从而保证其多头头寸或是空头头寸。然而,这些投资者主要是养老基金或者保险公司。监管者需要确信的是,这个市场对于那些信托投资商来说是足够安全、公正的。芝加哥商品交易所的克赖顿·尤特(Clayton Yeutter)淡淡地说,对于市场不同的关注对市场形象破坏很大,这也就打消了利用期货来进行债务管理的积极性。詹姆士·斯通对这种说法表示赞同,同时又提出了一个警告:像白银市场一样的突然性崩溃可能会导致金融系统发生类似1929年的崩溃。人们普遍感觉到,需要更加严格的控制措施来防止这样的期货灾难。对商品期货交易委员会的批评声并未缓和,然而,令人奇怪的是,商品期货交易委员会主席竟然会在公众面前做出这样的评论。很明显,谁来管理这些期货市场仍然是一个存在争议的话题。

投机行为处于争论漩涡中心,而这个问题已经存在了100多年。交易中心的交易商之间的倒卖经常被价格的人为操纵弄得困惑不堪,因为操纵价格的行为实在是太疯狂了,以至于外界人士很难弄清其真正的目的是什么。然而,这种行为却不再被认为是过分的或者不道德的。一个交易中心的交易商数目越多,市场的流动性就越强。正是这样才引起了一场关于新的金融期货合约数量的争论,商品期货交易委员会委员大卫·加特内就此争论做出了如下回答:这个问题是目前存在通货膨胀的外部环境自然而然的副产品,同时这些争论也为保持对经济的限制提供了一个建设性方法。期货交易从本质上讲是一个零和过程;交易本身不会创造货币或存款。换句话说,期货交易商无论是赚是赔,都不会对整个经济造成任何伤害。交易商们成功或失败都是他们自己的事情,这也就构成了市场的一个有价值的功能。[3] 一般来说,虽然这种情形对于一个不需要任何许可的交易市场来说很正常,但是有一个事实被忽略了,这个事实就是,疯狂的投机使得期货市场的弱点不断暴露出来,而这些弱点长期以来都需要严肃对待。数十年前,纽约股票市场的弱点已经得到缓解,为什么期货市场不能采取同样的措施呢?

最近,一个自我约束的行业团体参与到期货市场中来。在1981年,期货行业最终成立了全国期货协会(NFA)作为其官方机构来代替商品期货交易委员会分担部分监管压力。从技术层面上讲,全国期货协会是基于商品期货交易法的一个三级机构。其最初的发起者利奥·梅拉米德说,可以把全国期货协会看作用来控制全国各地如雨后春笋般涌现出的一连串非会员经纪人的机构。如果不成为期货交易的会员,那么只能通过商品期货交易委员会来管理这些经纪人。每个行业人士都意识到,委员会已经在过度延展其监管股票指数期货及期货期权的能力,因此人们希望全国期货协会能够有效管理非会员经纪人,从而避免出现新的危机。商品期货交易委员会在1981年9月同意并批准该机构的成立。

让期货行业接受这个新的机构,比让国会和商品期货交易委员会接受更加困难。期货交易的变化缓慢,特别是芝加哥期货交易所。经纪人资格考试是问题中最为核心的部分。在1981年前,资格考试和许可证并不怎么流行。个别的交易所要求代理人参加并通过全国商品期货考试,但是整个行业并不统一要求这么做。商品期货交易委员会认为,应该建立一个标准的行业技能考试,但是一些委员则持反对意见,他们认为这不在委员会的职责范围之内。委员鲍勃·马丁（Bob Martin）说，商品期货交易委员会应该让时间和资源发挥其他更好的作用。芝加哥期货交易所同意这种观点，不希望在其日程上增加更多的规则和麻烦。人们建议全国期货协会在不断完善后承担起这项挑战。"在我给芝加哥交易所管理委员会及其持怀疑态度的成员做演讲的时候，我用富有激情的话语强调我们的行业必须成熟起来。比起政府来监督管理我们，我们自己管理自己要明智得多。我保证全国期货协会可以保护期货行业的公正，而不是纳入期货交易所的领域或者受到议员们神圣权力的干涉。"[4] 通过这番讲话，梅拉米德将全国期货协会的这项挑战明确地提出来。全国期货协会将成为期货行业的全国证券经销商协会（NASD），一个政府支持的用来监管股票债券市场的行业自律机构。

掉期交易

掉期交易市场形成于70年代末期，它是20世纪需要发展的几个更具吸引力的市场之一。高利息率使得许多公司的账簿上出现了高利率的债券和银行借款。其中很多债券和银行借款都是采用浮动利率计息的，也就是说，债券或银行借款的利率需要随着金融市场环境的变化进行定期调整。当时，信贷市场只向那些信用好的公司提供固定利率的贷款，而市场对那些信用度较低的公司的贷款则采用浮动利率或可变利率。后一种做法引发了一个问题，那就是，融资能力较弱的公司容易被不断升高的利率拖累。

乍一看，两家公司之间替对方支付利息的方式是最适合期货市场的。这是一种正常的讨价还价的技术，融合了资产管理的一些投机成分。然而，市场从来不进入新金融产品的竞争，而是很快发展成大的商业和投资银行。掉期交易发展的原因突出了期货市场在发展债务管理技术方面的本质弱点。金融市场的发展历史及其基本构架无法满足大规模的交易，这种交易的总额实在是太大了，但这种交易规模却可以满足公司出纳人员的需求。

在70年代后期，所罗门兄弟公司开始尝试一种新的交易方案，它允许公司之间替对方支付利息。在这个方案中，承担浮动利率的公司可以与承担固定利率的公司进行交易，当新的利率政策符合公司财务需要的时候，两家公司都乐意接受这种交易。而所罗门兄弟公司作为这种交易的组织者，从中收取一定的费用。在开始阶段,储蓄和贷款机构首先利用这种新思想的优势,但仅仅在几年内,各行各业中的成千上万家公司参与到这种交易中来。就这样,掉期交易市场诞生了,并涵盖各种各样的东西,不仅仅是固定利率和浮动利率。[5]

几乎从一开始,掉期交易的数量就远远超过期货市场可以充分控制的其他交易形式。如果两家公司打算进行本金为1亿美元的不同利率支付交换,那么它们可能只是利用预设的公式,简单计算一下由利息期限造成的净值差异。如果一个公司本金为1亿美元且采用6%的浮动利率,另一个公司本金仍然为1亿美元但采用5.75%的固定利率,那么在这两家公司的交易中需要支付的数量只是25万美元。而信用风险则是另外要考虑的问题。因为虽然两者之间发生的转手现金只是那部分差价,但是每个公司都拥有对方总额为1亿美元的负债。如果不考虑掉期交易的本质,那么没有哪个期货交易商愿意承担来自同行的巨额或有负债。只有金融机构才能在20世纪80年代早期发展起来的期货市场中进行交易。

掉期交易产生的部分原因是,银行业需要寻找新的利润中心,因为在20世纪80年代初期银行业收缩了为发展中国家提供贷款的业务。它们的贷款组合由于受到贷款不良表现的压力而出现了贬值,因此银行业需要筹集新的资本。贷款业务需要将其一定百分比的发行本金用作储备资本,譬如股票或债券等可以在市场上升值或者获得收益分成。然而,银行业者发现掉期交易是一种通过交易赚钱的方式而不是通过市场放贷的方式,同时也不需要预留一定的储备资本。这就造成了,当银行的财务比率受到严重压力的时候,他们便像遇到救世主一样迅速地投入掉期交易中。

掉期交易在早些年刚开始的时候是一种阶段式合约。两个团体借了大量的贷款,然后相互交换各自的利息支付方式。很快可以明显看出,市场中的交易者希望不通过阶段式合约而只需付出一种利益就能够获得其他利益。当这项业务的这一方面得到发展,顾客就可以通过一个掉期交易代理商来达成掉期利息支付方式的协议。掉期交易市场自诞生之日起,就形成了一个与外汇交易市场极其类似的二级市场。在20世纪70年代后期和80年代早期,掉期交易市场仍然还是一个只有公司的出纳人员才明白的初期市场。然而,一旦其实质得到更好的理解,它将成为人们见过的增长速度最快的金融市场。

掉期交易发行数量的计算可以采用与计算期货市场交易量相同的方式。统计掉期交易的数量就像期货合约的美元总量，其目的是为了做报价。如果不考虑这些数字是如何合计的，它们会给人们留下深刻的印象，甚至是令人惊愕的。截至20世纪80年代末，已经公开进行了3万亿美元的掉期交易，其中大约1/3的数量由货币交换构成，也就是说，两个团体交换他们的货币本金而不仅仅是利息支付方式。这种货币掉期的规模使得期货交易市场上的货币期货交易的规模微不足道。因此，货币期货交易到现在仍然只是小规模的合约模式。

随着时代的前进，在80年代掉期交易的种类变得越来越复杂。掉期交易包括从最单纯形式的金融商品掉期（固定利率和浮动利率的交换）到货币掉期以及商品掉期等各种实物交易。特别是商品掉期，打断了期货市场业务，而其巨大的规模使得它需要一个银行而不是一个票据交易所为交易提供担保。如果担保银行对于在一个掉期交易中的暴露感到不适应，那么它也可以在掉期市场中与其他银行进行掉期。随着掉期交易的出现，期货市场的局限性慢慢地显现出来，它无法满足公司出纳和跨国交易商对冲基金等的需求。期货可以获得直接收益，但是当涉及大宗商品的时候，掉期交易实际上会被应用到期货交易的合约中。

通过借鉴期权市场上的观念，银行可以发行外汇期权或者利率期权。市场上存在着非常巨大的合同总量，它们分别为不同的顾客设计并通过应用一项与布莱克—斯科尔斯模型类似的规则来制定合约价格。公司客户可以购买一个有关银行利率或者货币的买方期权，如果这个选择权被执行，那么银行必须同意提供这部分资金。如果必要的话，额外收取的这部分期权费用则成为银行收益的一个颇有价值的来源。通过这种手段可以规避外汇以及掉期市场上可能出现的风险。与普通汇票交易期权不同的是，这种大额的买方期权或卖方期权是专门为特定的顾客设计的。很明显，从1982年货币掉期市场出现开始，它们便象征着货币期货期权市场所不能适应的额度。借鉴期权市场上的另外一个概念，银行也可以发行掉期期权(Swaptions)，即用在掉期协议上的期权。很显然，从掉期交易本质上衍生出来的第二代产品只对职业基金经理和货币经理很有吸引力。

期货期权

在交易所交易的所有衍生金融产品中，商品期权的历史是最波折的。在20

世纪 70 年代金融期货进入市场以后，重新出现了对商品期权的需求，但是 1978 年商品期货交易委员会的禁令要求必须发展一个适当的新市场。1981 年，商品期货交易委员会最终撤销了禁令，并通过了一个旨在将商品期权重新广泛应用于期货交易的实验性的 3 年计划。

交易从 1982 年开始。芝加哥交易委员会开始进行美国的长期国库券期货的期权交易，同时纽约咖啡、糖、可可交易中心开始进行有关糖的期货的期权交易。而纽约金属交易所随后开始了黄金期货的期权交易。这些交易充分表明，期货期权可以让交易商们降低风险而不是直接面对整个期货合同。然而，声明的时间选择却使得一些市场观察员摸不着头脑。商品期货交易委员会在 1978 年禁止期权交易的一个原因便是，委员会成员们无法成功地监管这个新兴的市场。事实上，委员会从来没有足够的成员去跟上市场的发展，不过委员会过去也从来没有设法坚持跟上市场的发展。正统的伦敦商品期权交易市场从来没有出现美国市场管理者和交易商们意识到的问题。因此，商品期货交易委员会撤销了禁令，并以计划的名义允许市场继续进行。

在阿姆斯特丹欧洲期权交易中心（EOE）的带领下，费城股票交易中心开放了一个外币期权市场。很明显，费城股票交易中心在寻找新的业务，因为当时它的股票交易量仅占美国股票交易总量的 12％。由于它是一个股票和期权交易中心，因此它要向证券交易委员会提交申请，由于证券交易委员会和商品期货交易委员会的权限之争，这个申请过程持续了一年多的时间。证券交易委员会最终通过了这项申请，其原因就像《经济学家》中所说的那样，确信没有人有足够的实力能够在外汇市场形成垄断，这里所说的"没有人"在某种程度上也包括亨顿兄弟。但其随后提醒道："如果一个为中央银行工作的不可救药的家伙提前知道了货币贬值的消息，那么期权市场将出现重大的时刻。从整体上而言，就像 W. C. 菲尔德（W. C. Fields）说的那样，他宁愿以上所述情况出现在费城。"[6]

批评者们对交易所的发展视而不见。当时市场仍然被认为是不老实的商人参与的市场，这种市场形象一直没有得到改善。即使是在 20 世纪 70 年代末期，芝加哥交易委员会掌管的商品经纪人资格考试有很高的通过率，而且申请者只需要学习经纪行开设的关于期货交易的一小时速成班的课程就可以获得资格证书。通常，申请者事实上不参加考试也可以拿到资格证书。即使是向顾客公开期货投资中有关风险因素的信息，也会遭到期货行业成员的反对。商品期货交易委员会试图给期货委员会的交易商增加适当负担的要求,也都遭到抵制。所谓"增加适当负担",就是要求经纪人在客户申请交易账户的时候给他们讲解期货市场存在的风险。讲解内容包括给客户介绍商品期货交易委员会的一些资料,而很多经纪人反对这么做。《商品期刊》毫不含糊地说:"美国的期货交易还没有脱离印度蛇油代理商们的那套哲学理念。"例如,在市场上应用"高压屋"策略、利用迷惑手段以及用来掩饰不择手段的技巧性语言,该期刊指责期货行业"让问题变得复杂到,确保普通民众无法意识到究竟发生了什么"。[7]

截至1982年,这样的论调已经听了数百遍,以至于变得稀松平常。然而,这一年也是商品期货交易委员会革新的一年。"日落条款"再一次发挥作用,关于国会是否要更新委员会授权的问题被提了出来。在里根政府执政时期,菲利普·M.约翰逊(Philip M. Johnson)取代詹姆士·斯通成为委员会主席,约翰逊是一位受到高度评价的商品交易方面的律师,加入委员会之前在芝加哥工作。他迅速采取了一些折中的方案,以确保委员会能够维持下去,并与证券交易委员会的主席约翰·沙德(John Shad)达成一项协议,使得金融期货仍然在商品期货交易委员会的管辖之下,同时停止了两个机构之间的争吵。

堪萨斯城期货交易所(The Kansas City Board of Trade)自1982年2月开始,进行基于价值线(the Value Line)指数的股票指数期货交易。这种合约是期货交易市场上第一笔纯现金结算的合约。在标的指数的基础上,合约的价格随着指数上下浮动,考虑到指数的复杂性以及指数衡量的方式,很明显指数不能进行实物交割。现金结算是符合逻辑进行交割的唯一方法。由于采用现金结算,证券交易委员会不可能真正主张这种衍生产品属于其管辖范围,因此商品期货交易委员会可以很舒服地主张其权限。其他的交易所则迅速设计出自己的股票指数期货。芝加哥期货交易所采用标准普尔指数(S&P),而纽约期货交易所则采用纽约证券交易所(NYSE)指数。然而,并不是所有的股票指数期货都能够坚持整个时代。

由于约翰逊和詹姆士·斯通的不断游说,当里根政府在1983年1月颁布《1982年期货交易法》的时候,商品期货交易委员会成功地维持了又一个4年。而当时詹姆士·斯通虽然从主席的位置上退休,但仍然是委员会的委员。随后约翰逊辞去委员会主席的职务,而斯通随后也辞掉了委员的职务,从而开始享受私人生活。但是,在他们即将离开委员会的时候,他们参加了第一次与证券交易委员会讨论关于股票指数期货、监管以及信息共享的会议。这两个管理机构开始和解,因为很明显,商品期货交易委员会在当时的商品期货市场上具有不可动摇的地位。

在钉头上

由于期权和期货的交易并不授予其代表的商品或金融衍生品的所有权,买家和卖家的数量从理论上讲是没有限制的。如果一个交易商想购买一份期货合约,而另外一个则想出售一份期货合约,那么就会出现一个新的头寸。通过这种方式,可以达成无限数量的合约。唯一的限制因素是头寸限制,它限制了任何一个交易商可以持有合约的总量。如果市场上存在足够多的交易商,从理论上讲,未平仓合约的总量是无限的,但是在实际操作中,它通常受到供需因素的约束。

这种情况对期权同样适用。看涨期权的出售方可以卖出任何他们喜欢的合同数量,只要不超过交易头寸的限制。从理论上讲,公开发行的期权数量可以超过实际存在的股份数量。如果所有的看涨期权被执行,那么将会造成严重的问题,因为可用的股份数量不足以兑付所有看涨期权。这个问题只在理论上存在,直到1981年,一桩接管交易证明,期权数量事实上是没有限制的。

在被证明是迄今为止最大的接管交易中,杜邦公司为收购当时美国第九大石油公司——康诺克(Conoco)公司,曾出价73亿美元。促使这个交易发生的部分原因是,杜邦公司需要阻止加拿大的西格雷(Seagram)公司收购康诺克公司40%的股份。这个交易在1981年8月完成。两个星期以后,期权市场上出现了重大骚动。当时发现很多的看涨期权持有人指令其经纪人执行期权,交付康诺克公司的股票。然而,前面所说的杜邦公司和西格雷公司的收购行为将所有股票带出市场,因此负责期权市场交易结算的期权清算公司(Option Clearing Corp.,简称OCC)缺少200万股股票来交付看涨期权。人们很快意识到,自己所面临的问题可以反映出期权市场的规范公正性。如果交付不能够实现,期权的蓬勃景象很快就会崩溃。因此,最终看涨期权的所有者得到现金形式的支付而不是股票形式的支付。每股价格为92美元,或者每个期权价格为9 200美元,支付的现金总量为1.84亿美元。

这次结算是早期期权市场上第一次被迫用现金完成交付的交易。这次结算在无意中成为测试期权清算公司能力的"试金石",而公司在这个过程中遇到了现金债务,同时这一过程也为期权市场增加了稳定性。然而,这并不是期权清算公司和证券交易委员会希望一再看到的经历。清算公司从不同交易所的成员那里获得资金支持,同时代表了交易成员们的重要成本。从某种意义上说,清算公司需要为交易所的交易商们超出的那部分交易付款,因为他们发行了太多的期权。支付现金是结束问题唯一可操作的方法,但是关于市场本质的深层次问题只会吓跑资金和基金经理,因为基金经理被要求在良好声誉的完善市场上进行交易。

在20世纪80年代中期以前,金融期货和期权在市场上是面包与黄油的关系。期货的交易量每年都稳定增长,虽然并不是全盘上升。金融期货是市场的先锋,而农产品交易量却出现下滑。在1985年,农产品的交易量下降了大约25个百分点,而金融期货则出现相同百分比的增长。交易量的下滑使得中美商品交易所(MidAmerica Commodity Exchange)请求芝加哥交易所将其作为下属机构,两个交易所迅速地通过了这个方案。令情况更加糟糕的是,交易量的下降使得交易商比过去更频繁地交易农产品,其结果有些时候与大灾难差不多。

交易商最喜欢的手法通常涉及抵消自然灾难或者政治事件带来的负面影响。1986年在苏联发生的切尔诺贝利事件只是其中一个例子。在核反应堆泄露以后,期货交易商发现了机会,希望民众的恐惧以及未来可能的趋势使得期货兑现。然而,这场灾难就像是为传统的农产品和金属产品交易商量身定做的。那一年美国国内有大量的谷物剩余,因此交易商们迅速提高价格,他们认为苏联应该需要增加其海外采购。石油期货也在核电站将会给燃油发电站让路的前提下提价。黄金市场看起来像是熊市,因为交易商认为,苏联会抛售其国内黄金储备的很大一部分,以便支付由于这场灾难而引发的费用。然而,这些活动的绝大部分都是短期行为。在灾难发生后的两星期内,大部分的价格重新稳定下来并且没有出现长期的趋势。

黄金是最难进行可靠预测的商品。在1985年,纽约的一家交易公司在3家当地公司在黄金市场上卖空之后便停止业务。后者按照纽约金属交易所(COMEX)的标准卖出合约。这3家公司卖空的总量大约为120万盎司,它们只能眼睁睁地看着黄金价格以前所未有的速度上涨——一天里上涨了35.70美元,而由此引发的2 800万美元的损失导致了它们的破产。最终清算它们交易的公司——数量投资公司(Volume Investors Corp.)——也是负债累累,同样被迫停止其业务。清算公司的客户发现,他们的资金被用来填补交易商的损失,而交易商的这些活动明显违反了期货交易法。这件事情促使商品期货交易委员会制定新的规则,同时引起了保护期货行业的呼吁。

数量投资公司发生的事情对纽约金属交易所来说是极其尴尬的。有几个公司的负责人是个人席位所有者,他们在公司停业之后,自己仍然在市场上进行交易。作为负责人之一的欧文·莫里西(Owen Morrissey)是纽约金属交易所的领导者之一,他的照片一年前曾出现在纽约金属交易所年报的封面上。而另外一个负责人查尔斯·费德布什(Charles Federbush)是管理纽约金属交易所委员会的一名成员,他坦率地面对数量投资公司的崩溃及其影响。他承认,"数量投资公司的情况放大了交易所的优势和劣势。不幸的是,并不存在太多的优势。当事情发生的时候,没有人会关心这个数量投资公司"。[8] 纽约金属交易所自1933年成立以来曾经历了大量的问题,其中之一就是关于亨顿兄弟的事情。然而,当数量投资公司的问题出现的时候,纽约金属交易所并不打算用华尔街或者拉萨尔街常用的方法来处理这个问题。

在数量投资公司倒闭的同时,一个名叫拉萨依第一服务公司(First LaSalle Services)的芝加哥经纪公司也倒闭了。这个公司发现自己与一家破产的新泽西的货币市场业务公司有关联,后者导致其资不抵债。结果,芝加哥交易委员会将拉萨依第一服务公司的资金和客户账户移交给另外一个交易所成员公司,以便业务可以继续进行。纽约金属交易所对数量投资公司并没有采用同样的措施。它允许这个公司破产并且将其资金用于破产法律程序。很明显,芝加哥的做法更有利于维持市场信心和市场公正规范。当被问到为什么芝加哥交易委员会采取与纽约金属交易所不同的措施时,纽约金属交易所的一名官员嗤之以鼻:"很明显他们有更多的经验。"[9] 即使是在危急时刻,仍然不能削弱两个城市交易所之间的敌意。

纽约金属交易所通过现金来补偿公司的投资者。在6个月的时间里,他们承受了公司关闭时总共1 400万美元损失的一半。莫里西和费德布什提议提供400万美元作为补偿,但随后他们又收回了这项提议。莫里西在当年年末被中止了在纽约金属交易所的职务。用企业资金支付额外股息的行为对于交易所来说并不是没有风险的,因为它是以公司对客户的责任为代价。从传统意义上讲,这是清算公司的职能。在20世纪70年代早期，纽约证券交易所为其成员公司提供紧急援助，让有偿债能力的其他成员公司承担已倒闭的成员公司的债务。纽约金属交易所只能够希望这样的问题不会重复出现，否则，它将会再次担当其成员公司不公正的保证人。

尽管期货市场已经声名狼藉，农产品期货仍然不止一次地制造新闻。谷物交易所周期性爆发的投机行为仍然像19世纪那样令农场主感到不安。因为大豆的价格开始震荡，发生在1983年的大豆投机令人疑惑，引发了希望调查交易商们踪迹的呼吁，以便能够找到交易背后的主谋。农场主们仍然普遍反对价格波动，并且有100多名农场主聚集在两个主要的芝加哥期货交易中心进行抗议，控诉投机行为是问题的核心所在。但是，商品期货交易委员会并没有发生同样的问题。委员会的卡洛·海因曼(Kalo Hineman)说，过去的研究并没有给出令人信服的证据来说明投机者导致了低价位的农产品价格。然而，1985年商品价格确实很低，商品调查局的27种商品价格的指数处于7年以来的最低水平，虽然在当年末有轻微的反弹。就像过去发生的一样，低价格使得农业部门抱怨交易所。在几年之内，他们将会获得一些切实的证据来证明他们的怀疑是正确的。

掉期商店

在20世纪80年代，掉期交易市场发展得如此迅速，在一个重大问题发生之前，其发展只是时间的问题。银行与客户之间以疯狂的速度进行掉期交易。市场中活跃着从企业到政府等各种实体，不断地进行通货、利率以及商品的套期保值。相对不活跃的银行客户是当地政府的官员们，他们从来都不会充满兴趣地参与市场活动。但最为著名的两大掉期交易丑闻就是关于市政府的，其中一个是在20世纪80年代英国发生的，另一个则是在90年代发生于加利福尼亚州。

发生在英国的案例极好地诠释了一句古老的市场格言——"了解你的客户"。在期货和股票市场上，这句格言是强有力的，因为交易发生在交易所里，而代理商们需要了解他们客户的财务状况。如果一个客户与不止一个代理商签有协议，那么有关其他交易的信息最终应该会传到交易所及其背后的清算公司那里。从根本上讲，当地市场比场外交易类型的市场更有优势，因为前者了解那些与多个代理商交易的客户们。管理者们在应付德·安吉利斯和亨顿兄弟这些人方面没有什么效果，但是他们在市场上的活动在他们的财务状况被披露之前就浮现出来。在银行市场上，类似的披露可以很快发生，同时没有人意识到问题已经存在了。

当客户和银行进行外汇交易或掉期交易的时候，信息透明度的情况变化了。这种交易是秘密的(在客户与银行之间)，因而其他人不会了解交易的内容。从理论上讲，客户在他需要的情况下可以和多家银行进行交易，这种情况除非出现问题，否则绝不会被发现。当问题真正出现的时候，通常规模是巨大的。这便是1987年在伦敦哈默史密斯和富乐姆自治区发生的事件。在这起事件里，银行显然不知道自己真正的对手是谁。

工党(Labour Party)控制着区委员会。玛格丽特·撒切尔(Margaret Thatcher)领导保守党控制着威斯敏斯特政府，因而暗地里积聚了一些局部紧张气氛。1987年，会计事务所进行例行审计时发现，当地政府参与了价值1.1亿英镑(1.65亿美元)的利率掉期以及其他衍生新产品交易。由于对市场及其账目的不确定，审计人员报告了这个问题，引发了数十年来最大的一次金融崩溃。然而，这个问题并没有随着审计而结束。在随后的两年里，这种交易的业务量达到了60亿英镑。由于其规模而引发的问题是显而易见的。一个年度预算总额为8 500万英镑的市政府怎么能够卷入价值那么多的掉期交易中呢？

截至1988年夏末的两年时间内，哈默史密斯和富乐姆自治区参与了令人震惊的592宗交易，账面总价值为60亿英镑。即使在交易被发现以后，到1989年仍有超过一半的数量留在账目上，因为在不影响市场以及亏损的情况下难以解除这些交易。就像国会很快知道的那样，掉期产品组合是在选举产生的当局不知情的情况下由地区的金融团队创建的。这是所见过的关于市场上"流氓交易员"心理的最糟糕的例子。不止一个交易商认为，在没有人知道"流氓交易员"行为的情况下，掉期交易给他们的老板或者机构带来了金融灾难。在20世纪结束之前发现了许多这样的流氓。

随后的调查显示，很多当地政府参与了这种交易，其中一些还替那些没有必要信用等级的其他机构出面或提供代理。很多英国的地区政府被工党的边缘分子掌握，它们的政策直接与同其交易的更为保守的银行业者相矛盾。而哈默史密斯和富乐姆自治区的声誉相对来说更好一些，它们开始替那些更为左翼的地区政府出面。掉期交易的增加反映了这种代理行为。假如银行业者早就知道自己的对手是谁,银行业者便不可能与它们进行交易。因此,哈默史密斯和富乐姆自治区弥补了这个裂口。然而,在1987~1989年之间,一个导致哈默史密斯和富乐姆自治区重新思考其在市场中地位的问题出现了。

自治区政府已经就用固定利率支付方式来替换浮动利率的支付方式达成一致。不幸的是,英国利率上升使得这个策略的费用太高了。根据掉期交易的支付,利率现在应该明显上升,才会抵消先前发生的所有的正现金流。哈默史密斯和富乐姆自治区,也是英国最大的市政府掉期交易商,仅仅决定从交易中撤出而不是勇于承担责任。它声称,首先它没有权力进行掉期交易,因此在事情发生后也不需要对这些交易负责。这种"孤儿"似的辩护没有任何可能。"我们不能因为谋杀了父母而被送往监狱,"这些孩子们声称,"因为我们是孤儿。"银行看起来能够避免损失,如果没有令人困窘的事发生的话。

令与哈默史密斯和富乐姆自治区交易的70多家银行惊讶和绝望的是,英国高等法院同意了自治区的做法。1989年,法院做出裁决,认为从事掉期交易的权力是超越权限的(也就是说,超出了哈默史密斯和富乐姆自治区的正常权力),同时裁定那些交易是无效的。许多银行对此感到震惊,因为它们没有追索权,因而必须承担自己的那部分损失,而这些银行与发展中国家之间展开的多轮曲折的债务重组谈判已经破裂了。避开关于这个问题的显而易见的政策,《经济学家》简单说道:"英国高等法院于11月1日制定的规则损坏了伦敦作为金融中心的声誉。"然而,问题进一步深化。遭受批评最多的是工党领导地区政府的行为。地区政府不是市场资本主义的朋友,它们在问题出现的时候简单地撤出交易,留下资本家们来替它们擦屁股。可以断定,《华尔街日报》的态度更为苛刻。它评论道:"委员会官员说,十分抱歉,我们没有合法权限来达成这些协议。同时法院同意了这种始终对政府有利的建议,并且使得掉期交易无效(虽然他们称之为有效处理方式),虽然自治区委员会拥有广泛的法定权力。"[10]令被牵涉银行受到的伤害更进一步的是,高等法院命令银行与哈默史密斯和富乐姆自治区政府分摊审查费用。

尽管对法院的这一裁决提出上诉,但当国会上议院肯定了这一裁决之后,仍维持原判。工党——当时国会里的少数党——迅速回避了任何对哈默史密斯的同情。一名工党伦敦城(英国的金融中心)的发言人在开始攻击伦敦的自我调节系统不充分之前,说国会上议院的决定是不明智的,可能会破坏伦敦城的金融地位。然而,这种破坏发生了。银行被迫承担超过10亿英镑的损失。这起事件在最终解决之前就促进了银行管理国际化的进程,同时银行在处理客户关系方面也得到了深刻的教训。具有讽刺意义的是,这次的决定和最终的结果与下一个严重的掉期交易崩溃事件(20世纪90年代发生在加利福尼亚州)截然相反。在这次事件中,美国法律发挥了作用,同时事件的结果也与英国事件的结果完全不同。

在20世纪80年代中期,所有的金融市场进入另外一个勇敢新世界。期货交易量随着股票市场交易量上升。股票也开始比过去任何时候都更多地受到像期货那样的对待。抱着做中期或长期投资的目的而购买股票的行为越来越不流行,而为获得短期收益所进行的股票倒卖或者当日交易更受投资者的欢迎。在这个节奏飞快的世界里,信息流对于成功的短期交易来说变得非常关键。伴随着交易的是通过透露虚假信息来改变期货价格的操纵行为。的确,这不是新的行为,但是交易所里面不断增加的交易区域中的交易商数量使得这种行为很难察觉。

交易商往往根据流言、小道消息、闲谈以及真实新闻进行买卖,但他们意识到,金融期货合约非常容易受到泄露信息的影响。1989年9月末,流言开始在芝加哥的交易所蔓延,传闻就像商业部门报告的那样,上个月的零售指数异常强劲,上升了2.5个百分点。如果情况属实,这样的消息将会使得债券的价格下降,股票市场也会出现同样的情况,特别是交易商期望联邦政府会通过提高利率对这个消息做出反应。当这则流言被泄露出来时,道—琼斯指数下降了86点,大约是其当时价值的3个百分点。债券价格降低,债券和指数期货的卖空者迅速获利。当真正的消息发布的时候,零售指数的确上升了,不过仅仅是0.8个百分点。商品期货交易委员会的一名官员评论道,不管这则流言的散布是无意的还是有意的,委员会绝不会去寻找事件背后的真相。"我们从来没有在寻找类似流言的来源上面取得成功。"这个官员承认。[11]然而,损害可能仅仅是由一个暗示造成的。一个交易商评价说:"即使你足够聪明不相信它,你也会受到不利的影响。"虽然在市场上,造谣不是新鲜事物,但是在期货市场影响股票市场的过程中显示,自从金融期货诞生之日开始,这两个市场的关系变得更加密切了。

哪个亨特?

当股票指数期货在期货交易所第一次出现的时候,没有人可以预见这种合约可能引起的问题。期货市场总是与股票市场存在一种联系,但这种联系通常是间接的。在第二次世界大战以后股票市场上升期,芝加哥交易委员会关于交易股票的尝试并没有证明是非常成功的。但是在20世纪80年代,股票指数期货可以将期货市场拖到一个公平的舞台,虽然这种说法有些吹嘘并含有很浓的酸葡萄意味。

在1987年股票市场崩溃的前一年,指数期货的交易是疯狂的。连同其他的金融期货合约一起,农产品期货在交易量方面被推到了第二位。对利息率上升的担心使得大量交易商和货币经理积极地交易标准普尔500指数期货合约,并用它来做股票市场的替代品。只是在1986年9月份的两天内,超过360亿美元的指数期货在芝加哥交易。当时,大多数的市场参与者感到,交易是股票市场健康的一个信号。德崇证券(Drexel Burnham)的理查德·桑德尔(Richard Sandor)说:"很多可能在纽约证券交易所被出售的资产现在采取了套期保值的方式而不是直接清算。"[12]如果套期保值者可以通过市场来解除风险,那么认为指数期货交易可以缓解股票市场一些压力的观点就是符合逻辑的。多数交易要归结于寻求投资组合的安全性,这是一种新发展起来的技术。基金经理卖出他们指数期货的空头来保护他们的实际股票投资组合的价值。这种行为第一次出现在1985年,仅仅在这个极端动荡开始的前一年。然而,价格波动没有被单单限制在期货市场,这种波动开始溢出到股票市场。据认为,一位著名的交易商在指数期货上一天就损失了1 000万美元。5个芝加哥交易所的会员在一天之内损失了太多的资金,因而需要不顾一切地筹钱,以至于他们不得不当天就卖掉他们的席位。

这种动荡随后衰退,但是在第二年重新出现并带来更为灾难性的后果。1987年股票市场的崩溃显示出新的金融环境与原来的相比是多么不同。过去,股票市场与其他市场独立运行,并且经常从市场的衰退中获益。在1987年,各个市场与金融产品之间有着太多错综复杂的联系,以至于不能期望股票市场的滑坡能够被限制在股票方面。

第六章
芝加哥的闹剧

1987年10月19日市场价格指数开始猛跌,大部分华尔街人士看上去对此没有准备。从艾伦·格林斯潘和美联储在1986年夏季后期提高利率就可以看出一些蛛丝马迹,那是在格林斯潘第一次掌管美联储之后。1984年,从先前的高利率水平下调,导致股票价格回升、债券市场恢复以及美元在外汇市场大幅贬值。后来的利率上升对市场有间接的影响。短期利率是布莱克—斯科尔斯模型以及其他用来衡量期权和期货价值算法的重要变量。通常,衍生品紧跟着其基础金融产品,并且由基础产品决定衍生品的方向。1987年会出现例外吗?

华尔街的损失是严重的。10月19日(被称为"黑色星期一")主要的市场平均下降了21.5个百分点,与此对应,世界上其他股票市场同样急剧下滑。美国市场的滑坡与澳大利亚(−58个百分点)、中国香港(−56个百分点)、墨西哥(−38个百分点)等市场比起来,事实上还是温和的。在所有主要的市场中,日本市场的下滑幅度最小(−12.5个百分点)。紧接着发生了关于这次市场滑坡的起因以及在世界各大市场迅速传播的机制的争论。不良债券市场一开始的过分下滑,导致了大量的拖欠,随后导致了大量投资于不良债券市场的借贷机构出现危机。既然1987年的经济是一个可以容忍的不错形式,那就不可避免地要问:是什么导致了股票市场的崩溃?

损失已远远蔓延至华尔街之外。主要指数的下滑暂时结束了1983年开始的牛市。牛市可以恢复并注定持续到20世纪90年代。但是,衍生品市场将要为它们的成功付出一定的代价。芝加哥市场迅速成为关于股票市场崩溃起因的争论。人们很快发现,交易金融期货并不是没有政策性风险的。当时的华尔街是华盛顿的最爱,这同样也是一个问题。

到1987年,期权和金融期货合约一样存在于大多数交易良好的股票市场。后者除了应用于70年代出现的利率产品和外汇市场以外,还存在于股票指数市场,比如标准普尔500指数(一个广泛应用的市场量度标准)。套利行为存在于市场与买卖双方的订单之间,而买卖双方订单或是建立在基本投资决策上,或是基于一只股票或其衍生品与市场不一致的事实。基本经济状况并不是股票价格上升或下降背后唯一的决定力量。

另外,情况因为"三重魔法日"(或译为"三巫日",triple witching day)而变得复杂,即在一个特定月份的某一天,期权、期货、期权期货同时到期了。因为95%或更多的衍生品从来不会交付,交易池里的交易商不得不关闭未平仓头寸,以免在不经意的情况下触发交付行为。套利者们通过交易最后几分钟内的任何价格差异获取利益。结果,在这一天,价格可以出现大幅波动,显示出市场变得比先前的设想更为公正。

计算机是导致1987年股票市场崩溃的另一个元凶。在"程式交易"中,分析师应用定量套利程序,已设计好的规则自动告诉计算机什么时候下达买入或卖出指令。一个程序可能建议一个廉价的期权,它可以同时发出买进期权、卖出股票的指令。如果其他被广泛持有的股票出现同样的情况,这个程序同样会自动发出一个卖出指数期货的指令。

投资组合的保险措施同样会影响市场的平衡。很多机构的投资经理希望实现他们投资组合的保值,而卖出股票指数期货的空头。从理论上讲,期货的收益可以抵消实际股票投资组合的损失。然而,这种策略在1987年10月19日并没有起作用。在那一天,期货市场上卖空的现象持续不断,同时套利者们因看到这种现象而不断地出售股票。投资组合的保险措施在其1985年出现以来遇到的第一个熊市上没有经受得住考验。

投资组合经理的表现惹恼了交易所里的交易商们,他们抱怨全部的卖空并没有促使卖空者用竞价的形式在合理价位上回补仓位。"他们在寻找大的当地机构作为交易的另一方,"一个芝加哥交易池里的交易商在提及投资组合经理的卖出行为时说,"但是,没有人希望去阻挡全速行驶的火车的道路。"[13]换句话说,卖方的数量超过买方,同时卖出的规模庞大。很多交易商和评论员将这个事件的产生归因于新的、未经考验的观念,以及以前从未经历类似事件的新的期货和期权市场。"所有的产品在那里,"另一名芝加哥交易商评论道,"但是你需要很好地了解怎么运用这些产品,否则你会做过头。"交易商把这些看成职业的交易风险。然而,公众简单地将其看作股票或者市场指数的下滑,这显示出一些事情从根本上就错了。

很多评论员和分析师马上开始批评衍生品市场所起的作用。程式交易商承认他们的计算机模型自动发出卖出指令以及出现的"三重魔法日"效应,虽然"黑色星期一"并不是一个"三重魔法日"。让事情变得更为糟糕的是,很多证券公司采用程式交易进行自营交易,因此它们做的事情看上去与它们建议客户所做的正好相反。还有一些额外的批评,例如,由于很多程式交易商(像雷曼兄弟那样),拥有传统的犹太名字,整个事件被认为是犹太人企图破坏华尔街和整个市场经济的阴谋。像这样的言论从20年代开始就没有再听到过,充其量只是反映了人们的担心和困惑。

芝加哥期货交易所特别宣称,唯独自己遭受到不公平的批评。华尔街因衍生品带来麻烦,但对衍生品市场的谴责则针对拉萨尔街。期货公司意识到这是在自己打自己嘴巴。程式交易和衍生品交易的不透明世界受到猛烈的攻击。期货行业协会的主席在对此评论时做了一个比喻:"纽约证券交易所就像一个重达800磅的大猩猩,在国会的眼里总是十全十美的。"[14]华尔街在华盛顿有很多有影响力的朋友,里根政府中的很多成员曾是华尔街人士。只需要几天的时间就会举行调查市场崩溃的国会听证会。华尔街被认为是问题的起因,但没有引起前一年那样的政治愤怒。当然,其他事物也受到了怀疑。

华尔街和拉萨尔街的对立很快浮出水面。约翰·费伦(John Phelan),纽约证券交易所的主席,禁止程式交易商直接连入大盘的自动执行系统。在股票市场崩溃的两个星期内,马萨诸塞州的民主党众议院议员爱德华·马基(Edward Markey)呼吁,举行国会电信和金融委员会的听证会。拉萨尔街特别紧张,因为马基拥有"精力旺盛的追踪者"的名声,他是一个在国家危难时刻喜欢召开听证会的人。证券交易委员会已经在调查纽约证券交易所和期货市场在股票市场崩溃中所起的作用。芝加哥交易委员会主席卡斯腾·马尔曼(Karsten Mahlman)宣称:"我们关心的是,管理当局应该在调查的过程中回避。"期货市场知道,它们在华盛顿的集体声誉并不具备强势。华尔街不喜欢交易池里的交易商,因为他们发展了期权和指数期货市场。同时公众也已准备好去公开抨击造成股票价值急剧下降的罪魁祸首。

首先,有传言说立法机构会完全禁止程式交易。但是,冷静的头脑处在优势地位。市场在费伦禁止程式交易后继续波动,期货交易商也注意到了这个问题。一名交易商声称:"最具爆炸性的交易发生在程式交易不存在的时候,因为这种交易已经被禁止了。"纽约证券交易所的专家们在黑色星期一后正经历着应付规模庞大的订单的困难时刻。拍卖市场体系,就像过去经历的那样,由于在卖方指令大量涌入交易所的时候没有为市场提供流动性,而再一次被要求接受质询。里根政府迅速采取行动,组成了一个由尼古拉斯·布拉迪(Nicholas Brady)领导的调查委员会来调查市场崩溃的原因。

布拉迪调查委员会研究了市场的问题。他们在调查初期锁定的问题之一便是两个管理机构——证券交易委员会和商品期货交易委员会——的问题。调查委员会倾向于重新建立一个市场协调机构。费伦也倾向于这个意向,虽然知道由于期货行业的反对,这个意向可能不会起作用。对这个意向的怀疑论者大量存在,他们了解这两个管理机构之间矛盾的历史由来,同时也知道拉萨尔街和华尔街对再增加一层管理机构的憎恶。爱德华·马基个人认为,白宫将会逐渐偏离布拉迪的调查报告,特别是如果他提出用以监管市场的任何激进的提议。他绝对承认"管理体系不能充分反映市场状况",同时前商品期货交易委员会委员詹姆士·斯通补充道:"很多人担心布拉迪的建议会将业务赶到国外……但是,布拉迪报告里面的建议将使市场变得更加稳定和公正。这将会吸引业务,而不是排斥业务。"[15]

期货行业极力反对增加另外一个管理层或者加强证券交易委员会权力的意向。芝加哥商品交易所组织了自己的委员会,调查交易所在股票市场崩溃中所起的作用,其最终结果自然是,金融期货交易是金融市场不可分离的一部分。由各种各样的利益集团所发起的大量调查的结果纷纷出现,希望能够影响布拉迪调查委员会的最终报告。当时受欢迎的一个建议遭到期权行业的强烈反对。这关系到股票市场和股票指数期货市场利润平衡的问题。从理论上讲,如果股票市场的利润要求是50%,那么股票指数期货市场的利润要求应该是相同的——也是50%。然而,在现实中,股票指数期货市场的利润要求只是其中一小部分。期货行业的官员认识到,采用这个建议意味着指数期货业务的迅速死亡。梅拉米德回忆,他如何开始和纽约证券交易所的约翰·费伦会面进行私人会谈,同时坚持芝加哥交易委员会的官员——纽约证券交易所的传统对手——应该参加任何时候的期货会议。市场需要做出统一的姿态,如果它们打算避免更多不利管理的话。"他非常想避免由于死在专家的家门前而受到谴责,而我做好了在我让期货市场成为犯人前去死的准备,"梅拉米德回忆道,"在任何情况下,我们中的任何一个都不希望政府干预市场。"[16]

芝加哥的交易所为了避免更加严格的措施,提出了自己的改革方案。芝加哥商品交易所提议成立一个跨市场的委员会,这个委员会由证券业、期货管理机构和交易管理当局组成,从而可以协调影响市场的各种活动。芝加哥交易委员会更进一步,让纽约证券交易所使用它的计算机跟踪系统,通过这个系统可以跟踪每笔交易,从而快速发现交易弊端。在给费伦的信中,芝加哥交易委员会写道:"一旦纽约证券交易所能够产生这种信息,我们就可以向着提供一种跨市场协调的目标共同前进,而布拉迪的特别工作组强烈地认可这种协调。"[17]这个建议是在面对证券交易委员会的严厉谈话时提出的。主席大卫·路德(David Ruder)告诉参议院银行委员会,他的机构应该采取股票指数期货市场的规则。

这一系列活动促使期货和股票交易的领导们开始非正式的会谈,以讨论如何避免股票市场再一次崩溃。10年前没有一名期货管理人员可以想象召开这种会议的情形。在事先未做准备的情况下,弗兰、梅拉米德、证券交易委员会的大卫·路德和商品期货交易委员会的代理主席卡罗·海内曼(Kalo Hineman)——海内曼当时还兼任芝加哥商品交易所执行委员会主席——在证券交易委员会办公室开会。当被问及为什么梅拉米德代表期货行业而不是芝加哥商品交易所或芝加哥交易委员会时,证券交易委员会的发言人说,邀请他参加是海内曼的决定。[18]

1988年1月8日,布拉迪调查委员会向总统提交报告。其中主要的建议就是,在股票交易上安装一个"断路器",目的是当价格开始迅速下跌的时候可以临时关闭市场。这种暂停可以应用到所有股票相关产品。调查委员会同时建议美国联邦储备委员会应承担跨市场机构的角色,但是艾伦·格林斯潘可能认为这是不切实际的,因而否决了这一提议。同时提出的还有统一利润率,但是期货市场最终驳回了这个建议。随后,在1988年3月,布拉迪的调查委员会被金融市场工作组取代,后者被要求提出具体的建议来解决布拉迪的调查委员会列出的各种问题。这个工作组的成员包括美联储主席艾伦·格林斯潘、证券交易委员会主席大卫·路德、商品期货交易委员会主席温迪·格拉姆(Wendy Gramm)以及财政部副部长格兰·古尔德(Glenn Gould)。

工作组建议纽约证券交易所采用"断路器",这个建议很快得到实施。这个想法是从商品期货市场借鉴来的,在该市场上这种有限制的运作已经存在了数十年。在这种情况下,当主要的市场指数下降一个特定的百分比的时候,整个纽约证券交易所将采取有限制的运作。交易所一直关闭到有序的交易可以恢复为止。工作组成员的脑海里清楚地记得1929年的证券市场大崩溃。由于股市崩溃,很多华尔街公司的后台经历了一段需要应付大量卖方指令的困难时期,这种现象在60年代末期市场容量上升时又重新出现。交易暂停可以给交易所中进行证券交易的交易商和指令处理者一定的时间,以便他们整理账簿,从而可以和市场保持同步。工作组内关于市场协调的任何悬而未决的讨论很快都结束了,"断路器"成为可以采用的主要建议。

市场协调统一的问题并没有完全结束。国会继续争论关于美联储是否应该承担起管理指数期货利润责任的问题。爱荷华州的共和党议员吉米·利奇(Jim Leach)极力推崇市场的协调统一,而芝加哥大学的默顿·米勒(Merton Miller)则反对这个提议。这个问题最终以支持期货交易所一方而结束,美联储不会涉入期货交易的领域。但是,1987年股票市场崩溃引起的附带结果消失得非常缓慢。很显然,纽约证券交易所不断指责芝加哥市场应该为这次崩溃负责,同时有人认为,这项指控只不过是为了引开人们对纽约证券交易所自身结构问题的注意力。关于纽约证券交易所的专家体系,《经济学家》评论道:"纽约将芝加哥关于指数期货的交易指责为引发崩溃的原因,但手上并没有清晰的证据,它只不过是为了从它自己的交易方式上转移公众的注意力。"[19]利奥·梅拉米德评论道:"过去我们忙着尽力将自己从莫须有的罪名中解脱出来。现在我们将满足投资公众的需要,同时我们将不断地成长起来。"

对他们来说,期货市场避免了另外一个出力不讨好的事情。商品期货交易委员会仍然作为市场的管理者,指数期货仍然在其管辖范围之内。调整的焦点再一次集中在期货市场上,但是他们并没有受到伤害。所有的关注给人们这样一种印象,期货市场上不能出现任何差错,它们被认为是20世纪60~80年代期间充满活力的股票市场的最为恰当的继承者。然而,一些期货交易商的傲慢最终导致了无法想象的问题。与50年代洋葱交易禁令不同的是,这个特别的问题将成为世界上所有杂志的头版头条。

哪里有烟雾

虽然20世纪80年代见证了股票市场历史上最大的牛市的开始,这同样是商品市场呈现出强劲牛市的年代。通货膨胀和高利息率促使商品价格不断提升,同时交易商投入大量的现金,这样通常可以赚取巨额财富。许多大的商品交易商拥有大量的现金,不断地在拉萨尔街以外寻找合作伙伴。一些个体交易商则成为当时最令人瞩目的消费者。

在1981年,菲利普兄弟(Philipp Brothers)公司,一家大型的商品交易公司,出价5.5亿美元收购了华尔街的所罗门兄弟投资银行,给了这个拥有70年历史的公司所急需的现金流。就在不久以前,菲利普兄弟公司才从英格拉达实业公司(Engledard Industries)中分离出来,后者与亨顿兄弟有着密切的联系。几年后,所罗门兄弟投资银行通过反向收购菲利普兄弟公司而重新获得广泛称赞。同样在1981年,高盛收购了黄金交易商阿尔龙公司(J. Aron & Co),很明显前者通过增加商品取向,试图实现经营范围多样化。类似这样的交易使得华尔街和拉萨尔街不同的文化变得比以往更加接近,虽然商品世界疯狂的交易环境通常不能与华尔街更为沉静的气氛很好地融合在一起。

对于个人交易者来说,无论采用哪个标准,他们都生活得非常好。在1987年华尔街股票市场崩溃之后,根据《金融世界》杂志的报道,纽约的一名投资经理保罗·图多尔·琼斯(Paul Tudor Jones)是薪水最高的华尔街经理主管人员,他管理着一些商品基金。据估计,他当年的收入在8 000万~1亿美元之间,因此将他排在乔治·索罗斯(George Solos)和迈克尔·米尔肯(Michael Milken)的前面。这个数目在当时实在是太大了,以至于《金融世界》声称,琼斯在计价器运转的情况下"可以坐着纽约市的出租车绕着美洲大陆连续走11年"。[20]他以前在管理商品基金方面所留下的记录令人印象深刻。从1982年开始,在已经过去的41个月中,他只有5个月是亏损的。然而,一个看来是颁给年度最佳交易商的奖项却被授予里查德·丹尼斯(Richard Dennis),丹尼斯从大学毕业以后就在芝加哥的中美商品交易所取得了一个席位。

在他只有十几岁的时候,丹尼斯就在芝加哥商品交易所从一个跑腿者开始了他的商品交易生涯。他主要参与只涉及两人的交易活动。他是交易所交易池中典型的本地人,在芝加哥出生、生活并接受教育。他因为在国库券期货市场上做多而弄得声名狼藉,这恰好发生在1982年债券市场出现呈上升趋势的价格波动之前。而美联储保罗·沃尔克抑制通货膨胀的策略使得市场开始出现良好的反应,同时债券价格也明显上升。由于预测到这一举动,丹尼斯购买了2 000张债券期货合约,当他出售的时候,这些合约每张升值了13 000美元。再加上当年在其他交易上获得的利润,1982年里丹尼斯聚集的财富总量大约为5 000万美元。他的成功给期货市场和金融行业的新闻界留下了深刻印象,有助于说明这个市场经过几年时间变化了多少。

然而,没有一个期货交易商可以声称,他在交易所里获得的成功没有一点瑕疵。丹尼斯随后出现了一次重大失败,他在1986年股票指数期货市场的动荡中损失了1 000万美元。但是,他在市场上取得成功的传奇经历让他成为其他交易商争相模仿的对象。因此,他开始帮其他人管理交易账户,那些人付给他除了国库券利率以外的交易利润的1/3作为报酬。在33岁的时候,他成为华尔街上与人们所熟悉和渴望的民间传说一样的传奇。然而,他从来没有经历过困境。只要他想出售他的交易合约,他就可以做到,因为市场上有足够的流动性来吸收他的合约。他的交易理念毫无秘密可言。他只是当其他人开始注意的时候就出售其手中的交易合约,并不止一次地采用相反的交易合约。虽然不是新的理念,但公开的活动却是新鲜的。老式的操控是不公开的,通过表里不一的举动或者发布虚假信息来实现其目的。新的交易商就像前辈们所做的那样利用本能,但是市场不可能总是被错误的信息所操纵。不幸的是,虽然信息的流通得到很大提高,但在整个80年代还是无法成为普遍的现象。

尽管经过几年的时间,期货市场取得了巨大的进步,但旧的习惯和观念并不容易消失。年轻的交易商获得惊人数量的财富,引起了管理机构和新闻界的注意。不久以后,关于调查的古老真理将再次得到验证。人们感到,如果发现大量的烟雾,那么交易所交易池的某个地方一定有火灾,因为多疑的公众难以想象一个像丹尼斯这么年轻的人怎么能够赚取那么多的财富!当时最不期望发生的就是,商品交易商显现出来的令人瞩目的消费行为将会吸引那些最不希望得到的注意。

当不需要太多的技巧就可以获得闻所未闻的巨额财富时,恶意的批评就会问:期货市场应该怎样才能公平有效?传闻在80年代很多交易池里的交易商们拥有数百万美元的财富,虽然不在丹尼斯和琼斯的数量级上,同时很多人看起来将自己的交易策略建立在心理因素上,这就要求个人不仅要了解整个经济,而且要了解交易所里的主导趋势。如果赚钱被限制在交易所里,那么这个行业看起来应该在了解内部信息的基础上运作,而不考虑外部的影响因素。就在市场做了大量的工作以改善形象时,一个偶发的低俗事件吸引了人们的注意。在1985年,经过长达一年的调查以后,34个人由于被指控在芝加哥市场周围的街道上出售可卡因而被逮捕。而这些人的顾客就是交易所里的交易商。另外,谣言到处流传着,据说,在午餐时间,妓女被叫到交易中心在交易商的办公室里召开"私人会议"。交易商的行为通常是臭名昭著的,但是当普通的商品交易商比其在华尔街的同行赚的钱更多时，人们的眼睛就亮了起来。虽然轻浮的举止不是问题所在，但价格机制以及和操纵却是问题的关键。自1986年开始对这两个问题重新调查，但这次是秘密进行的。

交易所里的福尔摩斯

令人奇怪的是，这个贪婪的年代不止从一个方面盯上了期货市场。在市场不知情的情况下，一次针对芝加哥主要期货交易所里交易商行为的秘密调查在1986年后期开始了。作为对主要的商品公司和交易商的抱怨的反应，联邦调查局开展了一项秘密行动，这个行动将会持续两年的时间，最终引发了对交易所里的交易商提出大量的犯罪指控。所有的交易所坚称，整个行动只是一个精心设计的圈套(在错误的假设前提下进行的)，但是到了信息被公开的时候，一个重要的案件被发现。这次调查恰好与华尔街发生的内部交易曝光事件同时发生，这次曝光震动了整个纽约。

华尔街的丑闻比期货市场的调查更容易理解。当时出现了大量的兼并收购活动，正是由于出现了众多的这种交易，大多数的投资者才能根据他们对交易过程的了解，明白投资银行家们如何通过交易获得收益。提前了解交易的信息就具有可能引发股票价格上升，因此从事这方面细节研究的人很可能会将信息泄露给交易商或投资者，而后者可以利用得到的信息获利。从理论上讲，如果有人提前知道一个大宗的谷物交易，尽管很难让这样的交易不为人所知，那么商品市场也会发生同样的事情。在商品交易市场上只有价格操纵和相互勾结受到责难，而类似的消息不会受到非议。另外，根据未公开的信息进行交易是不违法的。因为期货合约不是证券，内部交易法在期货市场上不适用。如果期货市场出现问题，在交易所里将会看到交易准则与联邦规章制度一样强制执行，虽然会存在很多困难。交易如此频繁、迅速地发生，档案保存偶然会出现一些问题。对交易池的监视是必要的，但也通常是不可能的。

华尔街的内部交易丑闻拥有写成一部优秀小说所必需的一切阴谋诡计方面的元素。在1986年，司法部门提出对华尔街套利者伊万·波斯基(Ivan Boesky)的指控，宣称他在决定购买哪些股票的时候利用了内部信息。波斯基经营着自己的公司和套利基金，迈克尔·米尔肯和德崇为其提供资金支持。波斯基从为德崇工作的企业财务专家丹尼斯·莱维纳（Dennis Levine）那里获得了内部信息。莱维纳同样利用这个信息进行交易，从而获得数百万美元。莱维纳首先被逮捕，然后暴露了关于波斯基的信息。随后波斯基对罪行进行了辩护，最终判处创造华尔街历史纪录的1亿美元的罚金并处以监禁。莱维纳同样受到了监禁的处罚，但他们都不是调查的真正对象。

与高风险债券市场上的"国王"迈克尔·米尔肯的案件相比，上述两人都是"小鱼"。米尔肯在德崇的经营模式颠覆了华尔街帮助信用评级不良的公司融资的方式。从20世纪70年代末期开始，米尔肯成为华尔街的传奇，他所签署并交易高风险债券的经营活动将德崇从相对低微的处境提升到在华尔街提供企业担保的所有企业排名中非常靠前的位置。公司和米尔肯赚取了如此多的财富，因而新闻界称20世纪80年代为"贪婪的年代"。由于他们在赚钱方面具有从不失败的能力，公司的财务专家和顶尖的交易商被人们认为是"宇宙的主人"。在波斯基提供了不利于米尔肯的情报后，司法部门依照《反诈骗腐败组织集团犯罪法》（RICO），控告他有超过100次的欺诈行为。米尔肯被判10年的监禁，却服了比这短得多的刑期。那个关于烟雾和火灾的古老真理再一次被引用，不过这一次是在不同的场景下。结果是，当有那么多财富的时候，就不难证明存在着一些严重的、不适当的事情。

期货市场的支持者随后宣称，华尔街的成功使得司法部门有胆量来起诉拉萨尔街。然而，华尔街和拉萨尔街创造的令人炫目的财富给管理当局提供了一个方向。举个例子来说，伊万·波斯基开着自由变速的粉色劳斯莱斯，而投资银行家和期货交易商也在炫耀着他们的名表、名车。长期以来，华尔街以兼并活动而出名，同时大量的金钱通常与兼并收购交易的酬金联系在一起。1981年单独一个杜邦—康诺克交易就产生了高达数亿美元的投资银行交易酬金。从某种意义上来说，向参与交易的投资银行家们支付那么多酬金是难以理解的，但是，给交易池里的交易商的大规模支出则是另一件事情。股票交易所的交易商与从事兼并收购交易的银行家相比，只是生活得比较舒适而已。期货交易商如果没有在传统上与较小佣金相联系的帮助客户处理订单的业务上获得这么多的财富，这怎么可能呢？很明显，额外的收入来自在交易所里倒卖有价证券、交易证券或商品的买卖承诺等活动，这也是这次调查的焦点所在。

20世纪80年代的交易所给人留下了节奏更快的印象。新的成员承认，很多交易所在扩大规模后,他们追求迅速的利润回报和快节奏的生活方式。从这方面看,他们和华尔街的那些人没有什么区别。但是,傲慢的自吹自擂仍然在许多交易池的交易商身上有所体现。当被问到他为什么将金钱排在其他东西的前面时,一名交易商说道:"在这个国家里,人们谈论的是自由。但是他们真正讨论的却是安全。在交易市场上没有任何安全可言,从严格的意义上讲,你看到的就是资本主义。"交易商必须在赚取财富后离开交易所,因为交易所并不重视老成员或提供养老津贴。交易所也比过去的几年里更为拥挤。因此,在做手势或喊价的时候,交易商们出现了更多的错误,进一步增加了交易所的混乱和喧嚣。然而,机会总是可以被发现的。"交易所中进行证券交易的区域是最后一块真正独立的地方,"另一名交易商直言不讳地说,"但是其独立的特点引发了很多误入歧途的机会。这种环境使得人们无法真正认识自己,只是将他暴露在更多的机会面前。"[21]

1986年末,农业综合公司巨头阿彻·丹尼尔斯·米德兰(Archer Daniels Midland, ADM)的抱怨使得司法部门介入交易所。这个公司由杜安·安德列斯(Dwayne Andreas)领导,他是一个70岁的集权总经理,对芝加哥交易委员会没有任何好感。米德兰在芝加哥交易委员会拥有席位的事实,并没有减少安德列斯对交易所的批评。"那里简直就是一个赌场,"他抱怨道,"芝加哥交易委员会的商品价格与实际情况以及交易所以外任何地方的真实价格没有任何联系。"[22]指令不能够在最短的时间内执行或者不采用主流的价格。看来,交易池里的交易商们首先是为了他们自己交易,然后才是为了他们的客户。公司拥有在芝加哥交易委员会进行交易的自己的交易子公司,而司法部门建议它用自己的代理为公司进行交易,允许它直接揭发任何非法活动。阿彻·丹尼尔斯·米德兰同意了这个建议,同时这也是针对交易所的交易第一次采用秘密操作的行动。

进行秘密的调查运作并不是一件容易的事情。交易所的雇员绝大部分是本地人,他们彼此熟悉对方,同时并不轻易允许外来者进入他们的行列。"当一个新来的家伙进入交易所,他会发现每个人都拥有自己的小圈子,"芝加哥商业交易所的一名交易商说,"新来的家伙必须加入某个圈子。"为了不被怀疑,领导这次行动的联邦调查局必须在交易所的俱乐部里面安插几名探员。另一个问题则是,教会那些对期货交易一无所知的卧底侦探们交易的技巧。

联邦调查局挑选了4名探员渗透到交易所里面,其中两名在芝加哥交易委员会,另外两名在芝加哥商业交易所。纽约的期货交易所并没有包含在最初的行动中。为了使探员尽可能地不被怀疑,联邦调查局购买了他们自己的交易席位、帮他们租赁办公室、给他们配备昂贵的汽车和手表。联邦调查局同样给这4名探员租了高档的公寓,并使他们成为健身俱乐部的会员,这样他们看起来就像沉浸在业余生活中的普通交易池里的交易商。当这4个人在1986年和1987年不同的时间开始交易的时候,他们的行为举止以及给人的感觉已经与交易所里的其他交易商没有什么差别。

他们的背景资料必须是真实可信的,以防止交易所调查他们的身份。联邦调查局给这4个人提供支援,为他们编造了背景资料,如果有人问起他们以前的"雇主""学院",这些资料的真实性会得到确认。商品期货交易委员会和阿彻·丹尼尔斯·米德兰公司一起按照交易所的模式对探员进行培训。行动操作得如此机密,以至于商品期货交易委员会的主席温迪·格拉姆一开始都不知道这件事情的存在。交易所的官员同样对这次行动没有任何察觉。1986年12月,第一个探员完全准备好之后,便进入交易所开始调查,随后的几个月内,交易商们的小圈子接纳了所有这4名探员。直到1989年,探员们收集到的证据才公布出来。

起初这4个探员都集中在两个交易所的金融期货的交易池里进行调查。有两个行动的代号:在芝加哥交易委员会的被称为"霉变麦芽"行动,在芝加哥商业交易所的被称为"绿篱修剪机"行动。随着探员对交易池和交易同伴们不断熟悉,不可避免的问题出现了。如果探员本身牵涉到非法交易,将会出现什么情况?自从他们开始与纳税人基金进行交易以后,证明这个问题是棘手的。一名联邦调查局的官员这样谈论这个问题:"我们准备好了补偿任何客户的损失。我不能让我的人牵涉到非法交易中,他们只是需要看起来牵涉到其中。"[23]很明显,如果探员在交易池里的交易失去控制,那么联邦调查局将对无限制的损失负责。

声称被芝加哥交易委员会和芝加哥商品交易所欺骗的客户涉及不同的类型,从像阿彻·丹尼尔斯·米德兰公司这样的大型食品加工企业到商品交易机构本身,例如,德崇证券和西尔森,还有林沃达克公司(Lind-Waldock & Co.),即芝加哥的一家大型折扣期货代理经纪公司。小规模的散户也牵涉其中,虽然大部分人从报纸上读到关于交易的新闻时才知道被骗的事情。这些投资者雇用不同证券交易池的经纪人在同一个交易日里帮助他们进行交易,从而导致了问题的产生。投资者们抱怨,在交易进行过程中他们得不到完全的、有用的价格信息。交易池内的交易商可能受到指控的违法行为可以分为三种类型:根据从交易单中获得的机密情报,抢在客户前面交易;在知情的情况下,没有在价格最好的时候替客户交易;交易商之间事前协商交易价格。

当两个以上的交易商事前协商价格时,他们在客户同意价格之前便会达成一致,而这个价格通常不如实际执行的价格有利。相反,在交易商将最好的价格留给自己之后,交易商会给客户签署最糟糕的价格合同。但是,根据从交易单中获得的机密情报,抢在客户前面交易几乎不可能被发现。经纪人可以从客户那里收到购买大量合约的要求。在执行客户要求之前,经纪人可以先为他自己购买一定数量的期权。在执行客户的要求之后,看到价格出现些微上升,经纪人就会卖出他的期权。通过客户的订单,经纪人获得倒卖利润,同时客户不会获得最好的价格。这种方式普遍被怀疑是交易所里最常用的方法。即使是通过计算机来追踪交易订单,也不会对发现这类问题有什么实质性的帮助。整个交易所被暴露在摄像机和计算机的监控之下。从价格中获取微小比例的收入都有可能很快变得数目可观,因为在那个时候交易所同时进行数量庞大的交易——这个现象很好地解释了,为什么这么多的经纪人或交易商可以负担得起那么富裕的生活方式。

事情的本质在于市场体系本身,它在许多方面存在弊端。交易池里的交易商使用的双重资格体系与股票交易所里的专业人士使用的不同。在交易所里,交易商们可以与庄家进行自己的交易,也可以只是代理客户的订单。当这两者发生冲突的时候,很自然地交易商会将价格保持在对自己有利的位置,然而这种冲突却经常出现。当围绕在丑闻周围的烟雾被驱散之后,交易所开始在特定的条件下清除一些合约的双重交易,因此不正当的做法将会受到指控。

在1989年冬天召集了一个芝加哥大陪审团,对欺诈行为和交易弊端的指控进行调查。同时,商品期货交易委员会公布了一份批评芝加哥交易委员会的报告,声称交易所的计算机监控系统不足以处理这些潜在的交易弊端。商品期货交易委员会需要在对市场的批评中畅所欲言,特别是针对芝加哥交易委员会的批评,因为1990年国会将重新考虑给予委员会市场托管权,而监管方案将包含在国会考虑的内容里面。

这次秘密行动最终在1989年浮出水面,同时在那一年的8月初提出了一些专门指控,当时司法部门提出了针对48个经纪人和交易商的指控。而另外的100份指控书正在准备当中。这次调查强烈地震动了芝加哥,期货行业的很多人对调查进行的方式表示愤怒。在第二轮指控提出前,一名芝加哥交易商自杀了。商品期货交易委员会的主席温迪·格拉姆为这种调查方式进行辩护,他的理由是:"如果仅仅是委员会自己监管,那么这些涉及违法的指控可能不会被发现。"[24] 那年夏天,纽约的交易所同样受到了商品期货交易委员会——但不是联邦调查局——的调查。在这次单独行动中,纽约金属交易所和纽约商品交易所遭到了商品期货交易委员会和邮政系统的调查人员的突击检查。

纽约的调查集中在纽约金属交易所里的白银和黄金交易所以及纽约商品交易所的原油交易上,总共向交易商发出了47张传票。温迪·格拉姆告诉国会,这次行动是由于商品期货交易委员会调查扩大化而导致的。委员会不能提出对交易商的犯罪指控,因为商品和期货法案没有给它这样做的权力。然而,其他参与调查的机构有这种权力,从而提出了指控。佛蒙特州民主党议员帕特里克·莱希(Patrick Leahy),一名市场上最近没被察觉的观察者,这样描述商品期货交易委员会的动机:"表明对交易所交易行为的关注,不仅仅局限于芝加哥,而是在整个行业的范围内。"[25]

来自纽约的抱怨类似于那些充斥着芝加哥的指控,除了利用交易单中获得的机密情报抢在客户前面交易这一行为,纽约的交易商还被指控涉嫌为了避税而非法操纵交易,以及向吸纳他们交易损失的公司官员支付不恰当的报酬。这些活动只可能通过内部人士来完成。"内部人士在交易中占有优势,"一名对商品交易熟悉的证券律师评论道,"这是长期存在的抱怨的根源。这些市场不是为了公众利益而运行的公正、公开的市场。"[26] 期货交易市场不可能在公开性和公正性两方面与证券交易市场十分接近。很多纽约的交易商承认,交易所内存在大量严重的欺诈行为,但是其他的交易商对其同事使用的这些行为非常了解,他们只是对此视而不见。纽约同样在这方面占有优势,因为纽约的四大交易市场——纽约金属交易所、纽约商品交易所、咖啡糖可可交易中心、纽约棉花交易所——均在世贸中心获得了交易场地。

萨利·拉塞尔坐牢

即便是这桩交易丑闻,也不能使芝加哥固有的幽默感变得沮丧。在1989年夏天,一本名为《芝加哥罪恶》(Chicago Follies)的时事讽刺的连环漫画书开始在交易所周围的街道上出售。这本讽刺漫画书中的主人公叫萨利·拉塞尔(Sally Lasalle),一名新入行的交易商,她无意中被外号叫做"蜥蜴"的邪恶交易商欺骗从而陷入这桩交易丑闻中。美国联邦调查局在她高呼冤枉的情况下将她投入监狱。价格3.95美元的《芝加哥罪恶》获得了巨大的成功,它阐述了一个无辜者因为"犯罪"被带走的故事。

不用说,这桩丑闻被看成了期货交易所的巨大失误。与几年前发生的阿布斯坎(Abscam)丑闻一样,交易商们将这次行动也看作"蜇刺行动"。绝大多数的观察人士认为,交易所带来的好处远远超过了它们的缺陷。大多数意见认为"男孩子终归是男孩子",而交易所理应如此,同时,交易应该继续进行而不是担心会受到政府的干预。在过去几年中,交易所把自己刻画成自由市场资本主义的最后阵地,认为自己没有理由去适应另外的环境。

无论如何,控告激起了交易商大量的辩解。这样的交易商中很多来自芝加哥商品交易所国际期货市场的外汇交易区。在指控第一次宣布的时候,芝加哥发生了大规模的骚乱。这些指控由美国律师安托·瓦卢克斯(Anton Valukas)负责,几乎从诉讼程序一开始,就引起了与其纽约同行鲁道夫·朱利尼(Rudolf Giulliani)之间的比较,后者对华尔街的内部交易提出指控。瓦卢克斯,就像朱利尼一样,因寻求高层行政官职而受到批评。第一次宣布指控的时候,即便是大陪审团的成员也需要许可才能够参加新闻发布会。芝加哥充满着关于谁将会下一个被指控的流言,所有的交易所都处在骚动和混乱的状态。

针对通货和大豆交易商的最初指控达到了1 275页,涉及46个当事人的608项罪状。其中一些指控自然而然要比其他的指控显得重要。很明显,几乎从开始阶段,交易所就不相信指控会带来严重后果,虽然一些交易商很明显会被证明有罪,但同样其他的交易商是清白的。政府拥有的证据在质量上存在缺陷,这将对一些交易商有利。芝加哥交易委员会的主席托马斯·多诺万(Thomas Donovan)新编了一句话来应对这个危机:"有烟的地方,不一定有火,但是有烟的地方,总会有烟熏损失。"[27]虽然芝加哥交易委员会担心的是它眼中的这些琐碎的指控可能带来的附带结果,但这些指控是由那些不熟悉期货交易所内部工作方式的人提出的。

在最初指控提出的随后两年里,政府的诉状是成功的,但并不是所有针对交易商的指控最终都形成了有罪判决。在第一轮对大豆交易商的指控中，政府非常成功地得到了指控对象有罪的裁决，包括违反了《反诈骗腐败组织集团犯罪法》。但是在外汇交易商的案件中，陪审团并没有得出有罪的裁决，针对被告的绝大多数指控被认为不成立。到1991年，芝加哥以外的地区几乎忘记了审讯这件事。起诉和接连发生的审判并没有产生像米尔肯、波斯基或者莱维纳那样的重大嫌疑人，最终不了了之。交易商们自己也慢慢与交易所分离开来，他们同样在一个很短的时期内被遗忘了。

当交易商的痛苦再一次成为新闻热点的时候，一些来自核心地区的批评重新出现，在那里人们不愿主动提及期货交易商。"我整天淹没在那些不愿意受到更多约束的农场主的电话里，"内布拉斯加州的民主党议员鲍勃·凯瑞（Bob Kerrey）说，"他们希望关闭期货市场。"爱荷华州的民主党议员尼尔·史密斯（Neal Smith）说，那些打进他办公室的电话提醒他，"大量的人不相信这些市场。"[28]农场主可以喜欢怎么抱怨就怎么抱怨，但是像谷物交易池这样的市场已经远远超过了它们本来的范围。尽管存在这些负面的报道，纵然是交易所的客户也都声称，如果没有交易所，他们将无法生活。

交易商和市场的悲痛境地促使一个期货经纪人紧随丑闻之后对他们的客户进行了一项调查，以便测试民众对市场的支持度。林沃—达克芝加哥公司，一家声称成为丑闻牺牲品的专业公司，向其客户中的4 353位邮寄了问卷。在做出答复的1 078位客户中，63%的客户认为交易所在自我约束方面做的工作不够，但是他们不信任其他的政府管理措施；超过30%的客户认为加强管理是必要的；只有12%的客户认为，有必要因为丑闻而停止交易。最有效的说法可能是，31%的客户说，他们不相信交易池在诚实有效地运行。但是，绝大多数客户声称，公开喊价的方式充分发挥了作用。[29]换句话说，他们接受了交易池及其所有的缺点，但是认为交易所在自我约束方面的工作应该做得更好。

无论如何，公众或多或少持有一种悲观的态度。在1989年10月进行的一项民意调查中，1 007名受访者被问及考虑到内部交易丑闻和交易所存在的问题，他们是否对市场的诚信和公正丧失信心。20%的受访者说，对市场的信心大幅度降低；30%的受访者说，他们丧失了部分的信心；另外28%的受访者说，他们没有失去任何信心。[30]对于市场来说幸运的是，1991年后可能出现的牛市将会缓和对期货市场的调查，因为当各种指数恢复上升势头的时候，投资者以创纪录的数字涌入市场。

区分交易所里的有罪行为和无罪行为,从来就不是一份简单的工作。阿彻·丹尼尔斯·米德兰公司寻求联邦调查局的协助,因为它声称有滥用市场现象,这引发了首次的调查,在此之后,公司在大豆产品上给了市场猛烈的一击。在卖出数量巨大的豆油合同空头合约之后,阿彻·丹尼尔斯·米德兰公司囤积了大量的豆油用于第二天的交割。通过展示充分的供应量,公司表明,它的动作并不是熊市的抛售行为。但是,看得见的供应有效地拉低了期货价格。随后公司履行了其合同,同时获得了大量的利润。之后不久,阿彻·丹尼尔斯·米德兰公司就被芝加哥交易委员会业务管理委员会传唤,但是公司没有出席,而是派了代理人(律师)出席。公司只受到了轻微的处罚,只有5万美元的罚款,随后处罚还减轻了。[31]即使是对芝加哥交易委员会以及交易所的监控程序的批评家,他们在进行交易的时候也没有任何不安,只要能够迅速给他们带来利润。

4名联邦调查局探员在他们的身份暴露之后,在期货交易商中得到的评价是不同的。其中一人因为良好的表现获得很高的分数,另两人被认为是胜任的,还有一人则被认为是不合格的。总而言之,这4人都亏损过,但是考虑到政府为他们购买的席位来说,仍然有一些好消息。将芝加哥商品交易所国际期货市场的两个席位卖出后获得了5.2万美元的利润。当芝加哥交易委员会里的一个席位的交易过程还没有结束,另外一个就净赚了3 000美元。

丑闻的揭露对芝加哥的商品交易经纪公司产生了一种负面影响。到了20世纪80年代后期,芝加哥的顶级商品交易经纪公司都是纽约经纪公司的子公司或办事处,其中包括西尔森·莱曼·哈顿公司(Shearson Lehman Hutton)、美林证券、添惠公司(Dean Witter)、高盛集团和培基信证券(Prudential-Bache)5家顶尖证券经纪公司。在排名前25位的公司中,只有7家芝加哥本土公司,它们的资本远远少于那些纽约的同行。[32]这些公司帮助客户进行交易,同时公司本身也参与交易。经纪公司的生意在牛市的大背景下蒸蒸日上,特别是在金融期货领域里。所有的负面报道并没有给芝加哥的两个主要交易所带来太大的影响。在1989年的前6个月里,芝加哥交易委员会的交易量比去年同期上升了2个百分点,而芝加哥商品交易所取得更大的成功,交易总量上升了39个百分点。虽然芝加哥交易委员会涉及的领域广泛,芝加哥商品交易所凭借其在创新方面的表现,从其他守旧的同行那里吸引来大量交易订单。在这个敏感的时期,爆发的丑闻、不变的困境以及疯狂的抛售给守旧的交易所造成了伤害。而另一起同时发生的牵涉到芝加哥交易委员会的事件，显然对它的声望造成了更严重的破坏。

不要再发生

纵然监管的力度增加了，交易所的这些麻烦也没有吓退交易商利用交易所获利的企图。1989年夏天，在芝加哥交易委员会里发现了另外一个潜在的麻烦，这恰巧发生在对那些被指控有非法行为的交易商做出判决之前。在这个关键时刻，这起事件使得人们质问交易所的公正性。这起最新的事件是疲软时期勇于发挥交易所优势的尝试，还是没有戒备的团体引发的另一种拙劣的困境？对于这起事件，即使是仓促形成的观点也认可前一种说法。

20世纪80年代最后一个牵涉到芝加哥交易委员会和商品期货交易委员会的丑闻，是针对欧洲最大的谷物交易商和食品生产商之一的意大利弗罗茨(Ferruzzi)公司。该公司控制了欧盟向苏联和东欧地区每年将近一半的出口数量，每年可获得大约300亿美元的等价收入。该公司在芝加哥交易委员会购买了总额为2 300万蒲式耳7月份大豆的期货合约，问题在于，能够用于交割的大豆只有400万蒲式耳的供应量，如果不能迅速生产大量的大豆，需求将超过供给。芝加哥交易委员会意识到了这种困境，并且宣称这家公司试图制造这种困境。商品期货交易委员会首先做出反应，命令这家公司在7月18日前将其订购量减少到300万蒲式耳。然后芝加哥交易委员会告诫这家公司，将其每天的持有量减少20个百分点。这一系列的举措使得大豆的价格暴跌。

这起事件的影响与人们预期的一样延伸到各个方面。弗罗茨公司在过去3年里由于其深思熟虑的扩张行为，在美国市场上变得更加富有侵略性。它的这些富有侵略性的姿态并没有使业内人士感到惊讶。除了服从委员会和交易所的指示以外，弗罗茨公司并没有其他的选择，但是随后该公司在芝加哥交易委员会市场上开始反击。为了报复交易所，弗罗茨公司抨击了它在面临大额订单时的效率，暗示交易所更多是一个交易的陷阱，而缺乏真正利于大豆交易的市场机制。弗罗茨公司的美国子公司的主席在美国大豆协会年度会议上对聚集的大批农场主发表了讲话。为了改变芝加哥交易委员会压在其头上的指令，他说："7月11日，弗罗茨公司接到了商品期货交易委员会的直接指令，用命令的方式让我们减少合约订单。但是在我们这么做之前,事实上,我们又接到了芝加哥交易委员会的指令。这项公众高度关注的命令迫使我们通过不同的方式完全退出我们现有的合约,从而给我们以及他人造成了严重的损失,其中包括广大的农场主……我们认为,这些指令并非不可或缺的,它扰乱了市场的秩序并且阻碍了市场发挥作用。"[33]

很多农场主像过去他们多次经历的那样解读这次讲话——芝加哥交易委员会首先考虑的是它自己及其成员的利益。几个月后,美国农业运动团体——一个代表农场主的游说组织——提出了一项针对芝加哥交易委员会的总额为1亿美元的民事诉讼。根据该运动团体发言人的讲话,诉讼强调,交易所发布的要求弗罗茨公司废除其大豆合约的命令是"一种奸诈自私的行为,芝加哥交易委员会里具有强大势力的谷物贸易商和期货交易商为了他们自己的利益和客户的利益而发出了这项命令"。[34]这个组织估计交易所的命令造成大豆价格下跌了20个百分点,使得农场主、农业银行和农业设备经销商至少损失10亿美元。芝加哥交易委员会的卡斯腾·马尔曼做出了回应,称这项指控毫无意义,但是很明显,农场主与交易所之间持续了一个世纪的摩擦重新浮出了水面。

价格崩溃对农场主造成的影响并没有成为交易所迅速做出指令时考虑的因素之一。在讲话中,弗罗茨公司的管理层特别要求,应改进芝加哥交易委员会的交割系统,目前的交割系统已经跟不上国际谷物交易的步伐。他引述了交易所只有芝加哥和托莱多两个大豆实物交割地点的事实,虽然交易所的交易完全是国际性质的。这是不是意味着交易所并不期望大多数的客户对交割产生兴趣呢?被迫的跌价使得弗罗茨公司损失了大约1亿美元,这才是指令的真正含义。如果整件事情是一次投机,无疑这是最不成功的行动之一。

芝加哥交易委员会和商品期货交易委员会两个机构都把弗罗茨公司的行为看作交易丑闻来应对。在最初清算完公司的投资持有量之后,在20世纪90年代,战争将在法庭上继续进行。

20世纪80年代以与70年代几乎相同的方式结束了——伴随着破坏期货市场声誉的丑闻和大量的官司。整个80年代见证了很多金融产品方面的创新,并证明了很多金融衍生品在套期保值和基金管理方面可以发挥强大的效力。首先,跨越金融范围的衍生品大量存在,不仅吸引着小规模的投机者和公司,同时对大规模的公司和政府也有吸引力。但是,关于有效监管的老问题仍然没有得到解决。期货市场首先强调的仍然是自我约束,同时商品期货交易委员会的设立不能保证市场的安全,人们认为它不拥有必需的重要权力。在更大的掉期市场上,不存在来自外部的有效约束,只有银行为了防止严重的问题而进行的内部风险管理。衍生品市场的各个方面都必须适应不稳定的市场环境并自求多福。流氓交易商仍然存在,同时,虽然市场尽了最大的努力,交易丑闻并没有消失。20世纪90年代将会进一步证明这一点。

注 释

1. *Commodity Journal*, May/June 1980.

2. *Fortune*, July 28, 1980.

3. *Commodities*, November 1980.

4. Leo Melamed & Bob Tamarkin, *Escape to the Futures* (New York: John Wiley & Sons, 1996), p.309.

5. 一些早期的掉期交易包括采用固定利率、浮动利率和零利率这3种支付方式的利率掉期。同时,应用的基准也不一样,如存于欧洲非美国银行的美元的利率、国库券利率以及定期存款利率。使得情况更为复杂的是,计息方式也不一样,分为一年期、半年期、季度、月份等。

6. *The Economist*, October 30, 1982.

7. *Commodity Journal*, January/February 1982.

8. *New York Times*, December 27, 1985.

9. *Securities Week*, April 15, 1985.

10. *Wall Street Journal*, November 17, 1989.

11. *Business Week*, September 29, 1986.

12. *New York Times*, September 18, 1986.

13. *Financial Times*, October 29, 1987.

14. Melamed, *Escape to the Futures*, p.376.

15. *New York Times*, January 17, 1988.

16. Melamed, *Escape to the Futures*, p.382.

17. *Wall Street Journal*, February 4, 1988.

18. *Chicago Tribune*, February 12, 1988.

19. *The Economist*, May 28, 1988.

20. *Financial World*, June 1988.

21. *Toronto Star*, April 2, 1989.

22. David Greising & Laurie Morse, *Brokers, Bagmen, and Moles: Fraud and Corruption in the Chicago Futures Markets* (New York: John Wiley & Sons, 1991), p.182.

23. *Los Angeles Times*, August 4, 1989.

24. Ibid.

25. *Washington Post*, May 5, 1989.

26. *Los Angeles Times*, May 6, 1989.

27. Greising & Morse, *Brokers*, p.267.

28. Ibid.

29. *Chicago Tribune*, October 27, 1989 and *Los Angeles Times*, April 26, 1989.

30. Gallup poll conducted for the "Nightly Business Report" and Reuters, October 27—29, 1989.

31. Greising & Morse, *Brokers*, p.186.

32. *Crain's Chicago Business*, December 26, 1989.

33. Transcript of a speech by David H. Swanson of the Ferruzzi Group to the American Soybean Association, July 24, 1989.

34. *St. Louis Post-Dispatch*, November 15, 1989.

第七章　商业欺诈者众生相

　　20世纪即将结束的几年里,期货及其金融衍生品市场比历史上任何时期都要繁荣。新产品仍然发展迅速,而丑闻也不可避免地相伴而行,这正印证了一点:新的想法能创造机遇,但责骂声也会增多。各种市场抵御着外来的侵犯,保卫着各自的地盘。伴随着20世纪80年代的结束,90年代开始,新的10年看起来又会重复过去的老路。90年代稳定而重复地刷新了过去几年的各种纪录:创新、丑闻和监管者的矛盾心理。而这些并没有让交易商们感到失望。

　　这10年又见证了一场新的投机交易。在美国的很多州,赌博已经合法化,而国家彩票自70年代以来也发展起来并且变得很普遍。彩票奖金有时超过10亿美元,成为新闻头条。股票市场也从1987年的崩溃和1991年的不景气中恢复过来,开始了历史性的反弹,在最后下降之前,道—琼斯工业指数(Dow-Jones Average)达到了12 000点。这10年的贪婪超过了过去的任何10年,出现了大量的纸上富翁。尽管这期间很多与股票市场相关的人士都有所收获,并实现了致富的梦想,但是这10年中真正的新闻发生在金融衍生品市场。在20世纪90年代,除了哈默史密斯和富乐姆以外,超过70亿美元的交易损失都是由于欺诈行为或是完全的无能造成的。这10年以流氓交易员(具有欺诈行为的交易员)和投资管理者被他们的投资银行家轻易欺骗的事件而闻名。

　　记录在案的大部分令人难以置信的损失,大多发生在场外交易证券的金融衍生品市场。这个问题准确地说还是国际性的。很多日本银行和贸易公司在私下交易中损失了好几十亿美元,这些事实只有在损失已经无法控制时浮出水面。欧洲、北美洲和美国的期货交易商也损失惨重。报道最多的损失起源于加利福尼亚州,接着是西维吉尼亚市政投资组合的更加不幸的大损失。突然间,罗斯·佩罗(Ross Perot)在1992年总统竞选中关于期货彻底垮台的可怕预言好像就要成为现实。

在这10年里,市场在发展,很明显市场变得有能力抵抗严厉的监管政策。市场上充斥着过多的产品,这些产品有着本质上的变化或细微的差别。除了交易所交易的期货和期权,银行间的场外交易证券市场还提供了琳琅满目的金融产品,比如基于大量商品和金融工具的掉期、期权和掉期期权等。当期货市场受挫时,交易品种数量也会受到影响。例如,一份普通期权的交易会产生上千种变化,因为这种交易是以一定比率进行的,而这种比率是浮动的。与其他金融衍生品市场相比,有价证券市场看起来是最简单的。

不能期望会有任何监管者能赶得上市场的这种发展变化,市场总能领先监管者一步。截至20世纪90年代中期,美国的期货交易所进行的交易占了世界期货交易总额的一半。在交易所里就有相当于价值40多亿美元的合约。当场外交易证券问题增多时,证券交易委员会和商品期货交易委员会通常都会宣布它们正在调查这些事情,但它们的权限不能扩展到不在其管理范围内的交易场所。来自银行的金融衍生品市场在银行调控范围内,而不是期货和现货监管者的事,除非两者的监管界线被混淆。那些客户[1]同样也遭受损失,只有大公司、市政当局和政府机构里的现金和风险管理者才可能持续盈利,因为他们掌握完备的信息,并且知道如何利用这些信息。当丑闻暴露时,损失的原因通常伴随着公司或机构的重大错误或简单的疏忽。应该是更有学识的人所犯的这些错误,与散户在行情看涨的市场里犯的错误一样:他们或者过于听信他们的经纪人,或者是做出孤注一掷的行动。对于涉及的公司机构及其股东来说,最后的结果通常都是悲惨的。

与证券市场相比,金融产品的发展留给人们的印象深刻,并且通常对解决问题有所帮助。客户经常购买他们自己并不了解的金融衍生品组合。当出现问题

---

[1] 客户中包括很多大的公司和重要机构。——译者注

图 7.1 当代芝加哥期货交易所的交易大厅(芝加哥期货交易所友情提供)。

的时候，他们也没有完全意识到自己的困境。加利福尼亚州的奥伦奇县、加利福尼亚州市政府和好几家著名的公司都是不知道如何处理风险的典型例子。大部分华尔街和芝加哥交易所内专门从事衍生品的大亨们，会雇请著名的学术研究者来帮助他们稳固在市场上的位置。这样做的结果是，要想达到效果，其复杂程度已超过大多数人的能力范围。所罗门兄弟和默顿·米勒加入芝加哥商品交易所，另一些学术专家加入其他交易所和投资银行以帮助开发产品和客户业务，而迈伦·斯科尔斯则成为金融衍生品的领军人物。将数学模型用于定价成为当时的标准，且计算机在提供仿真模拟的同时，还可以使交易变换场景，这些使得很多阅历少的客户和市场参与者感到迷惑。然而，在这个10年结束之前，即便是非凡的"股市神算手"（quant jocks），也会因一次重大的金融惨败而感觉到自己的渺小。

强调数学建模，这一点也被用于证券市场。开始尝试期货的特殊债券市场不同于传统的债券市场，前者经常采用期货的市场灵感概念和单种期货来设计固定收益证券。金融设计领域是从"金融体系"发展而来的，很快又变身为"金融工程"。全国冒出很多专门从事某种金融产品交易的小规模公司，在特殊需求的基础上为客户设计金融工具。有时候，这种设计也会有更高的要求。位于洛杉矶的利兰·奥布莱恩（Leland O'Brien）公司在20世纪90年代设计了多种著名的金融证券，包括知名的超级股以及很多与交易相关的股票。其他一些公司则专攻期货或债券。通常机构投资者买下一系列有价证券的组合，通过设计来应对市场的不同状况。

期货和其他金融衍生品还有一个让人未曾料到的作用。在20世纪90年代早期，它们帮助推动市场的国际化。在90年代末，国际化被术语"全球化"替代，说明世界金融市场已经聚合成为一个大市场。在欧洲、远东和伦敦国际金融期货期权交易所（LIFFE）进行的期货和期权的交易，正与在芝加哥的交易进行竞争，目的是为了能超过对手而成为世界交易量最大的市场。伦敦国际金融期货期权交易所的成功主要归功于欧洲金融期货的激增。由于在美国的合约交易不会与在欧洲进行的合约交易发生冲突，所以它们就可以不分昼夜地提供各种市场的利率证券。

欧洲和美国有关股票指数期货的交易能够帮助国内市场观测者预测美国市场的开盘情况。基于他们每天对在欧洲交易的标准普尔指数期货或其他指数期货的市场预测,市场预言者能够预测未来美国市场的开盘情况。这种方法虽然并不完全精确,但是说明了指数期货在最终回到美国进行日交易之前是如何在全世界流动的。

20世纪90年代,金融衍生品市场最终被人们接受。金融衍生品市场对公共机构投资者的作用和优点不再受到质疑。然而,这一点对商品期货交易委员会来说并非如此。这个机构每隔4年就要面对一次重组,与证券交易委员会和议会进行管辖权分割的讨论和争夺。每次关于机构重组的话题都会被提出来,旧的论点经常会被重新提起,这些观点或者被用于攻击市场的有效性,或者是为市场有效性辩护。同时,他们也为能把掉期归于商品期货交易委员会的管辖而做出了很大的努力。但是,连接银行与客户的大量场外交易市场,则继续逃避商品监管者的监管。1988年,在美国和其他工业化国家同意了一系列由国际清算银行(Bank for International Settlements,简称BIS)制定的规则后,很多核心银行家,包括联邦政府的银行家,都更加轻松了,原因是,银行被迫在其资产负债表中拥有更多的股本。更多的资产净值意味着银行承受金融风险的能力更强了。虽然这个措施不能完全让人安心,但是它表明银行监管者正努力尽快适应新的金融环境,而不必将他们的管辖权交给其他调控者。

国际清算银行的协议证明,庞大的掉期市场,比如期货市场,能够充分维持在一定的国际规模上。由于银行间的市场可以扩展到全世界,因此只有一个监管者是不切实际的。协议通过要求银行更加密切地监控它们自己的业务来增强银行间大体的一致性。简单地说,如果一个银行不想让中央银行愤怒,它就得保证自己的掉期和外汇市场管理得当。由于该体系宽松的自我管理政策,未来的损失和某些人对交易的滥用也就无法避免,但是它在大多数时间工作得很好。当它不起作用的时候,流氓交易员和赌场似的混乱交易就会成为世界各地报纸的头条。

彻底垮台?

在20世纪90年代,新金融产品数量的激增令一些分析师和评论员感到烦恼。特别是掉期交易商,他们通过与客户签订合约的方式来获取大量的名义资金。同时,掉期市场的专业组织——国际掉期及衍生工具协会(International

Swap Dealers' Association,简称 ISDA)——与会计部门人员一起进行操作,以平衡这种资产负债表上存在的风险,使银行客户看起来不像承担着巨额的债务。

未受过训练的市场观察者一定会对他们所发现的东西感到惊慌。大规模的货币中心银行由于掉期交易,使得其账上总是有几十亿美元的或有负债。这种数量的负债导致的结果经常是减少银行的资本和资产。交易者知道,只是当他们被迫去计算其交易伙伴实际拥有的总资本时,这些或有负债才会成为真正的负债,但这样的事情发生的可能性是极小的。然而,这些纯粹的数字问题让国会的许多人烦恼。一家拥有 20 亿美元股本的银行能够背负几百亿美元的掉期负债,尽管在技术上它们可以以或有负债被登记在资产负债表上,[1] 但是监管者对此仍感到惊慌。这种内在的担忧是不能够通过对问题的技术性处理而完全消失的。

进入 20 世纪 90 年代后,期货交易所都急于推出各种新的合约,这使得商品期货交易委员会忙于处理与此相关的问题。在 1991 年,商品期货交易委员会批准了 38 份新合约,打破了它自己保持的 5 年纪录——那是在 1986 年所创的纪录,通过了 36 份合约。在 20 世纪 90 年代这 10 年间,商品期货交易委员会批准了一系列合约,范围从关于空气污染和航运费率的期货到主要的市场指数。新合约中包含关于利率掉期的合约,这份合约代表期货交易所从 20 世纪 80 年代就一直关注着的领域。芝加哥期货交易所申请这份合约,希望借此吸引来自主要的商业银行和投资银行以及跨国公司的业务。这些银行和跨国公司都是外汇掉期市场的主要客户。商品期货交易委员会考虑到曾发生的问题,准备将提供给投机者的持仓额度限制在 5 000 张以内,因此不鼓励操纵。

掉期的流行也引起了国会的注意。哈默史密斯和富乐姆事件的爆发以及新期货合约的大量使用,使得一些国会议员认为金融衍生品合约通常会对金融体系造成重大的系统性风险。就复杂性来说,金融期货使农产品期货黯然失色,而此时利率的变化和股票交易的速度都变得更加快速,这表明它们在当时已经很普遍了。掉期成为当时众所周知的金融衍生品,很自然地得到了最多的关注。代表人格伦·英格利希(Glenn English)是俄克拉荷马州的民主党成员以及美国众议院的一个关于资源保护、信贷和农村发展的小组委员会委员,他希望掉期能够被纳入正在进行的立法中,那样他们就能得到商品期货交易委员会的监管。他说:"它们继续不受到监管的可能性看起来是非常小的,因为当增加对这种工具的使用时,我们简直就是在玩火。"[2]

英格利希是民主党人，来自一个主要从事农业的州，这一点并不需要告诉市场。他的小组委员会虽然不与某个重要的金融委员会保持联系，但是能从根本上代表农业中让人们感兴趣的方面。期货市场一个世纪来的名声再次威胁到新金融产品，使其无法进入小麦和大豆的领域。具有讽刺意味的事继续发生，并没有消失。市场选择了商品期货交易委员会的宽松监管和国会委员会偶尔的探查来取代证券交易委员会的监管，反对证券交易委员会的监管是市场多年来一直坚持的事情。这些国会委员的政治任务就是对期货管理者吹毛求疵，特别是在委员会每隔4年一次的换届选举的时候。交易所有效地让商品期货交易委员会与国会形成对立，就像几年来的情况一样。英格利希的小组委员会将在商品期货交易委员会章程的修订中起到重要的作用。

英格利希所提议的核心内容是关于所有衍生工具和混合工具的定义，因为提议中将这两个定义划为期货合约类，并且归入商品期货交易委员会管辖的交易范围。而有些国会成员反对这种严格的数学上的定义。代表人约翰·丁格尔(John Dingell)作为密歇根州民主党成员，给英格利希写道："很遗憾，我的结论是，你建议的解决方案是完全不能被接受的。"虽然如此，英格利希并没有被说服放弃这个建议。他的想法是，让商品期货交易委员会审查所有的新产品，从而决定哪些可以纳入委员会的交易权限内，而不是一直等待某个交易所提出申请，直到被允许在该交易所内交易该产品为止。英格利希读了丁格尔的信后说："我们希望看到委员会对每种新出现的产品都进行考核，当有新产品出现在被考虑范围内时，商品期货交易委员会只要瞧一眼就可以分出哪些是需要保留的、哪些是需要被剔除的。"[3]

英格利希是20世纪90年代"野驴派"的代表。他1940年出生在俄克拉荷马州，接受了当地的大学教育，后来从事石油和天然气业务方面的职业，随后又对政治产生了兴趣。他第一次被选为众议院委员是在1974年，连续担任了9届委员后，于1994年辞职，转而从事关于农村电力合作的工作。他认识到市场需要严格的定义，至少从监管者的角度来看是这样的。这一点使他经常与商品期货交易委员会发生冲突。而他发表观点的方式，也使他与同事存在隔阂，因为他表达时使用的都是生硬的或对抗性的语言。

1992年末，在商品期货交易委员会的改选结束之后，关于如何定义期货合约的争论还在继续。这个事件的核心其实是一个以当代形式出现的老话题。一个严密的定义应该包括掉期和远期,可将它们归于委员会的管辖下,然而一个不严密的定义会将它们排除在外,却也可能会将其他发展不够的产品甚至是还在计划阶段的产品包括进来。那样的话会造成令人无法忍受的局面,为了能够在交易所场外——场外交易市场——交易,交易者会自己设计合约。这起事件令人回想起20世纪芝加哥期货交易所交易者的场外交易事件。

在对严格定义期货条约以更好地监管的观点持反对态度的人士中,温迪·格拉姆是其中之一,她是商品期货交易委员会的主席。她和她的丈夫,得克萨斯州参议员费尔·格拉姆(Phil Gramm),都赞成加强市场监管。但是,即使这样,她却更倾向于商品期货交易委员会在衍生证券和银行创造的期权(bank-created options)方面加强势力,所以不希望对期货合约进行严格的定义。而在英格利希的观点中,更重要的是,一方面仍需将一些新的产品包含进期货条约,另一方面又要将一些原来已经被纳入期货条约的产品排除在外,而这样做会引起商品期货交易委员会相关机构大量的文书工作,同时他们还必须把大量的时间花在审查定义而不是实际产品上。所以在章程需要进行修订的那几年,商品期货交易委员会的态度大多是对它自己所提出的定义更加重视。

当对商品期货交易委员会的章程修订进行投票的日子临近时,格拉姆告诉英格利希,新的掉期产品应该继续在场外市场交易,让交易遵从银行法律,而不应被委员会对交易产品的银行进行监管所取代。期货交易所建议让它们来建立下属公司,这些公司可以不在监管者的监管范围内交易,但是大多数监管者都不会同意这样做。因为如果接受这条建议,那就等于放弃监管政策,让交易所不受委员会管理。当商品期货交易委员会的章程被修订后,它仍然像以前一样继续运作。交易所和期货合约被包括在委员会的监管中,而掉期和远期像往常一样被排除在外。然而,现在政治运动的成分中也加入了商品期货交易委员会,说明整个议题将会变得非常不稳定。

在格拉姆于1992年离开委员会后,威廉姆·阿布尔雷克特(William Albrecht)成为委员会的主席。在商品期货交易委员会换届之际,委员会开始做出令英格利希愤怒的决定,并于1993年5月,委员会成员在农业小组委员会上公布商品期货交易委员会决议的内容,即把一些类型的能源远期条约从它的反欺诈条约中删除。就在几周前,商品期货交易委员会承认失败,免除了掉期市场可能面临的任何管辖。商品期货交易委员会坚持认为,此市场不可能完全被监管,所以免除它们在理论上的束缚会更可行。英格利希并不认可这个做法,他向阿布尔雷克特反馈了自己的想法,说:"我在国会工作了18年,这是我所遇到的最不负责任的决定。"他这句话针对的目标就是主席本人,因为阿布尔雷克特透露,即使他个人支持合约,也未必能达成一致意见并得到通过。

阿布尔雷克特声明,商品期货交易委员会有权在不受外部干扰下做出这样的决定,但英格利希并未因此而息怒。他厉声说:"阿布尔雷克特先生,如果你不能处理欺诈行为,你就没有理由在这里待下去!"他认为,让市场自我监管的想法是非常天真的。在听到最终的结果时,他大叫道:"天哪,究竟什么是商品期货交易委员会啊?"[4]英格利希一直想要激起公众对其观点的兴趣,但都被24席小组委员会成员中只有3席参与激烈的会议讨论的事实打消了。

在1992年的总统竞选中,第三方候选人罗斯·佩罗的竞选演说中包括对掉期市场即将崩溃的预测。他声称,金融系统中大量的掉期违约会拖垮银行,甚至整个金融系统都有可能被拖垮,因而要对掉期市场实行更严格的监管。这种观点显然使事实变得具有戏剧性。如果从事掉期方面的工作人员拒绝履行自己的义务,同时导致一系列大量履行责任的事件发生,那么掉期市场的崩溃将会成为现实。由于已经做出的对掉期市场的估价是在数万亿美元(名义上的数目),罗斯·佩罗的那个论点看起来很站得住脚。几年前,发生了一起备受关注的很不平常的事件。J. P. 摩根为纽约市设计了一套掉期方案,这次交易至少需要获得200个补偿掉期才能最终减轻银行承受的风险。不幸的是,由于罗斯·佩罗竞选没有成功,那个议题也就成了空想。如果在100多年后,对期货的定义仍然含糊不清,那么它仍然将是总统候选人竞选的重要话题。发生在掉期上的问题是可以通过管理解决的,不能由于一些内部金融缺陷具有破坏性,就说西方文化是有风险的。在不远的将来会验证这一假设,其结果在很大程度上会使其中的银行和参与者失望。

1989年,司法部也接受了对芝加哥交易员的诉讼。90年代初,10个交易员在两年前所进行的46次交易中被证明有罪,他们是当初许多骗局和违反《反诈骗腐败组织集团犯罪法》的元凶。在1991年,陪审团做出了针对这10人的有罪裁决,最后除了那些腰缠万贯的人和被判处无期徒刑的人外,其余的都被判处死刑。一个辩护律师描述这次判决的特性为"大屠杀"。对这些交易员来说不幸的是,他们的辩护律师的说法导致了对他们判决的反复,造成了以上的后果。辩护律师承认他们的罪行是真实的,但是认为他们所犯的是微不足道的罪行,因为他们在这些骗局中每笔交易的佣金仅为 25~50 美元。可是陪审团不这么认为。一个陪审团的发言人说:"大多数陪审员指出,如果交易员有意撒谎,那么 1 美分和几百万美元的性质都是一样的。"[5] 并不是所有的交易员都在他们进行的所有交易中被判处有罪,只有当他们犯的是有关政府方面的案子并且引起了市场注意的时候,才会受到审判。

芝加哥期货交易所对大豆交易商所做的犯罪裁决的回应是,雇用罗伯特·博克(Robert Bork)作为交易所的顾问,罗伯特·博克是前最高法庭副总检察长的候选人。这个交易所意在对违反《反诈骗腐败组织集团犯罪法》的判决进行挑战,它声称这次诉讼案是对法律的一次滥用。控告合法的交易员,那么,政府与那些犯罪组织的成员一样,是商品交易者,同时很多法律也是为他们制定的。芝加哥期货交易所决定以交易员代表的身份上诉,这一做法令美国律师非常气愤。

然而,美国联邦调查局与交易所之间的事还是没完没了,在 1991 年,联邦调查局密探试图渗入纽约商品交易所的交易池,企图寻找更多的交易违例事件。与往常一样,交易所没有提前接到通知,这使全国期货协会的罗伯特·威尔姆斯对联邦调查局的目的感到非常疑惑。在了解了联邦调查局的操作过程后,他说:"交易所与政府一样急切地想找出交易中存在的问题。"然而,他不得不承认,政府仍然不能信任交易所的自我监督。他发现一个多世纪来,政府对交易所的怀疑仍然存在,又补充道:"政府目前还不信任交易所自己清扫房子的能力。"[6] 交易所的交易员对联邦调查局的操作感到很愤怒,同时也有他们在各地的同行对政府的控告,其中也有起诉成功的案例,而且芝加哥的交易员也非常同情纽约的交易员。

交易所对联邦调查局的行为的回应是预测出现在交易所中的新"刺",情况就像他们所看到的一样。记得两名芝加哥密探第一次成为交易所的职员时,他们从交易池开始对交易所进行侦查。纽约商品交易所与纽约咖啡、糖和可可交易所的管理人员拒绝了两名探员想成为正式的交易所成员的申请。当在纽约商品交易所的一名交易员发现一名探员装作申请者提出申请时,他揭露了这个探员的行为。这名交易员是在大学时认识那个申请者的,当时那个申请者已经立志成为一名联邦调查局的探员。这根"刺"在从地下钻出来之前就被"拔掉"了。颇有讽刺意味的是,另一名交易员发现,自从纽约商品交易所的普通交易员不再穿鞋面有缝线的皮鞋并且不再炫耀平头时，联邦调查局的探员对交易所的任何活动都进行了侦查，而且已经持续很长一段时间了。

芝加哥发生的这些丑闻改变了期货交易员的工作生活方式。期货交易所开设了个人道德规范培训课程，要求所有交易员参与培训，努力提升自己的人格。自然，这些课程不符合很多交易员支持的正流行的社会达尔文主义。芝加哥期货交易所要求其成员参加课程培训是在1992年。所有的成员，不管他们年龄大小，也不管他们加入交易所的时间长短，都必须学习芝加哥期货交易所开出的课程。课程通常由诊所式法律(clinical-law)教授授课，而不是由道德专家或哲学教授授课，这就表明，交易所认为，讲道德就意味着避开法律困扰。课程通常一次只上两个小时，但大多数成员都不乐意参加。

在20世纪90年代，期货业仍然是芝加哥主要的产业之一，它的重要性就像一个世纪前一样。期货交易所解决了10万人的就业，虽然很多是辅助人员和经纪人。到1995年，芝加哥期货交易所大概有1 400名职员。在21世纪之交时达到1 800名，交易所里有了更多的经纪人、商品银行家和清算所雇员，所有的人都是这个产业的组成部分。然而，在芝加哥期货交易所各等级的人员中，女性比较少。1 400名职员中只有53名女性，但在芝加哥商业交易所的情况好一些，2 725名职员中有245名女性。在交易池，虽然能赚钱，但仍未能吸引很多的女性整天卷着袖子、挤在一堆男士中来赚钱谋生。

了解你的客户

尽管对市场有各种夸张的说法，也有对即将来临的市场崩溃的恐惧，但衍生品市场在哈默史密斯和富乐姆灾难的冲击下显得相对稳定一些。虽然如此，人们对市场的猜疑开始增加，市场遭受严重挫折只是一个时间问题，如果那样的话就会将监管者吸引到掉期中，甚至可能还包括期货市场，这是以前从未有过的。庞大的场外交易市场——掉期市场——看起来正准备应对这样一个问题，即它是一个真正没有任何监管者管制的国际市场。但是，这个市场处于不显眼的位置。金融世界里的很多人几乎不知道它的存在。

掉期市场表面上看起来甚至比外汇市场更加正规。虽然市场庞大，但是没有在金融类报纸上正式报道过。即使在金融类报纸上有正规的报道，它也应该是金融市场中最令人迷惑的产品。虽然几年来有很多颇具实践性的书籍出现，为门外汉解释股票和债券的报价和图表，但是还没有涉及掉期的书。要是没人抓住这个机会，这块空间也就被浪费了。一直到1994年，掉期和其他衍生品的设计看起来与华尔街和拉萨尔街还有一步之遥。

1994年发生的事件使掉期看起来即将崩溃了，从20世纪80年代起，很多公司使用银行设计的衍生品来管理他们的资产和负债。如果这种方法使用得当，掉期和掉期期权的组合就能帮助公司减少利率和通货膨胀对公司财务的影响。当时，银行业很快就采取了华尔街实行的政策，也就是说，不只是简单地给公司提供贷款，很多大商业银行的业务变成了以处理交易为主。银行也想帮助他们的客户进行更多的交易操作，试图从交易中获得一些费用，这比贷款获得的利润更多。与传统的小投资银行相比，大商业银行有相当大的优势，因为它们大多有更高的信用评级。由于掉期交易需要涉及公司财务，银行也是如此，了解客户的财务状况和高信用评级对银行是有利的。但是没人认为，银行会因利用客户的经验不足或者幼稚进行不适合他的交易而受到指控。

在衍生品市场发生巨额损失后，宝洁公司于1994年提出对美国信孚银行股份有限公司（Bankers Trust Co.）的诉讼。宝洁公司的指控是，一些在美国信孚银行股份有限公司的建议下进行的衍生品交易被认为是不合格的，造成了估计有1.02亿美元的损失。一家消费品公司也不甘寂寞，吉布森（Gibson）贺卡公司也提出一份针对美国信孚银行的类似的控诉。另一家航空产品及化学品公司也声明，由于采用信孚银行的策略和建议而造成了损失。其他公司也发表了遭受损失的声明，由此使得纽约银行因对客户账户的不合理交易而受到公众的关注。

当公司的损失首次被公布时，大多数有见识的银行家和交易员认为，这些潜在诉讼并没什么威胁，只是损失了钱的公司发发牢骚而已。大多数公司的财务经理都足够精明，懂得衍生品交易的风险，且如果他们出错的话，不能怪任何人，只能怪自己。衍生品应该用于资产以及债务的对冲，这两者容易受利率变化的攻击，所以若遭受了损失，就表明他们采用了投机的方法。"不是那样的。"吉布森贺卡公司和宝洁公司声称，它们认为是信孚银行误导了它们，它们被迫采取法律诉讼的形式解决。

吉布森贺卡公司在1994年9月提出诉讼，为它2 300万美元的损失索求赔偿金。该公司声称，美国信孚银行未给它提供关于发生风险的足够信息。宝洁公司非常关注这个案子，因为它们遭受损失的时间差不多是在同一时期。两家公司都因联邦政府在1994年初控制利率上升而遭受了损失，对于政府的这次变动，大部分市场疏于防范。宝洁公司主席称："衍生品是危险的，我们已经受到了很大的伤害。我们不会再让这种事件发生了。"又称："公司正认真考虑与信孚银行通过法律途径来解决问题。"[7] 信孚银行方面声称，宝洁公司的很多衍生品交易已经为公司获取了利益，并且否定了吉布森贺卡公司提出的被误导的说法，银行方面还声称在宝洁公司遭受损失前，它已经正式告知后者要处理好其头寸，但是宝洁公司的"高管拒绝了这些建议"。

后来的一些新发现改变了宝洁公司诉讼案的复杂形势。大多数银行的交易处都包含一个很普通的程序，即录下交易员和客户的所有对话，以保护客户和银行。当吉布森贺卡公司提出对信孚银行的诉讼时，那些录音带作为证据被提供出来。总共有6 000多盒录音带，最后成为案子的组成部分。律师们在听录音带时发现，从声音上听，银行交易员对待客户的态度是很不尊重人的，这证明了公司对交易的谴责是合理的。

银行通过从掉期交易中交易双方买卖报价差额获得利益。交易差额是通过整个市场环境和客户认为的风险来计算的。很多盒录音带都显示信孚银行的交易员忽视了客户的需要，很明显地，交易员看起来只是为银行和他们自己而进行交易。在1993年12月2日的录音里，银行的两名雇员正在讨论银行刚为宝洁公司完成的衍生品交易。其中一个对另一个说："他们永远也不会知道可以从中获得多少钱，因为那是信孚银行的责任。"另一个肯定地补充道："他们不可能知道，绝不可能，绝不可能！"[8] 他们谈论的是交易员在交易中由于价差而获得的利润数额。因为交易非常复杂，这使得宝洁公司的职员完全不知道银行的获利额是多少。

银行制造的不公平的交易差额不仅仅是所揭露的唯一问题。还有一次，录音里听到两名银行雇员在讨论一个客户在某笔交易中的损失。其中一个雇员对另一个说："垫上的数目有点多。"另一回答道："静静地引诱人们，然后，对他们……"[9] 不幸的是，银行的客户得知这一情况后很不开心。银行声称，其中的很多录音并不表示什么，只是交易员发泄过多的精力，或者夸耀自己交易的成功。然而对于银行在法律控诉中的恶劣行为，外界都有看法。银行作为主要的衍生品交易商的声誉受到了玷污。

由于那些录音带,除对银行欺骗公司并隐瞒事实进行控诉之外,宝洁公司又提出对银行违反《反诈骗腐败组织集团犯罪法》的控诉。尽管银行刚开始时反对吉布森贺卡公司和宝洁公司的指控,后来还是开除了案子里的几个雇员,对相关的另一些雇员进行了重新安排。大多数对银行的指控发表了声明的公司,与银行在法庭之外解决了问题。信孚银行同意给吉布森贺卡公司1 400万美元的赔偿,也为其他控诉声明者提供了总共大约7 000万美元的补偿。起初,信孚银行的前景看起来很暗淡,特别是在录音带曝光后。然而一名法官认为,其实信孚银行的问题并不严重。1996年,信孚银行在宝洁公司提出的诉讼中获得两次胜利,而且一家消费产品公司在这个过程中撤销了对信孚银行违反《反诈骗腐败组织集团犯罪法》的诉讼。但是,在随后的一篇报道中,作者强调信孚银行在它的交易者中遭受了信任危机,这份报纸的订购者中有好几家是监管机构——商品期货交易委员会、联邦调查局、证券交易委员会和纽约州银行局。报道是由前美国司法部长本杰明·西维莱蒂(Benjamin Civiletti)和前纽约州银行监理专员德里克·卡夫(Derrick Cephas)撰写的,他们批评信孚银行没有坚持对交易员严格要求和管制,很多交易员被描述为:"目的很好,但是对他们的位置缺乏经验,有不足之处。一些人贪财且为获得更多的个人利益会采取不正当的行为。"一名交易员"使用数学工具为杠杆性衍生品发明了一套公式,这套公式能隐瞒包含在产品中的举债经营的金额"。[10] 报道也批评了银行的前董事长和前主席,虽然他们已经离开工作岗位。信孚银行在这些事件中遭受了流血一般的疼痛,但它并没有此而屈服,反而发现了衍生品交易有利也有弊的事实。

有毒废物

到20世纪90年代,掉期交易的流行趋势已经很明朗了。将流动的现金兑换成掉期的能力已被证明是一个很有价值的公司管理工具,并且这个工具已经被广泛使用。掉期交易的流行也吸引了很多新的掉期交易员,他们将这个快速增长的市场看作取得高工资和高奖金的途径,交易员工资和奖金的高低取决于客户的交易方式。信孚银行已经证明了,贪婪的交易员会引起大范围的金融损失,但是对接下来的事件来说,这只是小菜一碟罢了。

哈默史密斯和富乐姆并不是唯一卷入掉期市场的市政当局。很多美国市政当局也频繁使用这个市场来提高它们的现金流。大的市政当局允许小的市政当局通过掉期联盟来加入它们的投资组合。小的市政当局能购买其中的一小部分掉期，大的市政当局从中赚取费用，而这些小的市政当局为自己的行为承担风险。当时存在好几个大规模的衍生品交易池。其中，奥伦奇县联合投资组织（Orange County Investment Pool，简称OCIP）是最大的联合投资组织之一，它是由加利福尼亚州的奥伦奇县政府操作的，位于洛杉矶南部的一片富裕的土地上。

不管用什么标准衡量，奥伦奇县的经济实力都很发达。它在1993年创造了国内生产总值740亿美元，比葡萄牙、以色列或者新加坡的都要多。它是世界上排名第30位的经济体。[11]它是一个强大的美国共和党行政区——这个事实在新闻里重复报道了很多遍，且一直困扰着奥伦奇县联合投资组织，根源在于，当地的人们不认为政府势力是强大的，且又对市政服务有严格的要求和荒谬的需求。从这个方面来说，奥伦奇县除了本身是最富裕的县外，与其他很多加利福尼亚州的县没有什么不同。

县政府的中心人物是罗伯特·西春（Robert Citron），一名69岁的县政府财务总管，已经担任这个职务25年多。他在选举中从未遇到过对手，直到最后一次。西春是一个地道的加利福尼亚人，曾经上过几年大学，退学后加入了当地政府，他在那里度过了自己的职业生涯。西春不像很多其他的交易员和衍生品最终使用者那样过着浮华的生活，或者认为他们自己是国际性的重要人物，西春是一个普通的中产阶级郊区居民，他似乎从来不会从自己为县政府创造的百万财富中获取个人利益。然而，西春平静的外表掩盖了他夸大自己金融才智的内心。

20世纪90年代初，他开始了一系列激进的投资，使用的是县政府从政府资金里借出来的钱。西春被证明是一个股票交易的好客户。他购买了几百万美元的5年到期的政府公债。在一次特殊的交易中，美林证券为学生贷款营销协会（Sallie Mae）——学生贷款担保机构——发行价值6亿美元的债券。奥伦奇县购买了所有的债券，优先购买价比票面价值高一点。当最后的市场发行量公布时，彭博金融服务（Bloomberg Financial Services）计算出，实际价格低了整整4个百分点。西春为这次认购付的钱太多了，而美林证券能从这次交易中获得200万～600万美元。[12]华尔街的评论强烈地怀疑，西春已经被高价的政府公债"塞满"了。

西春的投资政策并没有就此结束，恰恰相反，这才刚刚开始。西春借了钱来填补证券的亏损,又组织投资衍生品投资组合。他这么做又能使自己控制的投资金额增加3倍。这是一个聪明的策略,因为对衍生品的单独投资已经被禁止了,但是将它们和证券绑定的策略看起来是可行的。不幸的是,这个策略不是一次投资,而是一场赌博。采用这个策略,他自己的风险不仅没有减少,反而增加了3倍。

从表面上看,西春是一个金融奇才,但实际情况并不是这样。当被问及有价证券方面的问题,他通常看起来很自信,但又对问题感到迷惑。关于有价证券的组成和表现等方面的问题,他发表看法时通常是语无伦次的个人独白。他给县里的管理者留下的印象是,他不仅不是天才,而且对自己所管理的东西也不知晓。只要这种证券继续创造额外的回报,西春的职位就是稳定的而且也没有人会去管他,所以他能安全地占据他的办公室。而投资的真正幕后操作者则另有他人。

帮助西春组织这次交易的主要投资组合银行家是美林证券在旧金山的办事处。其经纪人迈克尔·斯特姆森(Michael Stamenson)为奥伦奇县组织了大部分的交易。这次悬而未决的灾难并不是第一个将经纪人卷入的。10年之前,美林证券是加利福尼亚政府的桑·乔斯(San Jose)的经纪人,政府在疯狂进行掉期和衍生品投资时也组织了一个衍生品投资组合。1984年,桑·乔斯采用一个与奥伦奇县所采用的类似的杠杆策略来回购以扭转形势,但损失了6 000万美元——奥伦奇县同样也将遭殃。[13]两个县都购买了大量的政府债券,然后为获取现金,又反过来将债券临时出售给证券交易者,并订好协议在一段时间后以预定价格买回。这种形式的杠杆调节行为只在银行的利率下降或维持在稳定状态时起作用,因为只有这样,交易者才会乐意以债券为抵押品贷款给政府。

西春将衍生品的投资组合加入债券中,使其拥有了巨大的价值,估计包含200亿美元的价值。奥伦奇县不是加入联合投资组织的唯一一个当地投资者。事实上,它的投资只占总投资组合的大约37%。还有很多其他的投资者,包括当地的学校管区、交通机关、县卫生和用水管区,总共有200多个当地机构参加了联合投资组织的投资。表面上看来,这么多的投资者能使这个基金池的所有者充分多样化。但问题是,基金来源于很多小机构的投资,由此任何失误或严重的损失都有可能使它们背负严重的后果。

这种投资组合与欧洲美元利率——特别是伦敦银行间贷款利率(London

Interbank Offered Rate,简称 LIBOR）——的计算方式密切相关。[14] 这是为浮动利率债券和票据定价的标准方法。在制定周期性改变的利率时,将伦敦银行间贷款利率作为参考利率,并在其基础上加一定的百分比。由于欧洲美元利率经常浮动,如果以这种计算公式支付利息,对借款人是有风险的,因为在正常的贷款期内每年它要变动两次。奥伦奇县受到短期利率浮动的影响,但是它的敞口更加复杂。上述类型的支付敞口受到浮动利率的影响。然而,奥伦奇县采取更进一步的措施,安排了"消极浮动利率"敞口。

大多数联合投资组织的投资组合基于 15 或 10 伦敦银行间贷款利率的计算方式,意味着从中获取的利润是 15％或 10％减去欧洲美元利率或欧洲美元利率的 2 倍。因此,10 减去利率意味着,敞口为 10％减去利率；15 减去利率则通常意味着,敞口为 15％减去 2 倍的欧洲美元利率。在每种情况中,这个公式都被设计成,当短期利率上升时,投资者的敞口与其正常情况下的相反。如果不使用这个计算公式,欧洲美元利率的上升将意味着支付利息所用的利率下降,在掉期中意味着支付购买者会受益,但是卖出者会遭受损失。

当利率处于低谷时,投资组合中的收益率就会提高。当时的市场利率仅为 4％～5％左右,收益率有时能达到 8％。然而,当联邦储备委员会在 1994 年上调了利率后,整个形势就发生了变化,这种变化与市场预期相违背。很多投资组合采用与伦敦银行间贷款利率变化方向相反的计算方式,并以此作为获得支付的基础。短期利率的上升开始于 1994 年冬天,造成投资组合的利润减少了,且最后导致奥伦奇县期望高回报的厄运。奥伦奇县公布破产之前,利润已经跌至 5％～6％左右。在这种利润率水平上,对投资组合承担的短期风险来说,利润还是太低了。一名政府分析师说："这很荒谬……这帮人为了蝇头小利而'套利'。"这就是他对于债券/衍生品套利交易产生低利润所发表的看法。[15]

奥伦奇县联合投资组织的内部情况并不是大家都知道的,但是对这些实际情况了解的人都为它承担着提高利息率的风险而感到惊慌。1994 年,西春在他最后一次选举中遇到对手时说,联合投资组织是"一个要在熊市中赌一把会出现大牛市……当地政府已经结构化投资组合……在这个前提下,利息率将会继续下降"。[16] 从他对投资风险的不完整认识方面来说,这番夸张的话是他说得最好的一次。然而,加利福尼亚州的政治给县政府带来了好运,由此获得了很多意外的利润。在 1978 年,州议会通过了第 13 条提议,情况看起来就像当时全国有一些地方反对提高税收时一样。只是这次换成了对税率本来就很高的财产税的控制。因为法律限制了财产税的增长，国家收入减少的部分就从其他方面补偿，像奥伦奇县联合投资组织这样的投资组织填补了这笔空缺。无论西春个人有多少衍生品金融知识，损失的钱就是钱，他没什么可以解释的。

市政当局的另一个问题是，在1986年的《税收改革法》里，很多都规定消除套利，套利是市政当局在发行自己的证券和购买无税收（对他们来说）的美国国债时曾经拥有的权利。法律规定出来后，市政当局必须找到更多不是国债的外来种类的套利。衍生品交易池是一种可行的替代方案，尽管它肯定会承担比国债更大的风险。在原来的政策下，市政当局借钱投资在无税收的国债上，从卖出的差额中获利。通常，国债都有一个第三方政府机构做担保，保持息票的低利息。套利则由另一个第三方政府机构做担保，直到最后国会填上了这个漏洞。衍生品策略采用了相同的思想，国债的市场增长能带来衍生品价值的增加，但不同的是，这种方法所起的是杠杆作用，购买衍生品不同于购买机构债券，前者将会产生高利润，因此也避免了一些潜在的法律问题。

奥伦奇县的财富很明显是建立在衍生品的基础上的。逆向浮动产品并不是投资组合中唯一的奇异工具。你能够发现一批其他的奇怪而精彩的组合，组合的内容包括合成工具（如零息债券）、掉期（使用外国短期利息率）和回购协议。这些工具都是市场使用的标准工具，但是如果将它们组合在一起，产生的结果会让人迷惑且经常是出人意料的。举个例子，当联邦储备委员会提高短期利率时，回购利率以及一些外国利率会提高，而零息债券的价值则下跌很多。业余的观察者看起来是很合适的投资组合，在专业观察者的眼里就像一颗定时炸弹一样危险。当奥伦奇县联合投资组织的利润确实快速下降时，了解其所处形势的人中没有一个会感到惊讶。

1994年秋，当利率提高时，奥伦奇县的问题就开始表面化了。在西春的协助推动下，奥伦奇县聘请了一家咨询公司来评估其投资组合，这家公司调查了奥伦奇县联合投资组织。11月份时发现利率上调已经导致奥伦奇县联合投资组织产生15亿美元的理论损失，潜在的资金流问题的爆发也已经不远了。接着在12月1日，奥伦奇县在新闻发布会上正式承认了自己的损失，华尔街的氛围开始变得非常紧张。如果奥伦奇县必须宣布破产，这将是美国多年来第一起由一个客户引起的真实的金融衍生品大败局。

奥伦奇县立即着手采取措施解决问题。在会议上，奥伦奇县公布了它不曾预料到的损失。官方试图在这种让人绝望的情形下显示出聪明的样子，其中部分原因是想稳定华尔街。在此会议及接下来的会议上，西春的助手马特·拉贝(Matt Raabe)代替他作为财务办公室的发言人。起初，他们设法以损失是暂时的为由而轻轻掠过。拉贝说："这些只是理论上的损失。"西春自己则放出风声说，他将如何像一个金融天才一样创造出现金和高利润。作为个人，他也采取了自卫的措施，在声明发出后没几天，他对记者说："从任何方面看看，我没有做不负责任的事。"[17]从技术上看，他似乎是对的，但是很快大祸就要降临了。

现在很多与奥伦奇县交易的华尔街机构想得到对它们损失的补偿或索回它们的有价证券。它们快速退出了这种不好的形势，使得奥伦奇县理论上的损失转化为实际的损失。投资组合必须得到清算以满足这些机构的要求，因此，奥伦奇县聘请了所罗门兄弟投资银行来设计最佳的退出策略。当事情平息后，奥伦奇县的损失总计达17亿美元。虽然投资银行明显急于从中解脱出来，但是抽身的时机不对。在年末，信用市场的形势促使了国债价格的下降。如果奥伦奇县清算的时间延期6个月，大概可以减少10亿美元的损失。[18]然而就像奥伦奇县所发现的一样，其债权人的想法中没有6个月的时间框架。他们只想立即进行清算，而且他们有权利这么做。坏时机使交易池遭受着折磨直到最后结束。

西春在发表个人声明后辞职了，奥伦奇县的主要银行家聚集起来清理他留下的混乱局面。围绕着奥伦奇县的其他联合投资组织被详细审查，很多组织不久后宣布自己的投资组合存在的问题，虽然相对奥伦奇县来说数额较少些。很多银行家坚持对投资组合进行清算，这样就能用来偿还奥伦奇县的贷款。在奥伦奇县方面，对外宣布自己已破产，这么做是因为它无法在遭受严重损失后承担自己的债务。这是历史记录中的最大的县财政破产事件，这次事件也抑制了对奇异金融工具的使用。

一个星期内，奥伦奇县对它主要的衍生品提供者美林证券提出了诉讼。奥伦奇县声称，美林证券建议的投资组合不符合市政当局的要求，并向其索赔24亿美元。这个论点的主要部分是，这种投资组合不适合奥伦奇县，甚至事实上它们是不合法的。这种超越权限的说法和几年前哈默史密斯和富乐姆的说法类似。奥伦奇县声称，由于几年来的良好财富积累，才避免了市政债务超过它一年的收入。[19]除了哈默史密斯和富乐姆事件，还有一起与此事件相同的案例发生在美国。1987年,一个西弗吉尼亚联合投资组织也宣布,在衍生品投资组合中遭受了3亿美元的损失,这么多的损失是由当时的"利率上调"引起的。西弗吉尼亚起诉了它的经纪人,其中也包括美林证券,其他好几家投资银行的问题则在法庭外解决。然而,为联合投资组织提供指导的投资银行家之一摩根士丹利提出对此诉讼的异议。一家低级法院起初判决"超越权限"的辩护是合适的,且最后判决经纪人在投资的适当性方面误导了市政府。

奥伦奇县的破产导致市政服务严重缩减,直到它的财政梳理清楚,情况才有所改善。当时街道上堆满垃圾,其他的市政社会服务急剧减少,这让人们一时无法习惯突如其来的各种不幸。对美林证券的诉讼结果在最终给出判决前持续了好几年。虽然奥伦奇县是当时最值得纪念的衍生品惨败案件,但它并不是唯一的一个。很多其他公司也发生衍生品崩溃,说明县政府财务总管并不是唯一被他们复杂的投资组合所迷惑的。在远离南加利福尼亚州的阳光明媚的边界地区,也宣布了一个较小的但很重要的损失。

在奥伦奇县的声明发出两天之后,缅因州的一个城市奥本(Auburn)的管理者也宣布了在衍生品市场的损失,损失数额占这个城市基金的40%以上。这个城市有1 600万美元的投资组合,其中遭受大概650万美元的损失,原因与降临在西春身上的那次一样,是由利率上升引起的。但是,奥本这个城市与奥伦奇县并不是由完全相同的联盟组成。这个城市有24 000位居民和4 400万美元的年预算,然而这次的损失对它来说仍然是惨重的。城市的管理者对破产声明甚至有更多的干扰,衍生品投资组合从未透露给市议会,所以损失来得十分震惊和突然。奥本在有关损失的报道中承认,"这次的问题是由于缺乏长远眼光和不合格的投资策略所导致的",并进一步说,"部分问题是由于在1993年前我们从来没有以这种方式投资,并且在那时市场已经发生了改变"。[20] 这次陈述的反应比奥伦奇县的要让管理者轻松很多,但是奥本的策略是相似的:计划起诉它的投资银行家。不幸的是,那时它还不清楚它所有的投资银行家。

几年来,这次惨败的连带结果一直徘徊在南加利福尼亚州及其市场。担忧也在各个县蔓延,它们害怕像缅因州的奥本一样,突发事件在令人预料不到的地方被发现。克利夫兰的《诚实商人报》(*Plain Dealer*)在分析衍生品和西春的问题时,总结了很多感想。这家报纸说:"罗伯特·西春导致了金融失常……由于他极其渴望华尔街的'旋律',因而被委员会煽动,从他的行动看,他就像一个拿储蓄和贷款进行投资的赌徒,而不是一个谨慎的纳税人金钱的管理员。"[21]

监控者和法庭对这件事的看法也是一样。在惨败后,西春在州议员面前以及对他的助手拉贝的审讯中发表多次声明。他自从当上财务总管,就完全改变了自己的主张。受挫的经历使他不再将自己描绘成另一个90年代的控制者,而是美林证券的一个失败的受害者。无论他是否重要,他还是不明白衍生品金融的复杂性,留给人的印象是他太老了,以至于无法估计他造成的问题的严重性。就像西春在他与县政府监督者的告别监事会议上所承认的:"我不了解你们,但是,我真希望我过去就已经听说过你们多一点、疑问多一点、信任少一点。"[22]然而,谦卑对他没有任何帮助,因为西春和拉贝都因他们的有价证券行为而被判处短期监禁。美林证券为在法庭外解决此事赔付了4.37亿美元。当奥伦奇县的最后账目出来后,因为美林证券和其他人支付了一部分,它的资金损失并不多,很多原先的交易损失都得到了补偿。整个事件确实唤醒了沉睡的地方性市政金融,也将帮助市政当局对其财务总管和投资管理者进行更多的监督。

博得满堂彩

由于市场多年的发展,大多数银行和市、县政府的财务总管都很精通风险管理技术,并且知道如何限制其敞口。当衍生品组合伴随着强制销售技术时,问题就产生了,交易者和销售员对他们的圣诞节奖金比满足客户的需要更加有兴趣,这又促使问题进一步升级。大多数衍生品专家都是银行家或者交易者,他们精通交易中使用的工具,并在银行和经纪业的企业学习培训课程,很多课程都要求参加培训的人具有工商管理硕士学位。有点不相称的是,这10年中有两起著名的投资惨败是由个人引起的,他们有损于20世纪90年代的交易者的形象。他们中一个是罗伯特·西春,另一个是在遥远的一家颇受尊敬的英国商业银行的办公室里的交易新手。

在善于交际的英国商人银行里,巴林银行(Baring Brothers)显然是最有名和拥有关系最多的银行。自从1763年建立以来,它的成员里既有英国贵族的银行家,也有后来成为贵族的银行家,有属于国王的银行家,也有最为显要的英国公司的银行家。在19世纪期间,它也是美国资金的一个主要提供者,美国资金十分依赖英国的投资。1890年,该银行伤筋动骨,它在一系列南美债券损失中几乎破产,必须由英格兰银行和其他商人银行来挽救。在第二次世界大战后,该银行在国际场合很少露面,但是仍被看作伦敦城的宝石,特别是由于它的业务。然而,这样的银行也无法毫发无损地度过20世纪。

据我们所知,伦敦城作为英国的金融区,已经相对地被华尔街标准征服。很多商人银行(投资银行,也从事存款业务)很小,它们的声望是建立在多年来的信誉上的。不像在华尔街的同行,它们不是交易导向的。如果一个客户需要进行股票交易,他将聘用传统的股票经纪人而不是投资银行家。英国有很多与美国相似的有价证券服务,在美国被认为是理所当然可以采用的,而在英国则会夭折,经纪人、贴现(货币市场)行和商人银行都使用它们传统的有价证券或银行服务,很少会努力去综合使用这些工具。到20世纪80年代中期,导向发生了很大的变化。

1986年,议会两院通过了《金融服务法》(Financial Services Act)——可以更形象地称为"大爆炸"。立法机关熟练地大笔一挥,使得英国的金融服务部门一夜间发生了变革。很多以前的法规被删除了,如今的交易与传统的银行业务同样重要,企业的金融建议都是由商人银行提出的。早已预期到这次变革的外国公司——包括美国的和日本的公司——已经进入伦敦好几年了,它们准备与英国经纪人和商人银行进行竞争。"大爆炸"促使很多英国机构快速适应新的环境,因为它们担心会被外国公司夺去生意。甚至巴林银行也增加了交易业务来应对挑战,该业务曾经被传统商人银行所谴责。

增加交易业务也意味着巴林银行和其他已成立的商人银行需要增加债券交易员。在英国,债券交易员是从伦敦"非常无知的"阶层中来的。这些交易员不需要具有大学学历且不用进公立学校——在美国实际上指私立中学。他们中的大多数人来自工人阶级或中低阶层,形成了明显不同于银行管理层和好的经纪业公司的一个群体。但是在"大爆炸"结束后,很多交易员发现他们自己有很大的市场,金融机构拼命寻找员工来填补由"大爆炸"造成的职位空缺。

让一个交易员开始工作的标准方式是让他(在这个阶层工作的几乎从来没有女性)在银行或经纪业公司的后台办公室做账目结算。熟悉结算的流程也包括培养对工作应有的基本忠诚,其中更有抱负和有能力的人将会得到交易员的位置。这些工作是不需要特殊教育的,只需具有一般的常识和长时间工作的牺牲精神。在专业技术方面,一个交易员应精通交易技术、结算过程和基本的有价证券法规，并能将这些应用于交易中，懂得什么该做、什么不该做。他们不像美国的期货交易同行和那些在场外交易市场的衍生品市场的同行，这些交易者相对来说教育程度较低但足够幸运，能看到银行和公司的资产负债表。他们看起来更像20世纪20年代的芝加哥交易员，而不是20世纪80年代的池内交易员。

像西春这样的时代错误在20世纪80～90年代的市场中是很普遍的，因为只有当交易方式引发金融问题时，人们才能了解它的真相。实际情况就是，它们都有很多相同点，只是在意义上有所不同，这次发生在巴林银行。这个银行雇用了22岁的交易员尼克·利森(Nick Leeson)。他曾经花了几年时间在一家英国银行里学习交易知识，之后在伦敦的摩根士丹利银行学习，两次都是在结算部门学习。巴林银行正在努力尽快在一些职位上补充一些经验丰富的人，由于它违反了基本的银行业务原则，最终将会导致它自身的衰败。同样地，在"大爆炸"后发展起来但因为环境高速变化而训练不佳的交易员也成了时代错误。

巴林银行雇用利森为他们伦敦的职员，在衍生品部门担任结算员。利森为结算员填写的账单完美无缺。他是一个"中途辍学者"，意思是，他在中学进入英国大学的入学考试中考得不够好。因此，他转而去伦敦寻找工作，且在顾资银行(Coutts)找到了自己的职位，顾资银行是一家私人银行，以其皇室的银行家而著名。在那里工作了两年后，他在摩根士丹利找到了另一份银行结算的工作，在那里他学习了衍生品结算——大多数是期权和期货方面的。不像摩根士丹利，巴林银行的国际管理能力薄弱，且它的衍生品交易处于混乱的状态。但巴林银行事后才明白，它不应该让利森进行交易，因为利森由于没能还清个人债务，而且有好几起长期悬而未决的法律诉讼在身。然而，在快速变化的伦敦金融世界里，这些诉讼已经被其"经验"所掩盖。

利森在开始分派的任务中表现很好，而且最终被分配到巴林银行在新加坡新开设的办公室工作。巴林银行在这个新加坡办公室进行期货和期权的交易，主要的交易对象是日本的亚洲衍生品交易所和新加坡本地的交易所。新加坡国际货币期货交易所(Singapore International Monetary Exchange, SIMEX)是新加坡的主要交易所。它成立于1984年，交易采用芝加哥商品交易所使用的公开叫价的方式。事实上，新加坡国际货币期货交易所在很多方面都是参考芝加哥商品交易所，因为对于同新加坡国际货币期货交易所种类相似的合约，芝加哥商品交易所有足够的能力进行交易。新加坡的主要合约基于日经225指数(NIKKEI

225)——代表日本股票市场的指数。就像利奥·梅拉米德所说的："直到新加坡国际货币期货交易所开始进行日经 225 指数期货合约的交易，公平投资的一个重要因素消失了：不存在什么工具使投资组合管理者能够有效率且有效果地防止日本股票大规模的投资组合的风险。"[23] 在为外来的投资者打开日本市场方面，芝加哥商品交易所将与新加坡国际货币期货交易所的联系视为一件值得骄傲的事情，但是市场指数的泡沫将证明巴林银行最终会失败。

当利森加入 1992 年在新加坡刚成立的分支行，他承认自己对所担任的职务缺乏经验，因为在这个职位上他有很大的自主权。然而，他像一名好职员一样完成了账单的填写，而且他是巴林银行的职员之一，已经从银行现有的衍生品职员那里接受了最新的培训。然而，银行的纵容导致他最后犯了期货市场里最严重的罪行。利森起初被指派作为一名结算专家，他当时就申请了经纪人的证书，允许他在新加坡国际货币期货交易所进行交易。在传统操作上，进行交易和取消交易是两项独立的活动，目的是为了防止交易员修改交易记录。但是，这种安全措施没有传承下来，而且利森发现自己所在的岗位是唯一拥有核算自己市场交易的权力的岗位。几乎从一开始，他所在的这个舞台就是为欺骗性的活动而设立的，如果这个年轻的交易员脑子里是这么想的话。

当利森被安排进入在新加坡的新职位工作时，巴林银行正因在证券分支行遭受的损失而陷入危机，且正在对人事和报告这两条线做大规模的调整和改变。这是因为它也乐于享受与监管者英格兰银行的惬意关系，并且发现了一些将有价证券交易从传统银行业务中分离出来的方法，减轻了它在资本需求上的压力。通过采用灵活的策略，巴林银行就能欺骗它的监管者，使监管者认为它有足够的资本，但事实上，考虑到其市场行为，它的资本金少得惊人。这将会使巴林银行变得很脆弱，如果资本金下降到被怀疑的程度，它就有可能面临令人悲痛的剧变。

利森开始作为一名交易员在新加坡国际货币期货交易所证券交易池进行期货和期权交易，他可以对各种各样的账目，通过输入"88888"来取消交易损失。在大多数情况下，他是用自己在巴林银行的账户进行私人交易的，因为他所进行的交易中包括套利交易。利森经常在市场上损失惨重，但是每当这个时候，他都会设法让账户看起来是盈利的。通过登记自己编造的交易，并经常改变账户收支，他使自己看起来像是巴林银行里最精明能干的交易员之一，同时也让伦敦高级管理层对他很满意。新加坡和日本大阪是东亚大部分期货和期权进行交易的地方,那里比利森的经验更加丰富的证券交易池交易员都感到很吃惊:一个相对交易池而言的新手,怎么能够完成那些事呢? 直到1994年3月,银行的管理层正式认识到利森作为一名合格交易员在职务上存在的问题,此时他账户上的损失已经超过了5 000万英镑。[24]伦敦巴林银行的管理层开始限制他的交易,但是这样做已经太迟了。尽管有利森表面上的成功和总行对新分行的资助,巴林银行还是没能控制住利森的行为。有证据显示,银行的管理层对他们业务的性质也没有完全理解。新加坡国际货币期货交易所的交易环境对它的监控者来说是陌生的。在一次去新加坡的视察中,伦敦的管理者中有一人承认说:"从我进入新加坡国际货币期货交易所交易池的那一分钟起,我就清楚地知道,不用说我了,对每个人来说,发生在眼前的事情……或者是,信息的流程是怎样的,要对它们做出有价值的判断都是很困难的。你必须信任待在里面的人和参加交易的人。"关于此过程中利森的双重角色问题,在1994年他们也有过类似的质疑,但是仍然没有采取任何措施。另一个在伦敦的利森的上级承认说:"当没有证据表明尼克·利森确实滥用了他的职权时,想要采取措施的话,就需要进一步调查。"[25]这名年轻交易员执行的双重权力虽然仍会对管理构成干扰,但是还不足以让他们采取什么行动。尼克·利森创造的表面利润缓解了他们对此的怀疑。

围绕着对利森交易能力的个人怀疑,很多被证明是正确的。他继续着交易,然而损失的数额最终达到了很可观的数量。很多他交易的衍生品是基于日本的市场指数,很多指数在这个年代初期达到了历史最高点,后来就一直在走下坡路。在1995年初,当损失继续增加而变得实在难以掩盖的时候,事情开始清晰起来。在1月份,他报告说从套利交易中获得了500万英镑的利润,而事实上,他的损失已经达到了5 000万英镑。[26]当新加坡国际货币期货交易所的审计者开始审核他的账户时,局势变得紧张起来了。当日经指数继续下降时,他的账户甚至很真实地显示他的一笔利润在缩水。有一次,他的一个交易账户包括了在日经指数上的65 000份期权,这相当于价值18亿英镑的标的股票。[27]总部办公室也参与到调查中来了,而在利森认为自己无法再承受这些压力时,最终在1995年2月24日辞职了。巴林银行认识到这里面有问题,但是当时问题的严重程度还不明了。这名交易员很快就从他们的视野中消失了,留下银行来背负由于它自身无能而造成的包袱,询问:"损失有多严重?"

第七章
商业欺诈者众生相

英格兰银行收到了巴林银行发出的银行破产通知,彼得·巴林是此银行家族中的一员,也是公司的高级管理人之一。英格兰银行在收到通知之后,组织了一个包括英国的商业银行、投资银行和商人银行在内的首席执行官的委员会,试图找出一个解决方法来应对即将到来的灾难。像它所看到的一样,委员会发现了利森的交易弱点及损失程度。起初损失数额看起来超过了4亿英镑,已经损失了银行的所有资本金。英格兰银行和银行家们都不想提供公共资金来为这家脆弱的机构提供担保。这个委员会试图给巴林银行提供贷款的努力也失败了。最后,该银行被卖给了荷兰的ING保险集团,现在,它作为ING的金融服务公司在运作。一个人在没有任何外界帮助的情况下弄垮了一家银行,尽管这听起来在当时几乎是无法理解的一件事,但损失还是发生了。当事情最后平息下来后,总计损失远远超过8亿英镑,大概有13亿英镑左右。

利森和妻子一起逃离新加坡,坐飞机去了德国法兰克福,并试图到英国去,因为他担心会受到新加坡法律的制裁。在到达法兰克福时,他被捕了,并且被引渡到新加坡。他因欺骗审计员和新加坡国际货币期货交易所的罪名被判刑6年,在新加坡的监狱里服刑。在被判刑后不久,他写了一份书面报告,历数了他编造的不同版本的交易故事。在他刑满释放后,他回到了英国。关于他的职位权力巨大,以及以编造的价格在虚假的交易上修改客户账户来显示盈利以掩盖真实的数额,在很长一段时间里都是整个事件背后的话题。一家有200年历史的机构被一名25岁的年轻人击败,这名年轻人虽然是一个不合格的交易者,却是一个在后台办公、进行欺诈操作的天才。发生在市场上的一系列欺骗打击了处于顶峰的巴林银行。

还有部分问题是,巴林银行像很多在世界各地的同类银行一样不了解衍生品,特别是新加坡国际货币期货交易所使用的那套交易池体系。很多投资者和投资机构经常在期货上犯糊涂,而巴林银行也不例外。在20世纪90年代初期,巴林银行遇到了来自股票市场的问题,而且由于利森的"盈利"来得正是时候,所以没有人来干扰他并询问他一些显而易见的问题。最使人震惊的部分是,当英格兰银行召开会议准备清理清混乱的局面时,它的高级银行家和监管者对银行存在这么一个问题竟然一无所知,直到有人通知他们这件事。该事件对监管者的影响难以估量。但是,从总体上考虑这个市场的历史,有一件事情是可以肯定的。不久以后,另一场灾难又将到来,相比之下,前面所发生的灾难已经算是很平常了。注定还会有其他人效仿利森的行为。

成熟期

巴林银行倒闭时机出现在衍生品市场的不幸期,因为很巧,它正与奥伦奇县的崩溃相呼应。美国的银行家和监管者例行公事地声明,美国市场是世界上受到最好的监督和调控的市场,发生在巴林的事件可能已经证明了这一点,因为它的崩溃没有导致整个加利福尼亚州崩溃。然而,尽管有意识的努力理清了原先的混乱局面,这个高速发展的衍生品世界仍然给市场带来了更多的意外。

奥伦奇县的问题也引发了商品期货交易委员会的一些活动。自从最近一次托管权的变更后,这个机构保留了所有其他内容,唯独放弃了对非交易所交易衍生品的控制,但是,围绕着奥伦奇县的舆论引出了它新上任的主席玛丽·沙佩尔(Mary Schapiro)的发言。沙佩尔说,她会乐意重新考虑之前的决定,这番话有效地免除了联邦监管机构对衍生品设计者的责任。她在奥伦奇县令人崩溃的结果出来之后说:"我们不会对在市场上有欺骗行为的人放弃追究责任。"像前证券交易委员会的委员一样,她也把她的话带到了芝加哥,在那里,她发表了商品期货交易委员会委员曾经在芝加哥针对交易所发表的最有力的演说之一。甚至在知晓奥伦奇县问题之前,她在芝加哥的一次期货业会议上说:"你会看见业界的领导者降低商品期货交易委员会的级别,玷污并离开商品期货交易委员会。这种感觉并不是你最愿意要的……如果监管者很弱,那么期货业受到的监管必然是不完全的。"[28]沙佩尔批评交易所没有发展相应的、足够制止交易池滥用的监管政策,而对期货交易所来说,对她的话做出回复花不了多少时间,这对交易所来说是很平常的事。芝加哥期货交易所的主席托马斯·多诺万(Thomas Donovan)在听到沙佩尔的演说后发表评论说,他是不会"被一个5英尺2英寸高的金发女孩所吓倒的"。对于这种说法,沙佩尔并没有生气,她简简单单地回应道:"我的身高是5英尺5英寸。"[29]

沙佩尔在1994年10月成为商品期货交易委员会主席。在这之前,她当了6年的证券交易委员会委员,并曾任该委员会的代主席。然而,她在商品期货交易委员会的任期是短暂的。离开商品期货交易委员会后,她成为美国的全国证券交易商协会(NASD)执法部门的领导。在她担任商品期货交易委员会的主席期间,商品期货交易委员会因控制住了由巴林银行的失败带来的不良后果而受到普遍好评,尤其是因对美国公司方面所起的作用而很受赞赏,因为美国公司在新加坡和日本都存在很大的金融风险。这个机构也在它的执行计划中提出了新的重点,通过重新组织分部、增加资源和追踪一系列高利润的衍生品案子——包括对美国信孚银行证券(Bankers Trust Securities)、两家德国金属公司在美国的子公司和德国的金属股份公司(Metallgesellschaft)进行结算。金属股份公司以前曾经在石油期货市场上遭受严重的损失。

在沙佩尔的任期内有一桩令人感兴趣的逸闻,商品期货交易委员会的高级执行官之一里查德·克伦吉亚(Richard Klenja)被重新分配到机构内部的另一个新职位,引起了一阵小骚乱。当沙佩尔让克伦吉亚去主管在纽约新成立的机构办公室时,克伦吉亚正担任商品期货交易委员会的执行董事。这种调动被参议员劳奇·菲尔克劳斯(Lauch Faircloth)发现,他是来自北卡罗来纳州的共和党人士,在克伦吉亚被惩罚调迁两年之后,他同意帮助特别检举人怀特·沃特(White Water)调查希拉里·克林顿(Hilary Clinton)在商品期货市场上的活动,当时沙佩尔和总统仍然住在美国阿肯色州。根据菲尔克劳斯所说的,当民主党人选举胜利并赢得白宫时,也就是在克伦吉亚调任的7年之后,当时在任的商品期货交易委员会的主席已经被克林顿指定的一个人所取代,这种任命是掩盖希拉里·克林顿的活动的一种政治策略。据说,第一夫人在一次1 000美元的期货投资中,在阿肯色州的朋友的帮助下,一年间获利约10万美元,之后,这种交易引起了公众的广泛关注。

阿肯色州政坛任用亲信的例子被媒体曝光了好几次,但每次都只是轻描淡写。事情被揭露之后,在一份民意调查中问道,这10万美元是因为好的建议而获得的回报,还是对政治人物妻子的一种特惠对待?被调查人员中,34%的人认为这是因为是好的建议而获得的回报,而50%的人认为这是一种特殊的照顾。[30] 这件事并没有在期货市场上引起很多人兴奋,而期货市场上这种规模的获利也不会引起很多人的注意。然而,围绕着这桩交易新闻所产生的大部分怀疑仅仅强调了公众敏锐的洞察力,公众得出的结论是,期货市场是这么一种地方,在那里散户若没有内部帮助是不可能获利的。

期货交易所的持续扩张也使得很多交易者研究各交易所之间的可能联系。好几家美国和外国的交易所提供相似的合约以此吸引客户,争夺彼此的生意。

芝加哥期货交易所和伦敦国际金融期货期权交易所在1995年达成一致意见，相互交易彼此的股票合约。当时纽约商品交易所和悉尼期货交易所（Sydney Futures Exchange）联合起来交易，这样悉尼就能够交易纽约商品交易所的石油和天然气合约了。芝加哥商品交易所和新加坡国际货币期货交易所在巴林银行惨败后继续维持它们的联盟，在这个联盟中，新加坡国际货币期货交易所可以交易芝加哥商品交易所的金融合约。费城证券交易所（Philadelphia Stock Exchange）的衍生品部门与中国的香港期货交易所（Hong Kong Futures Exchange）挂上了钩，还有其他几家小的交易所也尝试性地建立了关系。除了发展更容易且快速的交易，这种关系也让交易所与其伙伴分享透明的数据和交易方式。巴林银行事件使某一点变得很清楚，那就是交易所需要有一种可行的方法让其成员和客户发现超常的交易或者是有疑问的交易。

好的意图不一定会带来成功。在芝加哥期货交易所最初的声明发表两年之后，它和伦敦国际金融期货期权交易所结束了它们之间的交易关系。问题不是出在合约本身，而是出在以计算机为基础的交易争论上。这家美国主要的交易所仍然坚持使用池内交易系统，但是收盘后交易在英国交易所是由电子计算机进行的，计算机撮合订单替代了以前让交易员将订单交给交易区和交易池的交易员的老方式。而伦敦国际金融期货期权交易所交易芝加哥期货交易所的合约时，芝加哥交易所以与上述方式相反的过程交易德国长期国债合约。然而，当交易员和投资者得知两种合约都能在收盘后电子交易中获得时，交易池内的交易数量开始大幅下滑，这样最后导致了两个交易所解散彼此之间的联盟。

在20世纪90年代，计算机化交易大举入侵，但是交易所仍然倾向于池内交易。在1997年冬天，芝加哥期货交易所新开出一个扩展交易区，这个交易池能容纳8 000个交易员和辅助人员。尽管这个新场地以拥有最新的交易技术和价格报告系统而自豪，但是大多数的芝加哥期货交易所成员并不使用这些新技术，而是仍然使用他们已经尝试并且在交易中使用的技术。在1994年，芝加哥期货交易所通过使用全球电子交易系统（Globex），尝试与其竞争者芝加哥商品交易所建立联系，全球电子交易系统是一个以计算机为基础的系统。它们合作的结果以失败而告终，但是芝加哥期货交易所从这次合作中安全脱身，它们决定采用缓和的方式进行以计算机为基础的交易。这个行业中的几乎每个人都希望，以计算机为基础的交易在不久的将来能在一定程度上成为标准。这个新的芝加哥期货交易所交易区被认为是尝试的开始,当交易者和经纪人仍然在交易池进行交易时,这种方式也存在将新的技术介绍给他们使用的可能性。1997年,芝加哥期货交易所的主席帕特里克·阿贝(Patrick Arbor)说:"这个新交易区创造了这么一种环境,它使人们能够减少对新技术的防备。"[31]

交易所想要将交易池尽可能保留更长时间的强烈欲望,能够在1987年的金融市场溃败中看出来。期货交易者记得,由于计算机程序进入自动售卖订单系统,造成了市场不断下滑,而他们也被指责起到推动作用。这些订单创造了让股票市场快速下滑的混乱局面,引发了很多期货诉讼案,这些诉讼案没有解决问题,仅仅是扩大了问题。将订单的交易过程保持在人工操作上,是交易所不会轻易快速放弃的一个处理过程。

到20世纪90年代中期,期货交易所在获取一项经济功能方面迈出了很大的一步,这项经济功能是在一个世纪前曾被公众否认的。19世纪～20世纪初期,交易员将期货交易所的目的简简单单地说成是仅仅为交易提供一个场所,除此之外没有其他什么目的。当说起交易所必须起到决定现货价格和期货价格的作用时,交易员通常存在异议,并且又会回到他们最初的观点,认为交易所的作用仅仅是给进行交易的人提供一个有形场所。一个世纪之后,这种观点不会再作为一个充足的理由被提出来了。考虑到交易效率的快速提高和巨大的交易数额,现在的交易员都已经很清楚,现货价格影响期货交易价格,反之亦然。现在,让交易所来帮助市场进行"价格发现",这对市场来说是很基本的一个想法。只有通过期货合约的灵活交易,现货价格才能得以正常测定,才能让每一个特殊的市场都能保持地方性供需关系。

这个想法也曾在80年代得到额外的信任,当时,联邦储备委员会开始研究商品价格和期货价格,想通过它们来更好地决定通货膨胀的趋势。研究现货价格与期货价格之间的关系,能够帮助探测出将来的价格趋势是通货膨胀还是价格稳定。然而,并不是所有的期货合约都能够用于价格发现。很多在80年代和90年代推出的合约都没能在期货交易所里保留下来,最后都在市场中消失了。只有一些最常设的合约能够帮助探测期货价格的趋势,因为它们的交易量相当大,足以证明预测的价格不是偶然事件,因此能够影响实际市场。

狼狈不堪

期货交易市场在20世纪80～90年代获得了极大的发展——在更大范围内发展成熟并成为完善的金融市场,而场外交易市场的衍生品市场继续成为新闻的头条。这些新闻大多数是关于这些衍生品坏消息的报道。衍生品市场的支持者可以非常骄傲地指出这个市场提供在很大范围内完成基金对冲的可能性,同时他们也阐释了在较低的利率和外汇贷款的情况下掉期所能发挥的作用。然而,一些批评家列出了更多惨败的案例,指出衍生品市场在整个经济系统中的劣势。

在20世纪90年代,当一个衍生品出现新的竞争对手时,这个领域就会变得非常热闹。从70年代开始,对冲基金作为证券和衍生品的主要买者和卖者,其重要性日益显现。20世纪90年代,股票和债券市场上的牛市把这些对冲基金带到了前沿位置。从技术上讲,它们是投资合伙,投资者通常少于100人,这样它们就能避免接受证券交易委员会的审查。虽然它们中的大多数在美国有办公室,但它们通常是离岸运作。对冲基金的名字中蕴含着这些基金能对冲它们的市场活动并抑制风险的含义,这种对冲基金在各自市场上大多数是最大的风险购买者。因此,对于其中富裕的投资者,结果通常是令人印象深刻的,这些投资者所要求的投资最低数额为100万美元。其投资回报远远大于通过实施传统的投资计划所能获得的利润。

在不同的股票之间具有不同的价格水平,纯粹的对冲基金利用这种价格差异可以进行套利活动。在美国和英国债券之间的收益率在历史上有较大的差异,对冲基金在买进便宜债券的同时,卖出昂贵的债券。当收益率趋同时,进行相反的头寸操作,进而产生利润。然而,这些差异开始的时候通常不会很大,因此一只激进的基金通常会借来巨额资金,尽可能地买进更多债券,发挥它的杠杆作用。这种规模上的优势地位可以弥补较小的价差的缺陷。同时,当收益率如人们所预期的发生变动时,基金将按照持有量成倍地放大利润。

对冲基金和奥伦奇县联合投资组织的共同点就是,它们都有很高水平的杠杆效应。假如策略正确,利润就是巨大的;相反,如果选择错误的话,损失也将是惨重的。西春在他的投资组合中所犯的错误主要在于将他持有的投资组合的敞口放大了,从而使得最终的结果恶化。一名对冲基金的管理者寻求指数级的敞口,因为它意味着更大的收益。对冲基金很大程度上依赖电脑模型,这种模型用来预测价差和设定的证券行为。假如这个模型犯错,基金就会出现麻烦。然而,有一件事情是肯定的,这就是,由基金的管理者而不是其经纪人来做出假设,并根据它来决定买卖。基金的管理者依赖那些能够借给他们所需资金来购买大量债券的友善的银行家。

对冲基金能够在金融市场的任何领域运营,并且这些领域相互之间很多是有关联的。我们知道,最好的对冲基金是那些能够大量买入外汇货币和债券,而且能够经受市场考验并最终盈利的对冲基金。乔治·索罗斯(George Soros)创建的量子基金大量投资到外汇市场,在20世纪90年代早期积累了大量的英镑头寸。由于在欧洲货币联盟(EMU)中利率水平较高,英国政府决定退出,选择让货币独立的政策。它们(量子基金)赌的就是,当英镑失去与高利率的德国马克以及其他欧洲货币的联系时,其利率将会下降。于是卖空大量的英镑,然后在一个极低的价格上把它买回来,这样能净赚近10亿英镑。毋庸置疑,有关苏黎世格言的评论,已经将近20年没有在货币市场上听到了,而现在又出现了,被用来批判索罗斯和量子基金的所作所为。

长期资本管理公司(LTCM)是最大的基金之一,位于美国康涅狄格州。它创办于1993年,很快获得了很多对冲基金艳羡的成果。因为对它的管理者和客户来说,它的利润极高,同时它在市场上具有相当大的头寸。长期资本管理公司以传统的方式运营对冲基金。它在不同的债券市场持有非常大的头寸,等到收益率缺口变小时,他们就赚钱了。这种技术听起来很合理,但是头寸的规模很大。它在华尔街就像山姆·沃尔顿的沃尔玛公司一样令人印象深刻。由于边际利润很小,获取较高利润的唯一方式就是增大交易量。即使根据华尔街的标准,长期资本管理公司也将这一思想发挥到了极致。

长期资本管理公司是所罗门兄弟公司的前任总经理约翰·梅里韦瑟(John Merriwether)创办的。梅里韦瑟是芝加哥人,在1974年进入所罗门兄弟公司,之前在西北大学和芝加哥管理学院学习,具有数学研究背景的他从事债券交易,并于1977年在公司内部成立了专门从事债券套利的部门。他对公司非常负责,努力工作,在计量学尚未在华尔街的学院派中间流行起来的时候,就把基于长期资本管理公司的数学概念引进公司。很快他所创办的这个部门成为全公司最盈利的部门，他的聪明才智也得到了很好的回报。计量学技术在债券套利方面起到很大的作用，不久很多其他公司也开始模仿所罗门兄弟公司的做法，集中科研力量进行研究，同时成立了专门的交易部门。这些公司因此也赚到了大把的钱。

梅里韦瑟是在1991年离开公司的，原因是，他被政府指控犯有有关债券方面的罪行。他的罪行是，暴露了公司想要控制新发行的国库券的消息，最后虽然证明他在这件事上是清白的，但他还是被迫离开了所罗门兄弟公司。具有讽刺意味的是，在这次丑闻暴露之前，梅里韦瑟还被认为是在公司的高层工作。如今他自由了，他拥有的债券也为他敞开大门，于是他决定创办长期资本管理公司，这是一家对冲基金，他之前在债券套利部门从事的工作可以不受任何内部政策的限制而全部复制过来。

一种所罗门兄弟公司的内部文化影响着梅里韦瑟的工作，那就是公司的交易员会有在任何事情及其结果上进行不断投资的冲动，而且投资数额很大，这已经成为所罗门兄弟公司的一贯做法，尤其是在约翰·根佛兰德(John Gulfreund)任首席执行官的时候。总的来说，这已经在公司内部的交易者之间成为约定俗成的做法。在对冲基金里赌大的这么一个趋势能够被华尔街的交易者们所理解，但是在华尔街以外，尤其是当华尔街给人们的外部压力使他们开始意识到要通过赌大获利的时候，赌大的做法通常就不能起到很好的作用了。当人们开始意识到长期资本管理公司已经投了不少钱到市场上去的时候，他们就会变得更加警觉。

每当一种新的对冲基金进入一个领域以后，这个市场就会变得有些拥挤。对冲基金是在20世纪90年代的牛市里萌芽并逐渐流行起来的，为有钱的大客户提供种类繁多的基金，就如为普通投资者提供共同基金一样。梅里韦瑟的新基金提供了往年所罗门兄弟公司的基本产品组合，这是一种基于相对价值的收益率价差套利行为，当市场最终对这种收益率的差异有所反应时，就结束交易。市场行为表明，长期资本管理公司的营销手册宣称，它所采用的是一种非常聪明的投资策略，既不浮夸，同时风险性也不是很大。然而，梅里韦瑟可以放大风险，他通过20倍或更多倍地放大公司的财产，使得所产生的微薄的收益率差异尽可能产生最大的利润。[32]对于基金的管理者和投资者来说，他们对高水平的借贷是满意的，这样他们就不得不去相信该基金是聪明的，否则又将如一次"过山车"，一下子输得很惨。

梅里韦瑟后来在公司中增加了人员,他宣布罗伯特·默顿和迈伦·斯科尔斯加入他的公司。斯科尔斯是金融界的传奇人物,他的期权定价模型使得他声名远扬。默顿,哈佛商学院的经济学教授,由于重新定义布莱克—斯科尔斯模型而著名,同时也由于他在有效市场假说方面的研究工作而著名,他的这部分研究是现代金融理论的基础。此外,戴维·莫林斯(David Mullins)也于 1994 年加入梅里韦瑟的公司,他是美联储前副主席艾伦·格林斯潘的手下。这 3 个大名鼎鼎的金融界人物加盟长期资本管理公司,没有人能够像梅里韦瑟一样获得这样的成就,即便是在华尔街或拉萨尔街工作的人也不能做到这一点。这些大腕的名字也为公司吸引了大腕级的大客户。

投资者们至少需要将 1 000 万美元投在基金上,在缓慢的初始运作后,他们会毫不犹豫地签发支票。很多商业银行和投资银行也投资基金,同样感兴趣的还有华尔街的高级官员。长期资本管理公司的大客户的名字同其合伙人的名字一样如雷贯耳,项目在很短时间内就获得了极大的成功。名人、大学、养老基金和保险公司等数十家机构的投资促成了这个非常成熟且被高度看好的投资机构的发展。

这家基金公司只是一个相对较小的机构,尽管所有的人都对它感兴趣。它只有 11 个合伙人,大约有 24 个交易员管理着巨大的头寸。通过成功的债券套利,短短几年之内,它的资金就增长到 50 亿美元,同时公司的声誉大增,成为最聪明的对冲基金。然而,这些成功开始带来一些不可预测的问题。很多其他的基金和投资公司开始模仿长期资本管理基金,企图在债券市场找到相似的套利模式。好的机会开始消失,最终它们开始投资原来不擅长的领域。它们开始转向股票衍生品投资,这被称为股票掉期。通过进入这个掉期领域,它们与银行进行一个原理上类似于利率掉期的交易行为,长期资本管理公司能够在证券价格上升的时候获得潜在收益。它们首先基于一只股票的业绩情况,商定付给银行一个固定利率报酬作为回报。假如这只股票的价格上涨了,长期资本管理公司所获得的报酬将超过之前的固定报酬,因此它们就会从中获利。这也是一种聪明的做法,并且被广泛应用于避免联邦储备委员会对普通股的保证金要求。[33]虽然长期资本管理公司对这些衍生品很了解,但股票掉期还是需要了解发行股票的公司的相关情况。比起对收益率曲线和期货交易的了解,在股票掉期方面,长期资本管理公司还是比较弱的。

这只基金进入了衍生品交易的几乎所有领域。到1997年为止,长期资金管理公司的衍生品账面价值已经达1.3万亿美元,是它一年前价值总量的2倍。[34]这个天文数字使得它被归类于类似银行的金融机构中,而不仅仅是一只基金。银行经常积累掉期,大多数是作为表外负债,但是它们的资本通常高于50亿美元。来自银行系统的慷慨贷款以及投资者们高额的投资,使得长期资本管理公司成为它自己的名副其实的银行。它们不给任何顾客提供服务,也不用行使银行的任何职能。它们要做的所有事情就是借钱,然后利用证券市场上的风险和收益率价差进行套利。这样做可以持续多久呢?

因为套利价差收窄,于是长期资本管理公司面临两难的境地。在1997年底,它决定回笼利润,并开始收回它在1994年以后投资的所有资金。到了1997年底总共回笼了27亿美元,这一年的回报率为25%,1997年是其不长的历史上最差的一年。投资者们从每1美元的投资中拿回了1.82美元。[35]公司对其投资者收取了较高的年费,连同对其每年利润的固定比例的提成,但投资者们所获得的利润还是相当丰厚的。同在1997年,默顿和斯科尔斯由于之前的学术研究获得诺贝尔经济学奖。长期资本管理公司的公共关系得到了极大的巩固。很明显,长期资本管理公司获得了极大的成功,但是公司的杠杆水平也开始影响它的一些合伙人。

崩 溃

所有的金融市场似乎都被一种公理所牵制着,这一公理在危机时刻得到了多次印证。当市场的环境变得不确定的时候,投资者们就会迅速卖掉有风险的投资产品,买进美国国库券。投资国库券市场对投资者来说是一种安全投资转移,是一个躲避风险、寻求安全的港口,直到危机过去。虽然这个投资转移过程可能比较短,但是其进程不能被打断,而企图忽视或阻挡其进程是毫无意义的。

长期资本管理公司的问题在1998年开始出现,当时信用市场的环境开始发生一些变化。在1997年的秋天,很多亚洲国家的经济开始出现问题。一股被称为"亚洲金融瘟疫"的资金开始影响整个世界的经济。1998年8月,当俄罗斯宣布不再承担它的债务,并实行货币贬值政策的时候,国际金融危机爆发了。这种情况对于长期资本管理公司来说是灾难性的,因为俄罗斯的债券属于发展中国家债券,长期资本管理公司在卖掉相对比较成熟的经济体的短期国库券的同时,买进了很多这种债券。这个消息一经发出,俄罗斯的债券价格就急剧下跌,而在"安全投资转移"的效应下,国库券的价格开始上涨,使得收益率收敛在一夜之间蒸发。

长期资本管理公司的很多其他头寸也因此急剧下滑。掉期、股票市场和债券交易都开始恶化,长期资本管理公司的资金也受到侵蚀。此外,这些市场不能很快地进行自动调节。俄罗斯的问题使得长期资本管理公司投资的发展中国家的债券头寸更加恶化,这种低质量、流动性较差的债券收益率开始下降,并且不能很快恢复。梅里韦瑟和他的合伙人发现,他们已经如同处在岩石和峭壁之间一样艰难,他们关于市场行为的假设是问题所在的一个很重要的方面,因为这个假设没有将历史考虑进去。有效市场理论支持这样的观点:过去的认知不能成为将来价格的指示器。长期资本管理公司的很多模型是基于那些被认为不可避免的因素,这些因素随着时间的流逝又产生了收益率收敛。安全投资转移以及后来发现的低质量债券较差的流动性,都没有被考虑在内。

把长期资本管理公司的问题简单地归于风险管理的失误,不能揭示问题的全貌。问题在于,它们的头寸都太大了且不易管理,以及交易员们关于下"聪明的赌注"取代谨慎的风险管理的最好意图的假设。这个模型没有将过去的因素考虑在内,但是交易员们的假设明显会考虑这个因素。长期资本管理公司积累下来的这么大的头寸看起来是一个好的赌注,因为它们在过去都表现得很棒而没有出现过大的损失。有这些令人感动的事迹作为基础,未来应该是很好的,风险似乎都已经被征服了。另外一位学院派人物,芝加哥大学的尤金·法马(Eugene Fama)很恰当地总结了这种情况。他说:"我认为对冲基金与期权定价模型没有什么关系,我认为它们就是在赌博。"[36]

现在很多对长期资本管理公司操作的披露很不好,只会导致市场扭曲进一步恶化。解决这个问题的办法通常不是华尔街的标准方法。虽然只是一只私人的投资基金,但在美联储主席艾伦·格林斯潘的协调下,长期资本管理公司已经获得了由50个商业银行和投资银行组成的银团的担保。虽然从技术上讲,对冲基金是不受管制的,但美联储的介入是为了防止它对银行系统造成破坏,而不是出于基金本身的原因。尤其是商业银行贷给长期资本管理公司很多钱,这一原本令人比较满意的安排不能实现其原先的意图,它们自己的资金由于损失而开始恶化。一些投资银行,特别像高盛集团这样的,它们主要的交易对手就是长期资本管理公司,因此它们不能就这么看着交易对手破产而导致自己的业务也遭到流产。因此,它们设计出了一套方案,即让长期资本管理公司继续运营,但是它的交易行为将受到严格限制。

所罗门兄弟公司的前合伙人、梅里韦瑟以前的同事亨利·考夫曼发表评论说:"然而,长期资本管理公司遇到了很大的麻烦。令人吃惊的是,公司的分析大师们很明显没有把一些金融市场基本面考虑进去……这样一来,个股的头寸过大以致不能很快地进行清算,尤其是当这些债务的信用资质不良的时候。同时,他们误解了收敛式交易的复杂性。"[37] 简单来说,他们假设其不同投资标的收益率价差减小,就可以获利。但是,如果将极强的分析技能和交易员赌博的偏好结合在一起,就有些过犹不及了。长期资本管理公司傲慢的态度给市场带来了很大的阴影,同时使人们重新开始争论监管在衍生品市场的作用。

该公司的崩溃抑制了整个市场的发展。考夫曼经营一家与长期资本管理公司相似的基金公司,公司名为战略合伙(Strategic Partners)。它的境况同样非常困难,但它的规模相比之下要小得多。在为收益率价差打赌失败后,考夫曼和他的合伙人决定关闭这家基金公司,而不是让它继续经营下去。当所购买的俄罗斯证券的走势不符合他们的预测时,考夫曼发表评论说:"从一定意义上来讲,收益率没有收敛并没有让我感到惊奇。这是没有监护人的信用。他们幻想存在这样一个市场,在这个市场里面,你能够将你所持有的东西卖掉,将风险转移给其他人。"[38]

当长期资本管理公司获得了36.5亿美元的营救资金后,多伦多《环球时报》(Globe & Mail)开长期资本管理公司的玩笑,把它称作"太大而不能失败"的胜利者。文章引用银行业中一条著名的规则:一些机构如果很大,是不会轻易倒闭的,监管机构会让其他机构助其恢复业务。它们很有可能会一次输掉几十亿美元,但还是会被允许恢复经营。多伦多《环球时报》警告其读者:"当你拖欠银行的抵押付款时,不要指望你能享受与你友好的银行家邻居同样的待遇。"[39] 斯科尔斯和默顿的声誉同样不可避免地带来了关于学术模型在实际金融世界中运用的评论。《监护人》(The Guardian)上的一篇文章说道:"他们促进了世界金融危机的爆发。以往一些杰出的经济学家也开始动摇他们各自的一些经济学观点。"[40]

当长期资本管理公司开始抽回资金时仍然坚持留在这个领域的一些大投资

家们也开始遭受损失——至少是暂时的损失。当拯救方案出来后,有100多位美林集团的管理者总共投资了220万美元在这只基金上。这个消息也给高盛公司以沉重的打击,以至于它高调宣扬的首次公开发行不得不延期,这让投资者更好地预测在银行的底线上造成的损失能带来多大的影响。瑞士联合银行(UBS)是长期资本管理公司最大的银行投资者,同样遭受了巨大的损失。基金反弹的消息是在危机开始5周过后才传出来的,这导致了拯救方案的出台。这只基金本身还在运行,只是规模减小了,其头寸和交易受到限制。很多批评的声音开始质疑美联储在这件事情上所起的作用。很多人没有意识到,长期资本管理公司给银行系统造成了很大的麻烦,需要强有力的监管之手进行纠正。然而,最大的原因还是衍生品监管的缺失。长期资本管理公司是唯一一个大机构,其众星云集的合伙人和交易者应该可以从内部控制风险,然而,他们没有从外部对该公司进行监管。丑闻曝光之后,没有人能够控制住风险,而长期资本管理公司仍被允许继续营业。

当1998年国会开始考虑金融服务行业的命运时,这个公司成为关注的焦点。许多立法活动开始修补20世纪30年代通过的、现存的一些证券和银行的法规。在1998年末,国会通过了《金融服务现代化法》(The Financial Services Modernization Act),替代了1933年通过的《格拉斯—斯蒂格尔法》中的部分内容,原来的这部法规将投资银行与商业银行相分离。期货市场最后采用了另一部相似的法《商品期货现代化法》(CFMA),这项法案是一年之后即1999年通过的。这项新的法案每隔4年修订一次。

《商品期货现代化法》力图在其结构方面增加灵活性。它力图定义衍生品行业中某些方面的内容,例如,它承认在该行业确实存在明显的失误,于是它试图在新的像长期资本管理公司这样的基金出现之前,就出台一些相应的法规加以监管。商品期货交易委员会的主席威廉·瑞纳(William Rainer)起草了这些建议。该机构新的工作重点已经从执法转向了监督。也就是说,现在流行的理念是重在遵守规则,而不是执行规则,后者在过去通常意味着在危机发生的时候再采取措施。由于交易员的错误所导致的长期资本管理公司的危机和利森造成的巴林银行的倒闭,都是因为在操作程序上没有严格的监督机制的控制。这部法律同时明确,商品期货交易委员会和美国证券交易委员会共同审批新产品,并对其进行监管。

当这两家机构开始禁止推出个股期货的时候,对衍生品市场的批评就愈演愈烈。虽然新的合约不能马上开始进行交易,但是来自两个市场的这些想法对于很多人来说意义是不同的,尤其是对那些还记得这两个机构先前的那场"战争"和那些知道证券交易委员会坚持限制股票衍生品的人们来说。个股期货看上去是对以下规念的屈从,即金融衍生品交易的增多不会对市场标的证券有根本性的伤害。关于期权的地位,在25年前就进行过开放式的讨论。在那个时候,人们关心的是看涨和看跌期权会从新股发行中抽走资金,同时减少二级市场的交易量。出于这种担忧引发的批评持续了好几年,是否可以说明,个股期货意味着股票市场最终已经商品化了呢?当市场在未来越发弱势时,各种思想毫无顾忌地迸发,也许这就意味着,20世纪90年代的牛市到顶了。

在20世纪90年代结束的时候,金融衍生品市场的步伐始终比监管者领先一步,同时还在不断进行着金融创新。考虑到金融衍生品市场的企业家精神以及对外部干预的排斥,在19世纪诞生的一些传统行业将会持续发展到21世纪。现在的市场在不断革新,进行不断的尝试,抵制外部对其干预。一些传统的东西很难根除。

注 释

1. 掉期的面值经常以或有负债的形式列示在资产负债表的脚注中,尽管人们认为掉期中需要支付的只是交易双方的利息,以总金额的形式列示的掉期面值说明一方对另一方的负债情况。当对这些掉期的面值进行汇总时,我们就会发现,或有负债的金额是相当大的。

2. *Investment Dealers' Digest*, November 25, 1991.

3. Ibid.

4. *Securities Week*, May 3, 1993.

5. *Journal of Commerce*, January 11, 1991.

6. Ibid., March 28, 1991.

7. *Washington Post*, April 13, 1994.

8. Kelley Holland, Linda Himelstein, & Zachary Schiller, "The Bankers Trust Tapes," *Business Week*, October 16, 1995.

9. Ibid.

10. *New York Times*, July 2, 1996.

11. Philippe Joiron, *Big Bets Gone Bad: Derivatives and Bankruptcy in Orange Country* (San Diego: Academic Press, 1995), p.2.

12. Ibid., p.102.

13. *Washington Post*, December 10, 1994.

14. 伦敦银行间贷款利率(LIBOR)是伦敦最大的银行设定的利率,该利率是银行同意贷款给其他银行的利率。非银行客户根据各自的资信评级,以伦敦银行间贷款利率加一定的百分比从银行获得贷款。银行愿意接受的存款利率是伦敦银行间存款利率(LIBID),伦敦银行间贷款利率与伦敦银行间存款利率的价差即为银行的边际利润。

15. *Bond Buyer*, December 6, 1994.

16. Jorion, *Big Bets*, p.9.

17. *Barron's*, December 5, 1994.

18. Jorion, *Big Bets*, p.105.

19. Ibid., p.100.

20. *Bond Buyer*, December 9, 1994.

21. Allan Sloan, "Financial Lunacy Comes Home to Roost," *Plain Dealer*, December 11, 1994.

22. *Los Angeles Times*, June 5, 1998.

23. Leo Melamed, *Leo Melamed on the Markets* (New York: John Wiley & Sons, 1993), p.91.

24. Stephen Fay, *The Collapse of Barings* (New York: Norton, 1996), p.122.

25. Ibid., pp.123, 124.

26. Ibid., p.155.

27. John Gapper & Nicholas Denton, *All That Glitters: The Fall of Barings* (London: Hamish Hamilton, 1996), p.281.

28. *Washington Post*, December 7, 1994.

29. Ibid.

30. Hart and Teeter Research Companies poll for NBC News and the *Wall Street Journal*, April 30, 1994.

31. *New York Times*, February 17, 1997.
32. Roger Lowenstein, *When Genius Failed: The Rise and Fall of Long-Term Capital Management* (New York: Random House, 2000), p. 26.
33. Ibid., p.103.
34. Ibid., p.104.
35. Ibid., p.120.
36. *Plain Dealer*, February 3, 1999.
37. Henry Kaufman, *On Money and Markets: A Wall Street Memoir* (New York: McGraw-Hill, 2000), p.283.
38. *Dow Jones Newswires*, " Capital Markets Report," October 31, 1998.
39. *Globe and Mail*, December 31, 1998.
40. *The Guardian*, April 7, 1999.

后　记

经过150年的发展,直到20世纪末,牛仔资本主义仍旧存在。19世纪80年代的欺诈为牛仔资本主义开了先河,20世纪90年代仿照前例又来了一次。本杰明·哈钦森在19世纪垄断小麦,长期资本管理公司又在这一思想的基础上垄断了债券。他们这样做,为自己的声誉带来了不好的影响。哈钦森研究价格和黄金的轨迹来预测小麦价格,而长期资本管理公司用不能控制趋势的复杂定量模型来进行杠杆交易。与任何好看的牛仔戏一样,两者的区别并不明显,成功是靠获得别人不能取得的成就来衡量的。

哈钦森和长期资本公司基金都发现,模型和风险管理技巧并不能与整个市场的基本实情相抗衡。当期货合约商品化后,没有人会再以原来的投入玩过时的比赛。当价格差和供需波动消失时,利润就不存在了,一度被认为新颖的东西也就成了明日黄花。如果历史有任何指导意义的话,那么监管机构的问题就变得相当突出。新产品需要同样聪明的人进行监管,除非监管机构能提前探知风险,否则会造成严重的金融危机。尽管这听起来很合理,但迄今为止的历史记录上却没什么可圈可点的东西。衍生品市场的创造性远远超越人手不足却又试图指手画脚的监管机构。

衍生品市场暴露出市场资本主义的所有瑕疵,也经历了通过期货和掉期交易获得真实经济利益的短暂辉煌。对掉期和期货的熟练使用帮助很多公司减少资本成本，从而有力地推动了20世纪90年代的经济繁荣，由此产生低通货膨胀和全面的繁荣兴盛。不幸的是，同在20世纪90年代并且在同样的市场上也产生了几桩金融史上未曾有过的丑闻。公众的反应很强烈，尤其当丑闻涉案的资金数量非常庞大时，公众的反应就更是如此。市场面临着政府强烈反应带来的风险。通常而言，在美国，严格的金融规章制度只有在金融危机后才会实施。对有效监管的伤害之一可能就是创新，过去几年里，尤其是自20世纪70年代初期以来，衍生品市场的发展已经证明了这一点。随着市场越发成熟，市场买卖双方之间的冲突会加剧。创新真的值得出现不理想的监管和不可避免的危机吗？

一些人可能会争论说，偶尔的金融丑闻只不过是创新的代价而已，然而，衍生品市场中货币的数量不能轻易地一笔勾销。在20世纪80～90年代，在衍生品丑闻中损失的货币数量相当于美国在1890年全年的国民生产总值。衍生品市场的发展史所表明的教训是，在美国式资本主义社会中，监管机构必须根据市场进行迅速调整；否则，一些不可避免的牛仔资本主义图谋会造成更大的损害。

参考文献

Frederick Lewis Allen, *Only Yesterday: An Informal History of the 1920s* (New York: Harper & Row, 1931).

Albert W. Atwood, *The Stock and Produce Exchanges* (New York: Alexander Hamilton Institute, 1921).

Julius B. Baer & George Woodruff, *Commodity Exchanges* (New York: Harper & Bros., 1935).

Neil Baldwin, *Henry Ford and the Jews: The Mass Production of Hate* (New York: Public Affairs, 2001).

Bernard Baruch, *My Own Story* (New York: Holt, Rinehart & Winston, 1957).

Peter L. Bernstein, *The Power of Gold: The History of an Obsession* (New York: John Wiley & Sons, 2000).

Fischer Black & Myron Scholes, "The Pricing of Options and Corporate Liabilities," *Journal of Political Economy*, vol. 81 (May-June 1973).

James E. Boyle, *Speculation and the Chicago Board of Trade* (New York: Macmillan, 1921).

Nicholas Brady et al., *Report of the Presidential Task Force on Market*

Mechanisms (Washington, DC: U.S. Government Printing Office, 1988).

Harold Brayman, *The President Speaks Off-the-Record: Historic Evenings with America's, Leaders, the Press, and Other Men of Power at Washington's Exclusive Gridiron Club* (Princeton, NJ: Dow Jones Books, 1976).

John Brooks, *Once in Golconda: A True Drama of Wall Street 1920—1938* (New York: Harper & Row, 1969).

——, *The Go-Go Years* (New York: Weybright & Talley, 1973).

Brendan Brown & Charles R. Geisst, *Financial Futures Markets* (New York: St. Martin's Press, 1983).

D. Bruner, *Short-Selling the USA: An Opinion in the Form of Analysis of the System of Short Selling and Its Influence in the Creation of the Depression* (Philadelphia: John C. Winston Co., 1933).

Willard W. Cochrane, *The Development of American Agriculture* (Minneapolis: University of Minnesota Press, 1979).

Kinahan Cornwallis, *The Gold Room* (New York: A. S. Barnes & Co., 1879).

Cedric B. Cowing, *Populists, Plungers, and Progressives: A Social History of Stock and Commodity Speculation 1890—1936* (Princeton, NJ: Princeton University Press, 1965).

Kenneth S. Davis, *FDR: The New Deal Years 1933—1937* (New York: Random House, 1979).

T. Henry Dewey, *Legislation Against Speculation and Gambling in Futures* (New York: Baker, Voorhis & Co., 1905).

Edward Jerome Dies, *The Plunger* (New York: Covici-Friede, 1929).

Patricia A. Dreyfus, "Commodities Futures for the Small Investor," *Money* (may 1979).

Henry C. Emery, *Speculation on the Stock and Produce Markets* (New York: Columbia University Press, 1896).

Stephen Fay, *Beyond Greed* (New York: Vikong Press, 1982).

——, *The Collapse of Barings* (New York: Norton, 1996).

Federal Trade Commission, *Report on the Grain Trade* (Washington, DC: U.S. Government Printing Office,1920—1926).

——,*Economic Report of the Investigation of Coffee Prices* (Washington, DC: U.S. Government Printing Office,1954).

William G. Ferris, *The Grain Traders: The Story of the Chicago Board of Trade* (East Lansing: Michigan State University Press,1988).

John M. Findlay, *People of Chance: Gambling in American Society from Jamestown to Las Vegas* (New York: Oxford University Press, 1986).

Milton Friedman, *Essays in Positive Economics* (Chicago: University of Chicago Press,1953).

George H. Gallup, *The Gallup Poll: Public Opinion 1935 — 1971* (New York: Random House,1972).

John Gapper & Nicholas Denton, *All That Glitters: The Fall of Barings* (London: Hamish Hamilton,1996).

Charles R. Geisst, *Wall Street: A History* (New York: Oxford University Press,1997).

——, *Monopolies in America: Empire Builders and Their Enemies from Jay Gould to Bill Gates* (New York: Oxford University Press,2000).

——, *The Last Partnerships: Inside the Great Wall Street Money Dynasties* (New York: McGraw-Hill,2001).

[Clinton Gilbert], *The Mirrors of Wall Street* (New York: Putnam,1933). (The book was published anonymously.)

B. A. Goss & Basil Yamey, *The Economics of Futures Trading*, 2nd ed. (London: Macmillan,1978).

Leslie Gould, *The Manipulators* (New York: David McKay,1966).

R. W. Gray, "Onions Revisited," *Journal of Farm Economics*, vol. 45 (1963).

David Greisong & Laurie Morse, *Brokers, Bagmen and Moles: Fraud and Corruption in the Chicago Futures Markets* (New York: John Wiley & Sons, 1991).

Kurt W. Hemr, "Commodity Litigation Update," *Standard & Poor's Review of Securities and Commodities Regulation* (June 5, 1996).

John Hicks, *Value and Capital* (Oxford: Oxford University Press, 1978).

John Hill Jr., *Gold Bricks of Speculation* (Chicago: Lincoln Book Concern, 1904).

G. W. Hoffman, *Futures Trading upon Organized Commodity Markets in the United States* (Philadelphia: University of Pennsylvania Press, 1932).

Richard Hofstadter, *The Age of Reform: From Bryan to F.D.R.* (New York: Alfred A. Knopf, 1955).

Kelley Holland, Linda Himelstein, & Zachary Schiller, "The Bankers Trust Tapes," *Business Week* (October 16, 1995).

Edwin P. Hoyt, *The Goulds* (New York: Weybright & Talley, 1969).

Jesse Jones, *Fifty Billion Dollars: My Thirteen Years with the RFC* (New York: Macmillan, 1951).

Philippe Jorion, *Big Bets Gone Bad: Derivatives and Bankruptcy in Orange County* (San Diego: Academic Press, 1995).

Henry Kaufman, *On Money and Markets: A Wall Street Memoir* (New York: McGraw-Hill, 2000).

Philip Kinsley, *The Chicago Tribune: Its First Hundred Years*, 3 vols. (Chicago: The Chicago Tribune, 1946).

T.A. Kofi, "A Framework for Comparing the Efficiency of Futures Markets," *American Journal of Agricultural Economics*, vol. 55 (1973).

Thomas L. Lawson, *Frenzied Finance* (1905; reprint, New York: Greenwood Press, 1968).

Walter Lippmann, *Interpretations, 1931—1932* (New York: Macmillan, 1932).

Roger Lowenstein, *When Genius Failed: The Rise and Fall of Long-Term Capital Management* (New York: Random House, 2000).

Jonathan Lurie, *The Chicago Board of Trade 1859—1905: The Dynamics of Self-Regulation* (Urbana: University of Illinois Press, 1979).

Mary Jane Matz, *The Many Lives of Otto Kahn* (New York: Macmillan, 1963).

Wesley McCune, *The Farm Bloc* (Garden City, NY: Doubleday, Doran & Co., 1943).

Robert S. McElvaine, *The Great Depression* (New York: Times Books, 1984).

J.C. McMath, *Speculation and Gambling in Options, Futures and Stocks in Illinois* (Chicago: G. I. Jones & Co., 1921).

James E. Meeker, *Short Selling* (New York: Harper & Bros., 1932).

Leo Melamed, *Leo Melamed on the Markets* (New York: John Wiley & Sons, 1993).

Leo Melamed & Bob Tamarkin, *Escape to the Futures* (New York: John Wiley & Sons, 1996).

Merchants' Exchange of St. Louis, *Articles of Association, Rules, By-Laws and Regulations* (St.Louis, 1903).

Norman C. Miller, *The Great Salad Oil Swindle* (Baltimore: Penguin Books, 1965).

New York Stock & Exchange Board, *Report of the Committee of the Gold Board* (June 3, 1865).

New York Stock Exchange, *Demand and Supply of Equity Capital* (New York: New York Stock Exchange, 1975).

———, *Fact Book* (various issues).

Victor Niederhoffer, *The Education of a Speculator* (New York: John Wiley & Sons, 1997).

James L. Orr (ed.), *Grange Melodies* (Philadelphia: Geo. S. Ferguson Co., 1912).

Frank Partnoy, *FIASCO: The Inside Story of a Wall Street Trader* (New York: Penguin Putnam, 1999).

Mark J. Powers, "Does Futures Trading Reduce Price Fluctuations in the Cash Markets?" *American Economic Review*, vol.60(1970).

Mark J. Powers & David Vogel, *Inside the Financial Futures Markets* (New York: John Wiley & Sons, 1981).

John M. Quitmeyer, "Fiduciary Obligations in the Derivatives Marketplace," *Standard & Poor's Review of Securities and Commodites Regulation* (October 25, 1995).

Donald T. Regan, *A View from the Street* (New York: New American Library, 1972).

C.E. Russell, *The Greatest Trust in the World* (Chicago: Ridgway-Thayer, 1905).

Paul A. Samuelson, "Economic Problems Concerning a Futures Market in Foreign Exchange," *The Futures Market in Foreign Currencies* (Chicago: Chicago Mercantile Exchange, 1972).

Alfred E. Smith, *Campaign Addresses of Governor Alfred E. Smith* (Washington, DC: Democratic National Committee, 1929).

Robert Solomon, *The International Monetary System, 1945—1976* (New York: Harper & Row, 1977).

Karl Sparling, *Mystery Men of Wall Street* (New York: Blue Ribbon Books, 1930).

George Sullivan, *By Chance a Winner: The History of Lotteries* (New York: Dodd Mead, 1972).

Bob Tamarkin, *The New Gatsbys: Fortunes and Misfortunes of Commodity Traders* (New York: William Morrow, 1985).

——, *The MERC: The Emergence of a Global Financial Powerhouse* (New York: Harper Business, 1993).

C. H. Taylor, *History of the Board of Trade of the City of Chicago* (Chicago: Robert O. Law Co., 1917).

Owen Taylor, *Short Selling: Theory and Practice* (New York: Stock Market Publications, 1933).

Richard J. Teweles & Frank Jones, *The Futures Game*, 2nd ed. (New York: McGraw-Hill, 1987).

Ray Tucker &. Frederick R. Barkley, *Sons of the Wild Jackass*, 1932, reprint (Seattle: University of Washington Press, 1970).

Report of the Committee on Banking and Currency. *Gold Panic Investigation*, 41st Cong., 2nd sess., Feb.28, 1870, Rept.32.

U.S. Department of Commerce, *Historical Statistics of the United States: Colonial Times to 1957* (Washington, D C: 1961).

T.H. Watkins, *The Great Depression: America in the 1930s* (Boston: Little Brown, 1993).

Lloyd Wendt, *Chicago Tribune: The Rise of a Great American Newspaper* (Chicago: Rand McNally, 1979).

Daniel Yergin, *The Prize: The Epic Quest for Oil, Money and Power* (New York: Simon &. Schuster, 1991).

汇添富基金·世界资本经典译丛

第一辑

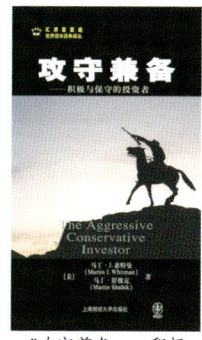

《攻守兼备——积极与保守的投资者》
定价：39.00元

《伦巴第街——货币市场记述》
定价：25.00元

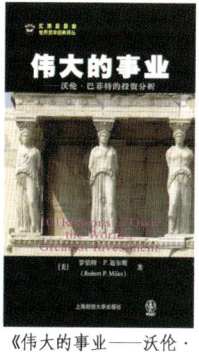

《伟大的事业——沃伦·巴菲特的投资分析》
定价：28.00元

《忠告——来自94年的投资生涯》
定价：25.00元

《尖峰时刻——华尔街顶级基金经理人的投资经验》
定价：30.00元

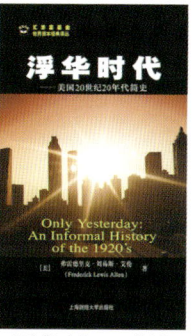

《浮华时代——美国20世纪20年代简史》
定价：35.00元

《战胜标准普尔——与比尔·米勒一起投资》
定价：29.00元

《价值平均策略——获得高投资收益的安全简便方法》
定价：29.00元

第二辑

《黄金简史》
定价：43.00元

《投资存亡战》
定价：32.00元

《华尔街五十年》
定价：30.00元

《华尔街的扑克牌》
定价：37.00元

《标准普尔选股指南》
定价：31.00元

《铁血并购——从失败中总结出来的教训》
定价：42.00元

《先知先觉——如何避免再次落入公司欺诈陷阱》
定价：29.00元

《戈尔康达往事——1920~1938年华尔街的真实故事》
定价：33.00元

第三辑

《大熊市——危机市场生存与盈利法则》
定价：28.00元

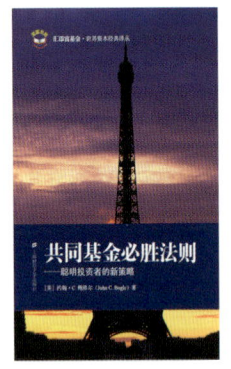

《共同基金必胜法则——聪明投资者的新策略》
定价：42.00元

《华尔街传奇》
定价：26.00元

《智慧——菲利普·凯睿的投机艺术》
定价：28.00元

《投资游戏——一位散户的投资之旅》
定价：30.00元

《孤注一掷——罗伯特·康波并购风云录》
定价：32.00元

第四辑

《证券分析——原理
与技巧》（全二卷）
定价：92.00元

《股票估值实用指南》
定价：36.00元

《点津——来自大师
的精彩篇章》
定价：36.00元

《策略——决胜
全球股市》
定价：31.00元

《福布斯英雄》
定价：24.00元

《泡沫·膨胀·破裂
——美国股票市场》
定价：39.00元

第五辑

《美林证券：致命的代价——
我与华尔街巨鳄的战争》
定价：29.00元

《货币与投资》
定价：30.00元

《新金融资本家——KKR
与公司的价值创造》
定价：30.00元

《美国豪门巨富史》
定价：65.00元

《交易员、枪和钞票——衍生品花花世界中的已知与未知》
定价：42.00元

《货币简史》
定价：25.00元

第六辑

《银行家》
定价：36.00元

《伦敦证券市场史（1945~2008）》
定价：68.00元

《巴里·迪勒——美国娱乐业巨亨沉浮录》
定价：36.00元

《投资法则——全球150位顶级投资家亲述》
定价：52.00元

《睿智——亚当谬论及八位经济学巨人的思考》
定价：34.00元

《伯纳德·巴鲁克——一位天才的华尔街投资大师》
定价：42.00元

第七辑

板块与风格投资
定价：35.00元

财富帝国
定价：35.00元

股票市场超级明星
定价：48.00元

黄金岁月
定价：45.00元

失算的市场先生
定价：47.00元

英美中央银行史
定价：49.00元

第八辑

大牛市
定价：56.00元

秘密黄金政策
定价：42.00元

通货膨胀来了
定价：37.00元

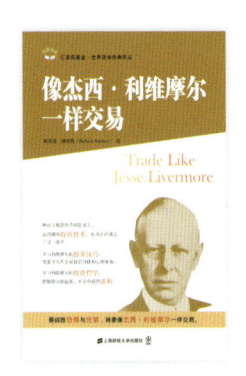

像杰西·利维摩尔
一样交易
定价：37.00元

资本之王
定价：45.00元

第九辑

矿业投资指南
定价：43.00元

从平凡人到百万富翁
定价：45.00元

交易大趋势
定价：42.00元

像欧奈尔信徒一样交易
定价：48.00元

资源投资
定价：43.00元

第十辑

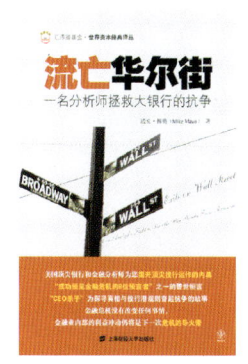

流亡华尔街
定价：37.00元

美国国债市场的诞生
定价：58.00元

欧元的悲剧
定价：39.00元

社会影响力投资
定价：42.00元

安东尼·波顿教你选股
定价：39.00元

第十一辑

缺陷的繁荣
定价：39.00元

恐惧与贪婪
定价：40.00元

大交易
定价：38.00元

致命的风险
定价：52.00元

像欧奈尔信信徒一样交易(二)
定价：55.00元

第十二辑

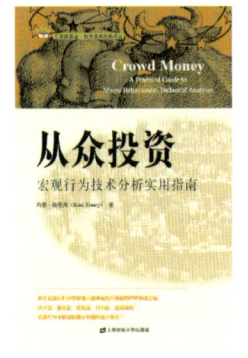

从众投资
定价：58.00元

评级机构的秘密权力
定价：38.00元

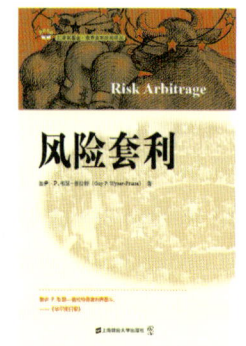

风险套利
定价：52.00元

至高无上
定价：54.00元

颠倒的市场
定价：52.00元

上海财经大学出版社有限公司
地址：上海市武东路321号乙　　　邮编：200434　　　网址：www.sufep.com
电话：021-65904895　021-65903798　021-65904705　　传真：021-65361973

汇添富基金管理有限公司
地址：上海市富城路99号震旦国际大厦21层　　　邮编：200120
网址：www.99fund.com　　电话：021-28932888（总机）　　传真：021-28932949